U0138994

海商法

張新平◎著

LAW

五版序

本次修正之重點包括：

1. 因應商港法、航業法、船舶法、船舶設備規則等法規修正。

2. 海上貨運單及電報放貨之辯正。

3. 海商法及海事行政法對於適航性之不同要求。

4. 得設定抵押權的「建造中之船舶」，在船舶登記法第五十條之規定。

5. 錯字勘誤及字句校潤。

自序

　　本書係依民國89年修正後之海商法而作。全書共四十二章，將海商法相關問題一一分章論述。惟鑑於海上保險專精博大，故本書未就海上保險部分下筆。

　　研究海商法如對海運實務、國際貿易及國際公約不加涉獵，輒感撲朔迷離、不得要領，因此本書除對海商法之規範作學理上探討外，並於相關規定中輔以海運經營之實務、國際貿易之運作及國際公約之規定，期使讀者對海商法規範有更清晰體認。

　　本書承蒙蘇妍旭、林育辰、李依蓉、梁志偉及劉漢威諸位優秀學棣協助校稿並提出建議，特此附記以申謝意。

目 次

第一章 海商法之意義、沿革與特色

討論重點

一、海商法之意義。
二、海商法與其他法律之關係及適用上之順序。
三、國際海事法之起源。
四、海商法之特色。

重點解說

一、海商法之意義

海商法係規範利用船舶於海上從事相關行為所生私法上權利義務關係之法律。所稱相關行為包括貨物運送、旅客運送、船舶碰撞、海難救助、共同海損及海上保險。

與船舶航海有關之法律，稱為海事法。海事法律，可區分為海事公法與海事私法。海商法屬於海事法中私法之範疇：

（一）海事公法

規範國家之間、國際機構之間及國家與私人間之海事法，稱之海事公法，包括：

1.國內方面

(1)航業法。

(2)船舶法。

(3)中華民國領海及鄰接區法等。

2.國際方面

(1)聯合國海洋公約。

(2)海上避碰國際公約。

(3)防止船舶污染國際公約等。

（二）海事私法

規定私人間之海事法，稱之海事私法，包括：

1.國內方面

(1)海商法。

(2)民法債編之運送及承攬運送等。

2.國際方面

(1)海牙規則。

(2)海牙威斯比規則。

(3)漢堡規則等。

二、海商法與其他法律之關係及適用上之順序

我國採民商合一之法制，除海商法外，民法尚於債編第十六節「運送」中規範物品及旅客運送、第十七節「承攬運送」中規範物品之承攬運送。惟因海商法為民法之特別法，依特別法優先適用原則，海商事件優先適用海商法之規定，海商法無規定，始有其他法律之適用。因此海商法第五條規定：「海商事件，依本法之規定；本法無規定者，適用其他法律之規定。」所稱其他法律包括民事特別法（如保險法、仲裁法）、海事特別法（如商港法、船舶法、船舶登記法、船員法、航業法）及民法。

須加以說明者為條約之適用與優先順序。條約包括具有條約性質之協定、公約、宣言、規約及議定書等。條約在國內法上之效力及優先順序，分析如下：

（一）經立法院議決通過之條約

多數國家均承認條約原則上具有國內法之效力，且其效力應高於法律，

或與法律之效力相同，我國亦不例外，經立法院議決通過之條約，應認其具有國內法之效力，且與「法律」居於同一位階。又條約須係自動履行者或有自動履行之條款（self-executing treaties or provisions）始能直接在國內發生法律上之效力；如條約僅作原則性之訂定，則非待行政或立法機關爲必要之補充規定，尚無法爲法院、一般行政機關或人民所適用或遵行。條約與法律有所牴觸時，原則上宜以條約之效力爲優，我國歷來若干立法例、法院判決及實務界解釋均持此一見解。若條約批准於法律公布施行之前，而與法律之規定相牴觸時，應儘可能推定立法機關不願爲與條約有牴觸之立法[1]。

（二）未經立法院議決通過之條約

　　囿於國際社會之現狀，我國未能簽署加入國際間多數之海事條約。此種條約在我國僅能視之爲法理，因此尚須就該條約之內容研判公平正義原則、公序良俗及誠信原則的要求、當事人間利益的平衡、法律之安定性與交易安全性等，非能遽以適用之。

　　海商法固爲民法之特別法，相對於船員法、船舶登記法、引水法等海事特別法，海商法仍爲普通法，適用上仍應循特別法優先適用原則，優先適用船員法等特別法。

　　綜而言之，海商法與條約及其他法律之適用順序如下：

1.經立法院議決通過之條約。
2.海事特別法（包括船舶法、引水法等）。
3.海商法。
4.民法（包括其他民事特別法，如保險法等）。
5.習慣。
6.法理（包括外國立法例、學說、法院裁判、立法沿革資料及未經立法院議決通過之條約等）。

---

[1]　法務部77年11月19日法77參字第20108號函。

三、國際海事法之起源

海商法之濫觴，一般均溯至公元七世紀至九世紀間之羅地海法（Sea Law of Rhodes），其中規範「投棄貨物以保存船舶及其他貨物者，船主及貨主均應共同分擔是項損失。」是為今日共同海損之芻形。迨羅馬人興起，迦太基人橫亙於義大利與西西里島間，對羅馬帝國航運造成威脅。羅馬人提出「無航運則滅亡」（navigation or death）之口號，擊敗迦太基人而稱霸西方世界，仍然遵崇羅地海法。嗣後之海商法尚包括西元900年之巴西利加法典（Basilica）、十一世紀適用於大西洋之奧勒倫法（Rules of Oleron）、十三世紀為北海及波羅的海航運採行之威斯比海法（Visby Sea Laws）、十五世紀通行於地中海之康蘇拉度法（Book of the Consulate of the Sea）。晚近之國際組織，諸如國際海事組織（International Maritime Organization，簡稱IMO）、聯合國貿易暨發展會議（United Nations Conference on Trade and Development，簡稱UNCTAD）、國際海事委員會（International Maritime Committee，簡稱C.M.I.）等均致力於國際海事公約之制定，對海事法律之統一居功厥偉。

四、海商法之特色

海商法具有如下之特色：

（一）法律規範國際化

海上航行之主要目的，係在運送客貨，由於船舶常進出不同之國外領海與港口，裝卸不同國籍之客貨，基於共同從事國際活動及和平安全之需要，規範航行事宜之海商法遂有統一之需求與趨勢。

我國海商法制定及修正過程中，大量參照國際公約及外國立法例，遂使其規定具有高度國際化之特色。詳言之，本法主要參考下列國際公約及外國立法例：

1.海船所有人責任限制統一規定國際公約（1924）。
2.海船所有人責任限制國際公約（1957）。
3.海事求償責任限制國際公約（1976）。

4.海事優先權及抵押權統一規定國際公約（1926）。

5.海事優先權及抵押權統一規定國際公約（1967）。

6.載貨證券統一規定國際公約（1924，即海牙規則）。

7.美國海上貨物運送法（1936）。

8.載貨證券統一規定國際公約議定書（1968，即海牙威斯比規則）。

9.聯合國海上貨物運送公約（1978，即漢堡規則）。

10.英國海上貨物運送法（1971）。

11.修正載貨證券統一規定國際公約特別提款權議定書（1979，即SDR議定書）。

12.日本國際海上貨物運送法（平成4年）。

13.日本商法。

14.德國商法。

15.布魯塞爾旅客運送統一規定國際公約（1961）。

16.布魯塞爾旅客、行李運送統一規定國際公約（1967）。

17.船舶碰撞統一規定國際公約（1910）。

18.海難救助國際公約（1989）。

19.海上救助及撈救統一規定公約（1910）。

20.修正海上救助及撈救統一規定公約議定書（1967）。

21.約克安特衛普規則（1974，並非公約，僅為慣例）。

22.修正第6條之約克安特衛普規則（1990）。

23.船東保護與賠償險（並非公約，僅為慣例）。

24.英國海上保險法（1906）。

25.協會貨物保險條款（1982）。

26.協會船舶保險條款（1983）。

27.日本船體保險通則。

（二）重視人命之保護

法諺云：「搭救人命乃國家關切之事」，海商法重視對人命之保護，表現於下列各點：

1.船舶所有人責任限制制度兼採金額制，對人身傷害之賠償高於對財物

損害之賠償，二種損害同時發生者，人身傷亡優先於一定計算單位內受償（§21 IV）。

2.為救助或意圖救助海上人命而偏航者，不得認為違反運送契約，船舶所有人或運送人不負賠償責任（§71）。

3.船舶碰撞時，有過失之船舶，對於因死亡或傷害所生之損害，應負連帶責任（§97 II）。

4.船長於不甚危害其船舶、海員、旅客之範圍內，對於淹沒或其他危難之人應盡力救助（§102），否則依刑法第294條遺棄罪論處。

5.於實行施救中救人者，對於船舶及財物之救助報酬金，有參加分配之權（§107）。

6.船舶碰撞後，各碰撞船舶之船長於不甚危害其船舶、海員或旅客之範圍內，對於他船舶船長、海員及旅客、應盡力救助（§109），否則適用刑法第294條遺棄罪處罰之。

（三）重視航海危險之因應

相較於傳統之陸上運送，海上運送過程中，潮流、氣象、水道方位、水深、流向等因素，均使海運具有較大之危險，而不得不採行下列因應之道：

1.海上保險

海上保險制度之開創，先於陸上保險制度之建立。凡與海上航行有關而可能發生危險之財產權益，不限於航行中，皆得為海上保險之標的（§127），其所產生之損失，由眾人分擔填補之。

2.共同海損

共同海損係指在船舶航程期間，為求共同危險中全體財產之安全所為故意及合理處分，而直接造成之犧牲及發生之費用（§110）。共同海損以各被保存財產價值與共同海損總額之比例，由各利害關係人分擔之。因共同海損行為所犧牲而獲補償之財產，亦應參與分擔。

3.船舶共有

船舶造價不菲，航行危險極大，在資金共籌及危險分擔之考慮下，遂有

船舶共有制度之產生。船舶共有人，對於利用船舶所生之債務，就其應有部分，負比例分擔之責（§14）。

（四）發展航運目的之追求

法律在於實踐公平正義，海商法亦不例外，但由下列三點可明顯看出，海商法對於「發展航運」目的之追求遠勝過對於「公平正義」原則之維護：

1.強調航海之安全

海商法強調財物安全及航海環境安全，俾有助發展航運。因此：

(1)共同海損不以船長之行為為要件，使共同海損易於成立，有助全體財產之安全（§110）。

(2)保護海洋環境有效果之施救人，得向船舶所有人請求與實際支出費用同額，或一倍之報酬（§103 II），以鼓勵救助、保護環境之安全。

2.重視船方之利益

為鼓勵船舶所有人或運送人勇於投入航海事業、發展航運，海商法特別重視船方之利益，例如：

(1)船舶建造中，承攬人破產而破產管理人不為完成建造者，為免定造人蒙受不利，並鼓勵航運之發展，本法規定船舶定造人，得將船舶及業經交付或預定之材料，照估價扣除已付定金給償收取之，並得自行出資在原處完成建造。但使用船廠應給與報償。（§10）

(2)船舶所有人責任限制以本次航行之船舶價值、運費及其他附屬費為限。但責任數額低於法定標準者，應補足之。（§21）

(3)船舶抵押權，得就建造中之船舶設定之。（§34）

(4)運送人或船舶所有人對於運送人之受僱人等，於航行或管理船舶之行為有過失等17項事由所致之毀損滅失不負責任。（§69）

(5)貨物之性質及價值未聲明並註明於載貨證券者，運送人或船舶所有人就每一件僅負法定限制責任。（§70）

3.鼓勵快速之作業

海商法藉鼓勵託運人快速裝卸載，來達到發展航運之目的，超過合理裝

卸期間者，船舶所有人得按超過之日期，請求合理之補償。超過裝卸期間時，採取連續計算原則，請求合理之補償，因此休假日及裝卸不可能之日亦算入之。（§52II、§52III）

（五）推動國際貿易之運作

國際貿易運輸方式，包括海上運送、河上運送、航空運送、鐵路運送、公路運送及管線運送[2]。由於降低成本及地理環境之考慮，就我國之國際貿易而言，海上及航空運送遂成為重要之運輸方式，其中又以海上運送厥為大宗。

海上運送與國際貿易關係密切，此可由圖1-1國際貿易中習見的信用狀交易之流程[3]中窺知：

---

[2] 利用管線運送者，譬如瓦斯、煤氣及石油等之運輸。

[3] 雖然目前採信用狀交易之比例已大幅降低，多改採記帳（open account）方式，但信用狀交易仍為國際貿易付款條件中最詳盡之交易方式，足供參考。有關流程說明如下：

(1)進口商（買受人）依契約規定向當地銀行申請開發信用狀，並繳交保證金及開狀手續費。

(2)開狀銀行將信用狀寄給出口商所在地之通知銀行。

(3)通知銀行將信用狀轉知出口商（出賣人）。

(4)～(6)出口商審查信用狀並認可後，即按規定條件裝貨，並取得載貨證券（B/L）。

(7)運送人投保責任險，貨方投保貨物險。

(8)貨物裝船運送。

(9)出口商備妥信用狀規定的單證，開具匯票，向當地銀行（可以是通知銀行，也可以是在其他銀行）申請押匯。

(10)押匯銀行經與信用狀核對，確認匯票與單證符合信用狀規定後，按匯票金額，扣除手續費及貼現利息後，將墊款付給出口商。

(11)押匯銀行將匯票及單證等寄開狀銀行（或在指定的付款銀行）求償。開狀銀行（或在指定的付款銀行）經審核單證無誤後，付給押匯銀行。

(12)貨物運抵目的港後，寄存倉庫。

(13)～(14)開狀銀行在辦理轉帳或匯款給押匯銀行的同時，通知進口商付款，進口商付款後，贖回單證。

(15)～(16)開狀銀行指示運送人之國外機構準備交貨，並由後者通知進口商貨物已

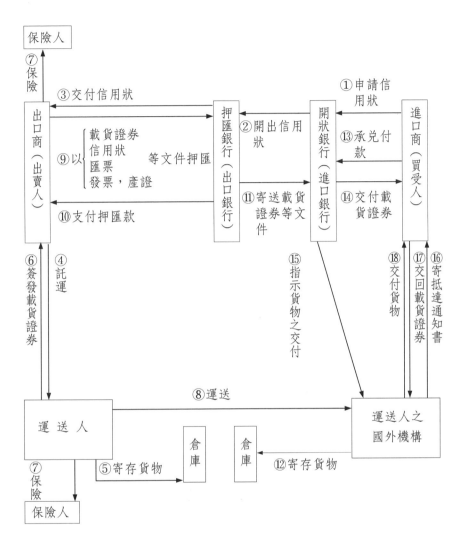

圖1-1　海上運送與信用狀收付流程圖

資料來源：參考張錦源，第二十七章。

抵達。

(17)進口商取得載貨證券後，將之繳回給運送人。

(18)運送人收回載貨證券後，交付貨物給進口商。

以上參考張錦源，第二四章。

　　海運既爲國際貿易上最廣爲使用之運送方式，因此海商法之規定應配合國際貿易之運作，載貨證券所載事項亦應符合信用狀統一慣例（ICC Uniform Customs and Practice for Documentary Credits，簡稱UCP[4]）等相關規定，俾便押匯，並推動國際貿易之運作。

---

[4]　國際商會於1933年訂定UCP，歷經5次修正後，於2007年7月1日開始適用UCP 600。

第二章　船舶之要件

🔍 討論重點

一、船舶之要件。
二、非海商法船舶適用海商法之情形。

✒ 重點解說

一、船舶之要件

（一）由航行之區域而言

海商法之船舶為在海上航行，或在與海相通之水面或水中航行之船舶（§1），航行於江、河、湖、泊之船舶，只要該水域與海相通，不論在水面或水中，均有第1條規定之適用，與船舶之性質能力無關。換言之，第1條規定係以船舶航行區域為準，並非以船舶性質及能力為標準。無論該船舶是否為海船或能否出海航行，只須其航行區域在海上或在與海相通水面或水中者，均有第1條之適用[1]。

（二）由船舶之噸位而言

海商法之船舶為船舶法所稱小船以外之船舶（§3 ①），俾鼓勵建造大船、發展航運。依船舶法第3條第8款規定：「小船：謂總噸位未滿50噸之非動力船舶，或總噸位未滿20噸之動力船舶。」因此海商法之船舶，其為非動

---

[1] 民國25年11月27日司法院訓令司法行政部，轉引自何佐治，第36頁。

力船舶者，總噸位須滿50噸；其爲動力船舶者，總噸位須滿20噸。動力船舶爲裝有機械用以航行之船舶；非動力船舶爲不屬於動力船舶之其他船舶。

（三）由船舶之性質而言

海商法之船舶爲商船，而非軍事建制之艦艇或專用於公務之船舶（§3②、③）。軍事建制之艦艇，例如巡洋艦、驅逐艦、戰鬥艦等，屬於國家或其他公法人，應受軍律或其他相關行政法規之管轄。專用於公務之船舶，例如水上警察船、緝私船、檢疫船等，專門執行公務，應適用相關行政法規，而無海商法之適用。但此等船舶，如藉航海而營利時，於其變更目的之期間內，仍應適用海商法之規定。

所稱商船者，指藉航行而獲利。船舶航行能達到下列目的者，即爲「藉航行而獲利」，均可稱爲商船：

1.直接有助貿易之發展：例如貨櫃船、雜貨船、客輪。

2.間接有助貿易之發展：例如民營之拖帶、救助船舶。

漁船因無單獨立法，民國51年本法修正時，立法理由認爲漁船捕魚，亦屬藉航行而獲利，因此漁船除第三章運送及第六章共同海損外，應仍適用海商法之規定[2]。復以民國51年台上字第2242號判例謂：「系爭漁船之總噸數僅有5.09噸，依海商法第3條第1款規定，即不得認係海商法上之船舶，而應視爲民法上所稱動產之一。其權利之取得，亦不以作成書面並經主管官署蓋章證明爲要件。」由此判例觀之，漁船如航行於與海相通之水面或水中，且其噸位符合一定標準，仍應認係海商法上之船舶。

引水船爲引水人執行領航業務時所乘之船舶。我國引水事業均爲民營，其中基隆港之引水船由引水人自備或租用民間船舶，高雄港則由引水辦事處自備引水船，台中港與蘇澳港之引水船租用民間船舶，均爲從事間接有助貿易發展之商船。花蓮港雖由港務局建造引水船供引水人使用，但該引水船係從事引水而非專門從事公務[3]，亦應認其屬商船，而非公務船。

---

[2]　何佐治，第47頁。

[3]　詳參張新平等，我國引水制度整體規劃之研究，中華海運研究協會研究報告，民國87年。

　　海上遊樂船，如僅供自用或無償借予他人使用者，應非海商法之船舶。惟如海上遊樂船從事遊覽、船釣、潛水等活動，運送人所提供者為「旅遊服務」與「運輸服務」之結合，屬於貿易中之服務貿易[4]，既有助貿易，應屬商船無疑。

（四）由船舶之功用而言

　　海商法船舶之主要功用為航行。因此水上餐廳船、水上飛機、水陸兩用汽車、海上鑽油平台，均非屬海商法之船舶。

（五）由船舶所有人之意思而言

　　船舶所有人須有以船舶供航行之意思，因此「待解體之船舶」雖仍有船舶之形式及航行之功能，但其所有人無繼續航行之意思者，仍非屬海商法之船舶。惟待解體船舶在「最後航次中」，於失去船舶之形式及功用前，仍屬船舶[5]，若涉及買賣時，自應受本法第8條規定之限制，非作成書面並申請讓與地或船舶所在地航政主管機關蓋印證明或申請中華民國駐外機構蓋印證明者，不生效力。

二、非海商法船舶適用海商法之情形

　　非海商法之船舶，包括船舶法所稱之小船、軍艦、專用於公務之船舶及

---

[4]　貿易因分類標準不同，有下列各種類：
　　(1)依交易商品型態的不同，可分為：①有形商品貿易；②服務貿易。
　　(2)從貨物移動的方向觀察，可以分為：①出口貿易；②進口貿易；③過境貿易。
　　(3)依交易是否經由本國商人主動而達成者，可分為：①主動貿易；②被動貿易。
　　(4)依交易進行方式，可分為：①直接貿易；②間接貿易。
　　(5)依貨物運送的方式，可分為：①陸路貿易；②海路貿易；③空運貿易；④郵購貿易。
　　(6)依貨款清償方式的不同，可分為：①商業方式貿易；②易貨方式貿易。
　　(7)依貨品是否可自由經營，可分為：①專營貨品貿易；②自由貨品貿易。
　　(8)依經營風險的不同，可分為：①利潤制貿易；②佣金制貿易。
　　(9)依交易性質的不同，可分為：①普通貿易；②加工貿易。
[5]　經濟部國際貿易局64年7月17日正發字1360號函。

海船以外之船舶，依第3條之規定，原則上無海商法之適用，但碰撞時，仍應適用海商法。惟究應適用海商法之全部或僅適用海商法第四章碰撞之規定，向有爭議。採「適用海商法全部規定」之見解者，引日本商法之學說為據，認為適用海商法，並不限於適用第四章船舶碰撞之規定，其他各章如與之有關，諸如責任限制、海事優先權等，亦在適用之列[6]；採「僅適用海商法第四章碰撞規定」之見解者，認為非海商法上之船舶因碰撞而有海商法適用之規定，無非用以排除民法上關於「與有過失責任主義」之適用而已，如謂海商法上其他之制度亦適用於非海商法上之船舶因碰撞所生之債權，則海商法劃分何者為海商法上之船舶與何者為非海商法上之船舶，即失其意義[7]。此一見解實值贊同。按本法對於小船等特殊船舶有不同處遇，看似不符「公平正義」原則，實則係為達到「發展航運」之目的，而鼓勵建造大船。因此非海商法之船舶於碰撞時僅有海商法碰撞章之適用，即係海商法「『發展航運』之考慮，優於『公平正義』之遵行」原則之實踐。

---

[6]　楊仁壽，第21頁。
[7]　施智謀，第18頁。

第三章　船舶之強制執行

討論重點

一、船舶強制執行之方法。
二、船舶之終局執行及保全執行之限制。
三、船舶強制執行管轄之法院。

重點解說

一、船舶強制執行之方法

　　船舶，原則上適用民法關於動產之規定（§6），惟因海商法之船舶性質特殊，涉及利益巨大，因此執行上究應適用動產或不動產之執行規定，值得探討。海商法船舶性質特殊之處，計有下列各點：

1.採取所有權、抵押權登記對抗制度（§9、§36）。
2.讓與須履行書面方式（§8）。
3.得為抵押權之標的物（§33）。
4.建造中船舶得為抵押權之標的物（§34）。
5.視為領土之延伸（刑§3）。
6.適用租賃登記對抗制度（船登§3、§4）。

　　由於上述各點均為不動產之特性，因此海商法船舶之強制執行，宜準用不動產執行規定，強制執行法第114條第1項規定：「海商法所定之船舶，其強制執行，除本法另有規定外，準用關於不動產執行之規定；建造中之船舶亦同。」所稱「建造中之船舶」，依辦理強制執行事件應行注意事項第六一（一）點之規定，係指自安放龍骨或相當於安放龍骨之時起，至其成為海商

法所定之船舶時為止之船舶而言。依照辦理強制執行事件應行注意事項第六一（二）點之規定，以揭示方法執行假扣押時，應同時頒發船舶航行許可命令，明示准許航行之目的港、航路與期間；並通知當地航政主管機關及關稅局。此外，該注意事項第六一（十二）點亦規定：「海商法所定船舶以外之船舶，其強制執行，適用關於動產執行之規定。」綜上所述，可知：

　　1.海商法所定之船舶及建造中之船舶：準用不動產執行之規定。除法律另有規定外，應以查封、拍賣、強制管理（強§75）及變賣（強§114之2 III）之方法行之。國境內航行船舶之保全程序並不進行拍賣，倘於查封後即停止該船舶之航行，對債務人損害甚大。且國境內航行船舶，得由國家公權力予以管束，無逃匿之虞，僅須限制債務人之處分權，即可達查封之目的，故國境內航行船舶之保全程序，得以揭示方式為之（§4 II）。

　　2.其他船舶：適用動產執行規定，以查封、拍賣或變賣之方法行之（強§45）。

二、船舶之終局執行及保全執行之限制

（一）立法例

　　關於發航準備已完成之船舶，是否得予扣押，立法例有二：

1.禁止扣押主義

　　船舶一旦完成發航準備，即不得對之實施扣押及假扣押，俾保護貨方及旅客之利益，並促使債權人及早行使權利。我國之舊海商法、法國及德國舊商法均採之。

2.准許扣押主義

　　無論何時均得對船舶為扣押，以期保護債權人利益，使船舶易於取得融資，達到發展航運之目的。我國現行海商法、英、美及1952年海船扣押國際公約均採之。

　　我國舊海商法採禁止扣押主義，自運送人或船長發航準備完成時起，以迄航行完成時止，不得對船舶為扣押及假扣押。但為使航行可能所生之債

務，不在此限（舊海§4I）。此項規定對債權人殊失保護，因此強制執行法第114條第2、3項先後於民國64年及85年修正為：「對於船舶之強制執行，自運送人或船長發航準備完成時起，以迄航行完成時止，仍得為之。前項強制執行，除海商法第4條第1項但書之規定或船舶碰撞之損害賠償外，於保全程序之執行名義，不適用之。」民國88年海商法第4條第1項亦修正為：「船舶保全程序之強制執行，於船舶發航準備完成時起，以迄航行至次一停泊港時止，不得為之。但為使航行可能所生之債務，或因船舶碰撞所生之損害，不在此限。」

（二）船舶之查封

船舶查封時，有關債務之種類及期間之限制，分別規定於強制執行法及海商法。綜合二法相關規定可得知：

1.終局執行

依強制執行法第114條第2項規定：「對於船舶之強制執行，自運送人或船長發航準備完成時起，以迄航行完成時止，仍得為之。」亦即依終局執行名義，對船舶實施執行時，只須該船舶位於我國領域，不論任何時間，不分債務種類，均得實施強制執行。

2.保全執行

對船舶保全程序之強制執行，包括對船舶之假處分、假扣押。強制執行法第114條第3項規定：「前項強制執行，除海商法第4條第1項但書之規定或船舶碰撞之損害賠償外，於保全程序之執行名義，不適用之」。88年6月海商法修正後，第4條第1項亦已修正為：「船舶保全程序之強制執行，於船舶發航準備完成時起，以迄航行至次一停泊港時止，不得為之。但為使航行可能所生之債務，或因船舶碰撞所生之損害，不在此限」。因此，船舶之保全程序，於債務種類及期間方面限制如下：

(1)為使航行可能所生之債務及船舶碰撞之損害賠償債務

為使航行可能所生之債務，雖發生在發航準備完成後，惟因時機緊迫，求償機會較小，倘不予以保護，則影響所及，無人敢與船舶交易，徒然害及

船舶之利益，無法達到發展航運之目的，因此不論何時，均得對船舶為假扣押或假處分。船舶碰撞，乃海上突發性侵權行為事件，若不即時對加害船舶實施假扣押，待終局之本案請求判決確定後，已無從追及而為強制執行。因此將「船舶碰撞之損害賠償債務」與「為使航行可能所生之債務」併列，准許為假扣押。

(2)其他債務

於船舶發航準備完成時起，以迄航行至次一停泊港時止，不得為船舶之假扣押或假處分。此外之期間，仍得為保全執行。

值得探討者，下列四點：

a.何謂「發航準備完成」？

採形式主義者，認為只要船長取得發航許可證書，發航準備即算完成；併採實質與形式主義者，認為不僅須取得發航許可證書，並應實質上已完成發航準備。因此船員、給養品未齊備者，或客貨未上船者，縱已領得發航許可證書，仍難謂發航準備完成。

辦理強制執行事件應行注意事項六一（三）規定：「所謂發航準備完成者，指法律上及事實上得開航之狀態而言，例如船長已取得當地航政主管機關核准發航與海關准結關放行及必需品之補給已完成，並已配置相當海員、設備及船舶之供應等屬之。」可見係併採實質與形式主義。實質主義雖然不如形式主義易於認定，且與商事法重視之形式主義有所不同，但禁止保全處分之主要目的，係在保護船方與貨方，倘對尚未裝載客貨之船舶為保全處分，對船方與貨方之影響較微，故當無禁止之必要。

b.何謂「航行完成」？

採航段主義者，認係指船舶抵達預定之各停泊港；採航程主義者，認係指船舶抵達預定之最後目的港。

海商法第4條第1項前段業於民國88年修正為：「……以迄航行至次一停泊港時止，……」辦理強制執行事件應行注意事項第61(3)點亦規定：「所謂航行完成，指船舶到達下次預定停泊之商港而言。」足見「航行完成」，係採航段主義，此種見解較能符合現代航運未必有預定之最後目的港之狀況，且對債權人保護較為周延。

c.何謂「為使航行可能所生之債務」？

辦理強制執行事件應行注意事項第六一（三）點規定：「所謂為使航行可能所生之債權，例如為備航而向之購置燃料、糧食及修繕等所生債權。」且應限於為使「本次航段」航行可能所生之債務，對於為使「前次航段」航行可能所生之債務，債權人怠於為保全處分者，不宜再予保護。

d.何謂「國境內航行船舶」？

係指航行於國境之內的船舶，均由本國籍船舶經營，外國籍船舶非經主管機關特許，不得經營（航業法§4），此即一般所稱之沿海航行（cabotage）之限制。

綜上所述，茲將船舶強制執行圖示如圖3-1。

船舶之強制執行查封之限制
1. 船舶之終局執行──不論何種債務，亦不問任何時間，均得為之。
2. 船舶之保全執行
①為使航行可能所生之債務
②船舶碰撞之損害賠償債務
不論何時均得為之
③其他債務──除自運送人或船長發航準備完成時起，以迄航行至次一停泊港時止，不得為假扣押、假處分外，其餘時間均得為之。

圖3-1　船舶強制執行查封之限制圖

資料來源：依相關規定自行整理。

三、船舶強制執行管轄之法院

船舶執行之管轄法院，於立法例上有三種主義：

1. 船舶所在地主義：由船舶所在地之法院管轄，有簡便及迅速之利，為我國法所採行（強§7Ⅰ）。

2.船舶停泊港主義：民國85年強制執行法修正前採取此種立法例，但與上述「船舶所在地主義」名異實同，故民國85年修正強制執行法時，即予刪除。

3.船籍港主義：船舶應認定船籍港（船§11），作為船舶所有權登記、船舶國籍證書換發、補發及繳銷之處所，但因船籍港並非船舶所在地，執行上難免困難，為多數國家所不採。

依強制執行法第7條第1項之規定，船舶強制執行之管轄法院為船舶所在地法院。所稱「船舶所在地」不僅指船舶現在停泊港，亦包括將來之所在地[1]。故債權人向船舶將到達之港口之管轄法院聲請執行者亦屬合法。債權人聲請強制執行後，如因船舶離去執行法院管轄區域致無從執行者，應依聲請或依職權以裁定移送於其所在地之管轄法院（強§30-1、民訴§28），或囑託其執行。如船舶於查封後准許航行者，並得囑託船舶現停泊地之管轄法院為拍賣或其他執行行為（強§114-2Ⅰ）。

---

[1] 楊與齡，第536頁。

第四章　船舶之特性

討論重點

一、人格性。
二、不動產性。
三、權宜船之法律問題。

重點解說

海商法船舶具有人格性及不動產性二項特色，分述如下：

一、人格性

船舶雖為物，但具有人格性，其人格性表彰如下：

（一）船名

自然人有姓名，船舶亦有船名（船§12）。船舶名稱為船舶所有人申請船舶登記時，應載明之事項（船登§12①）。

（二）國籍

船舶亦如自然人，具有國籍。我國船舶之國籍主要依船舶所有人國籍定之，並須履行註冊登記之要件（船§5）。

（三）船籍港

自然人有戶籍，船舶亦有船籍，由船舶所有人自行認定（船§13）。船籍港為船舶所有人申請船舶登記時，應開具之事項（船登§12②）。船籍港

爲船舶所有權登記、臨時船舶國籍證書核發之申請、註銷國籍等事項之申請地或辦理地（船§15、§17、§18、§20）。

二、不動產性

船舶以航行爲主要目的，因此原則上適用民法關於動產之規定（§6）。但船舶亦具有下列不動產性：

（一）登記

不動產物權，依法律行爲而取得、設定、喪失、及變更者，非經登記，不生效力（民§758Ⅰ）；動產物權之讓與原則上採交付生效主義。船舶雖爲動產，但其所有權、抵押權及租賃均採登記對抗主義（海§9、§36、船登§3、§4），近乎不動產之規定。

（二）書面

不動產物權之移轉或設定，應以書面爲之（民§758Ⅱ）。船舶所有權或應有部分之讓與亦應作成書面，始生效力（§8）。

（三）抵押權之標的物

抵押權原則上係在不動產上設定（民§860），船舶亦得設定抵押權，且得就建造中之船舶設定之（§33、§34）。

（四）強制執行

海商法所定之船舶，其強制執行，除本法另有規定外，準用關於不動產執行之規定；建造中之船舶亦同（強§114Ⅰ）。

（五）領土延伸

在中華民國領域外之中華民國船艦或航空機內犯罪者，以在中華民國領域內犯罪論（刑§3）。船舶因之被視爲國家領土，具有不動產性。

綜上所述，可知海商法船舶具不動產性，因此原則上雖適用民法動產之規定，然於海商法有特別規定時，仍應從其規定（§6）。

三、權宜船之法律問題

　　船舶具有國籍，業如前述。1982年海洋法公約更確立船舶國籍應為單一之原則[1]。依中華民國法律，經航政主管機關核准註冊登記之船舶，為中華民國船舶（船§5）。符合船舶法第5條第2項規定者，船舶始能取得中華民國國籍。

　　台灣與大陸之間的兩岸航運，因政治因素無法直接通航，僅藉權宜船彎靠第三地方式，進行間接通航。因此，權宜船之相關問題，有論述之必要。

（一）權宜船之意義

　　權宜船係指船舶所有人基於特殊考慮，採取權宜之計，將其船舶登記在他國，取得他國國籍並懸掛該國國旗。權宜船濫觴於1925年巴拿馬開放船籍登記及海員證照法，而後賴比瑞亞、宏都拉斯及哥斯大黎加等國陸續跟進，遂有巴賴宏哥（Panlibhonco）船隊之產生。

（二）權宜船產生之原因

　　登記為權宜船之原因，不外乎：
1.權宜船登記國之船舶安全檢查標準低。
2.權宜船登記國之船員僱傭、配額限制少。
3.權宜船登記國稅額低。
4.無被本國政府徵用之虞。
5.易於向國外銀行貸款。
6.營運所得匯往國外，不受外匯管制之限制。
7.不受營運區域之限制。

---

[1] 1982年海洋法公約第91條規定：「1.每個國家應確定對船舶給予國籍、船舶在其領土內登記及船舶懸掛該國旗幟的條件。船舶具有其有權懸掛的旗幟所屬國家的國籍。國家和船舶之間必須有真正聯繫。2.每個國家應向其給予懸掛該國旗幟權利的船舶頒發給予該權利的文件。」

（三）權宜船之負面影響

權宜船雖可達到上述特殊目的，但亦具有如下之負面影響：

1.違反船舶設籍之國際法原則

1982年海洋法公約規定國家與船舶間須有眞正聯繫[2]，權宜船之存在與此規定衝突。

2.減縮國輪船隊

權宜船造成國輪船隊流失，不論平時或戰時，均不利國力之發展。

3.不利航運管理及安全

權宜船易於疏忽海上安全及船員福利，不利航運管理及安全。

4.無法行使行政司法管轄權

權宜船眞正所屬國家之行政、司法管轄權不得伸張。

5.欠缺對船舶之保護

權宜船發生事故時，眞正所屬國家並無涉入之名義，登記註冊之國家伸援手者又極爲有限，故對船舶之保護極爲欠缺。

6.忽視船員之工作條件

權宜船之船員工作條件較差，待遇及生活水準均與非權宜船船員無法同日而語[3]。

綜上所述，權宜船似可降低成本，提高競爭力。然而實質上其對國際航運秩序及法治觀念之建立，具有極大負面影響。因此各國除政策因素外，原則上均不鼓勵本國船舶登記爲他國之權宜船。

---

[2]　同上註。

[3]　爲維護權宜船船員之工作條件，國際運輸工人聯合會（International Transport Worker's Federation, ITF）近年來常於重要國際港口，派員檢查權宜船船員待遇及工作條件是否合理。

第五章　船舶所有權與抵押權

重點解說

一、船舶所有權之範圍

　　船舶所有權之範圍，為下列法律行為效力所及，故有確定之必要：

1.船舶讓與（§8）。

2.船舶所有人責任限制之標的（§21, §23）。

3.海事優先權之標的（§27）。

4.船舶抵押權之設定（§33）。

5.海上保險標的之範圍（§127）。

6.委付之範圍（§146）。

　　船舶所有權之範圍，依本法第7條規定：「除給養品外，凡於航行上或營業上必需之一切設備及屬具，皆視為船舶之一部。」給養品，係指供給船舶給養之食物、燃料等。惟燃料已置入船舶油管或機器內者，宜視為船舶之一部[1]。故船體、航行及營運上必需之一切設備及屬具，均屬船舶所有權之範

---

[1]　甘其綬，第43頁。

圍。茲分述如下：

（一）船體

船體包括：

1. 船殼。
2. 船架：船框、船樑、分艙壁、船首骨、船尾骨、龍骨、底骨、邊骨
   等。
3. 船艙：機器房、鍋爐房等。
4. 船面建築：船首房、船尾房、駕駛台、甲板。

（二）航行及營業上必需之一切設備

船舶航行及營業上必需之一切設備，依船舶法第24條之規定，係指：
「一、救生設備。

二、消防設備。

三、燈光、音號及旗號設備。

四、航行儀器設備。

五、無線電信設備。

六、居住及康樂設備。

七、衛生及醫藥設備。

八、通風設備。

九、冷藏及冷凍設備。

十、貨物裝卸設備。

十一、防止污染設備。

十二、操舵、起錨及繫船設備。

十三、帆裝、纜索設備。

十四、危險品及大量散裝貨物之裝載儲藏設備。

十五、海上運送之貨櫃及其固定設備。

十六、其他經主管機關公告應配備之設備。」

上述各項設備之內容，依交通部104年修正之船舶設備規則之規定定之。

（三）航行及營業上必需之一切屬具

屬具係指船舶附屬物品，包括：

1. 駕駛儀器：羅經儀、雷達、雷達反射器、六分儀、經線儀、測程儀、測探儀、羅盤駕駛、旗語燈語、海圖。
2. 其他附屬具：錨機具、繫索具、舵、測探台、錨、帆、滑車、絞轆等。

二、船舶讓與之方式

船舶讓與之方式，依本法第8條之規定，船舶所有權或應有部分之讓與，非作成書面並依下列之規定，不生效力，故船舶物權移轉時，須履行如下之要式行為：

（一）讓與行為發生於中華民國者

應申請讓與地或船舶所在地航政主管機關蓋印證明。

（二）讓與行為發生於外國者

應申請中華民國駐外使領館、代表處或其他外交部授權機構蓋印證明。

船舶所有權之移轉履行上開方式後，縱未經登記，亦已生移轉之效力，僅不得對抗第三人而已，故第9條規定：「船舶所有權之移轉，非經登記，不得對抗第三人。」

船舶除本法有特別規定外，適用民法關於動產之規定（§6），惟因上述第8條書面之要式行為及第9條登記之對抗效力，均為本法對船舶所為類似不動產之規定，故船舶關於物權之移轉，僅須履行第8、9條規定方式已足，無須再依民法第761條第1項之規定履行交付之要件。此項簡便之移轉方式，使船舶於戰時能避免敵國之拿捕，在平時亦可迅速利用該船舶營利[2]。

惟第8、9條之規定，均為船舶物權移轉之規定，至於船舶買賣之債權行為，仍應依民法第153條第1項、第345條等之規定。

---

[2] 施智謀，第50頁。

三、船舶所有權移轉之效力

船舶所有權移轉於受讓人時，對於託運人及傭船人之效力可分述如下：

（一）傭船運送

傭船契約不因船舶所有權之移轉而受影響（§41）。傭船契約對第三人之效力，依本條規定，是否得適用民法第425條「買賣不破租賃」原則，向有爭議。持肯定說者，認為第41條與民法第425條買賣不破租賃之意義相同。故訂定傭船契約者，於船舶所有權移轉時，其受讓人應承受契約上之權利及義務[3]。持否定說者，認為第41條之意旨，僅係傭船運送契約之下，船舶所有人將船舶所有權移轉於第三人時，對於傭船運送契約不生影響。因為運送人依運送契約，負有完成運送之義務。至於運送人係以自己或他人之船舶從事運送，則非所問。船舶受讓人，仍為傭船運送契約之局外人，並不因之而成為傭船契約之運送人，與民法第425條買賣不破租賃之規定有別[4]。本書以後說為是。質言之，船舶所有人將船舶所有權「全部」轉讓他人時，仍應繼續承擔原傭船契約之權利義務。亦即，船舶之讓與人基於傭船契約之權利義務並未轉移至船舶之受讓人。船舶之讓與人仍可採光船傭船方式以該船舶繼續完成運送，傭船人無庸另行覓船。惟船舶所有人僅將船舶所有權「部分」移轉他人時，船舶受讓人須受該傭船契約之拘束[5]。

第41條之規定僅適用於計時、計程傭船契約，於光船傭船契約之場合，因其屬船舶租賃，故應有民法第425條買賣不破租賃規定之適用，由船舶受讓人承受船舶租賃契約上之權利及義務。

（二）件貨運送

件貨運送雖無如上述第41條之規定，惟件貨運送既不注重船舶特性，載貨證券上又多有轉船條款，因此件貨運送契約，不因船舶所有權之移轉而受

---

[3]　何佐治，第206頁，民國51年；劉宗榮，第253至256頁。
[4]　施智謀，第136至137頁；楊仁壽，第44頁。
[5]　Scrutton, p.p.23~24。

影響亦係當然之解釋。

四、船舶抵押權

　　船舶為動產，得為質權之標的物，本無設定抵押權可言，但海商法為發展航運，使船舶除得依民法規定設定質權外，亦得設定抵押權（§33）。其立法意旨在於海上運送具有專門性及技術性之特色，宜允許其設定抵押權，俾船舶所有人不移轉船舶之占有，仍可繼續航行營利，有利航運發展。此外，為便利船舶所有人融資之需並鼓勵造船，遂規定船舶抵押權之設定，不限於成船，且得就建造中之船舶設定之（§34）。依船舶登記法§50規定，縱未安置龍骨，尚未具備船舶之形狀，只要有船舶建造契約書，仍得登記建造中之船舶抵押權。立法意旨在加強資金融通，以便利船舶建造，鼓勵航海。因此依船舶登記法第50條規定，得設定抵押權之「建造中船舶」，係指從船舶建造契約訂定時起或自船舶開始建造時起，至建造完成下水航行前之狀態而言。

　　船舶抵押權設定之標的物包括：①海商法船舶；②建造中之船舶（§34）。此外，船舶共有人之應有部分，亦可設定抵押權（§13、§37）。

　　船舶抵押權之保存、設定、移轉、變更、限制、處分或消滅均應登記（船登§3），非經登記，不得對抗第三人（§36）。船舶抵押權之設定，為不動產上設定負擔，影響船舶所有人之利益極大，故其設定人有特別限制，除法律別有規定外，僅船舶所有人或受其特別委任之人始得為之（§35）。船舶抵押權具有不可分性，船舶共有人中一人或數人，就其應有部分所設定之抵押權，不因分割或出賣而受影響（§37）。因此，船舶設定抵押之部分，縱經分割或出賣，抵押權人對於分割或出賣部分，仍得行使其權利。

　　船舶抵押權之設定，為要式行為，應以書面為之（§33），未經書面設定者，不生效力。

第六章　船舶共有

重點解說

一、概說

　　船舶共有係指數人共有船舶之所有權，其性質為分別共有，由多數人就該船舶享有應有部分，並非民法之公同共有，而為海商法之特殊制度。船舶價值昂貴，由多人共有，不但資金籌措較易，亦可分擔風險，故以船舶共有方式經營運送者，遠早於合夥及公司型態。

　　船舶共有目前多存在於家族間小型漁船上，具有其傳統之經濟、社會功能。我國主管機關於處理船舶共有時，向來依船舶登記法及民法之相關規定辦理，共有之漁船均以漁船合夥契約代替共有船舶之契約。惟登記之共有漁船已日漸萎縮，既無行政爭訟，亦乏法院實務之爭議，可見我國船舶共有制度已日趨式微，但為因應目前實務上船舶共有存在之事實，本法船舶共有條文仍予保留，俟日後情況變遷再為廢止或增修之圖。因此民國88年海商法修正時，僅將第17、18、19及20條之「船舶經理人」修正為「共有船舶經理

人」，並將第17條之「經理其營業」修正為「經營其業務」。民國98年海商法修正時，將第16條之「禁治產」修正為「受監護宣告」，此外關於船舶共有之規定均隻字未改。

二、共有船舶之處分及共同利益事項之同意

共有船舶之處分及其他與共有人共同利益有關之事項，應以共有人過半數並其應有部分之價值合計過半數之同意為之（§11）。共有人如僅為二人且應有部分之價值又相等者，則宜類推適用第105條之規定，由當事人協議定之，協議不成時，得提付仲裁或請求法院裁判之。

三、共有船舶應有部分之處分

（一）出賣應有部分

1.共有人儘先承買

船舶共有人有出賣其應有部分時，其他共有人，得以同一價格儘先承買（§12 I）。按各共有人固得任意出賣其應有部分，惟若漫無限制，則將害及共有人間共同利益之關係，故其他共有人得儘先承買，以維護其他共有人之利益。

2.喪失國籍之同意

為維護本國航業，特賦與共有人維護船舶國籍之權利與義務，故因船舶共有權一部分之出賣，致該船舶喪失中華民國國籍時，應得共有人全體之同意（§12 II）。

（二）抵押應有部分

船舶共有人固得抵押其應有部分（§37），但恐受扣押或假扣押之處分，致影響航行害及全體，故船舶共有人，以其應有部分供抵押時，應得其他共有人過半數之同意（§13）。

四、共有船舶債務之清償

（一）就應有部分比例分擔

船舶共有人，對於利用船舶所生之債務，就其應有部分，負比例分擔之責（§14 I）。所稱「利用船舶所生之債務」，係指因利用船舶航行所生之債務，譬如購買燃料、糧食等。

（二）委棄應有部分以免責

共有人對於發生債務之管理行為，曾經拒絕同意者，關於此項債務，得委棄其應有部分於他共有人而免其責任（§14 II）。所稱「發生債務之管理行為」，譬如船舶維修、解任船長、出租船舶等。本項規定係第11條少數共有人之權利，按少數共有人與共有人共同利益有關之事項，雖依第11條之規定應服從多數決定，但對決議所生債務曾拒絕同意者，得准其免於負擔，以求其平。

五、共有關係之退出與繼續

（一）退出

船舶共有人身為船長而被辭退或解任時，得退出共有關係，並請求返還其應有部分之資金。前項資金數額，依當事人之協議定之，協議不成時，由法院裁判之。前述退出共有關係之權，自被辭退之日起算，經一個月不行使而消滅（§15）。

（二）繼續

共有關係並非合夥，故不因共有人中一人之死亡、破產或受監護宣告而終止（§16）[1]。於破產之情形，縱破產之船舶共有人其應有部分為破產管理人收取，並不成立船舶共有終止之原因。

---

[1] 由於民法之禁治產制度已改為監護制度，本條配合修正。但依本法新修正之第153條第2項規定，第16條修正條文自98年11月23日施行。

六、共有船舶經理人

（一）選任

　　共有船舶經理人經營共有船舶之業務，故共有船舶經理人之選擇關係重大，須審慎爲之。本法規定船舶共有人，應選任共有船舶經理人，經營其業務，共有船舶經理人之選任，應以共有人過半數，並其應有部分之價值合計過半數之同意爲之（§17），以茲愼重。

（二）權限

1.代表共有人

　　共有船舶經理人關於船舶之營運，在訴訟上或訴訟外代表共有人（§18），此乃共有船舶經理人之法定代理權。

2.處分權及限制

　　船舶之處分行爲影響共有人之利益甚大，不宜由共有船舶經理人自由爲之，故共有船舶經理人，非經共有人依第11條規定之書面委任，不得出賣或抵押其船舶。船舶共有人，對於共有船舶經理人權限所加之限制，不得對抗善意第三人（§19），以保護交易安全。

（三）義務

　　船舶共有人宜知曉船舶航行狀態及營業情形，始得保護其利益。故共有船舶經理人，於每次航行完成後，應將其經過情形，報告於共有人，共有人亦得隨時檢查其營業情形，並查閱帳簿（§20）。

　　綜上所述，茲將船舶共有之法律關係圖示如圖6-1[2]：

---

[2]　本圖參考何佐治，第63頁作成。

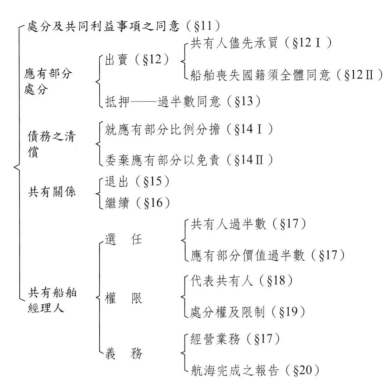

圖6-1　船舶共有人法律關係圖

第七章　船舶所有人之責任限制

重點解說

一、船舶所有人責任限制之意義

　　船舶所有人責任限制，係指船舶所有人對於船舶所生之債務，僅負有限責任。此乃海商法之特別制度，有別於債務人負無限責任之一般法則。

　　船舶所有人責任限制制度規定於本法第21條，此項條款規定之本旨，為限制在海上航行之船舶所有人，對於船長、船員因執行業務所加損害於第三人之賠償責任而設，實為民法第188條之特別法，自應先於民法第188條之規定而適用之[1]。

---

[1]　最高法院民國44年度台上字第515號判例。

　　船舶所有人責任限制之起源並不十分明確。1625年國際法始祖格老秀斯曾主張所有人責任限制符合正義要求，而羅馬法上之無限責任，實屬不妥。厥後各國立法紛紛採取船舶所有人責任限制制度。

　　國際間爲統一此制度，先後有1924年海船所有人責任限制統一公約（International Convention for the Unification of Certain Rules Relating to the Limitation of the Liability of Owners of Sea-going Vessels, 1924，以下簡稱1924年公約）、1957年海船所有人責任限制國際公約（International Convention Relating to the Limitation of the Liability of Owners of Sea-going Ships, 1957，以下簡稱1957年公約），暨其修正限額之1979年議定書（Protocol of 1979）及1976年海事求償責任限制國際公約（Convention on Limitation of Liability for Maritime Claims, 1976，以下簡稱1976年公約），暨其修正限額之1996年議定書（Protocol of 1996）。本法現行有關船舶所有人責任限制規定，兼採1924年、1957年及1967年諸公約之規定，遂造成我國制度與國際多數立法例相悖及適用上之困難，詳如後述。

二、船舶所有人責任限制之立法理由

　　船舶所有人責任限制之立法理由，一般以爲主要有三：

（一）船舶所有人甚難對船長、海員之行為負責

　　船舶航行在外，船長之權限極大，因此對船長、海員之行爲，船舶所有人不易指揮、命令及監督。

（二）分散海上風險

　　海上風險遠非陸上風險可比，爲分散海上風險，宜允船舶所有人享受責任限制之利益，以求衡平。

（三）發展航運之政策

　　倘船舶所有人負無限責任，將使社會視海運事業爲畏途，航海事業遂不得順利發展。

　　惟今日通訊科技發展一日千里，上述第一點理由已失其重要性。就第二

點而言，船舶所有人有本法第69、70、71、72條等免責事由之保護，復可藉船體保險及防護與賠償（P＆I）保險[2]，移轉其大部分風險，且航運公司多以股份有限公司或有限公司方式設立，俾限制其責任，因此第二點理由，亦在現代運送環境下難以立足。

是以吾人認為船舶所有人責任限制制度所以能屹立至今，主要歸因於發展航運之政策。析言之，船舶所有人責任限制制度之獲存留，係因其具有下列二點具體實益，足可達到「發展航運」之政策目標：

1.有利保險之取得

船舶所有人責任限制制度可使船舶所有人得以預估航海之風險，俾以較簡便方式及較低廉費用取得保險，確保受損害之他方，可得到一定之賠償。

2.維持國際競爭力

由於船舶所有人責任限制制度係由航運大國基於保護運送人利益所制定，因此，當此等國家仍掌握國際公約立法主導權時，其他國家在國際競爭力的考慮下，甚難輕言取消該制度。否則航海之高度危險將使船舶所有人裹足不前，國際競爭力無法提升，更遑論航運事業之發展。

綜上所論，船舶所有人責任限制制度雖有其難以自圓其說之處，多數國家仍多贊同其存在，並致力於該制度之統一化及合理化，其趨勢為：以國際公約規範該制度為原則、准許各國自由立法為例外、縮減責任限制項目、擴增責任限制之例外、確定與增加責任限制賠償額。換言之，船舶所有人責任限制制度已由純粹保護船舶所有人之傳統概念，逐漸轉型為兼顧社會利益與債權人之作法，以求衡平。

---

[2] 即protection and indemnity，又稱船東責任保險。船舶所有人對第三人負有賠償責任時，由於承保條件及保費率的決定，在保險技術上有困難，因此常為保險公司拒保，遂由船舶所有人以船舶為單位，參加互助性的保護賠償協會（P＆I Club），彼此互為保險人及被保險人，此即防護賠償保險。

三、船舶所有人責任限制之立法例

船舶所有人責任限制制度主要有二種立法例[3]：

（一）船價主義

係指以與發生責任事項之船舶價值及運費相當之金額爲最高責任額，船舶所有人於此數額內以其資產，無分海上或陸上資產，負損害賠償責任，採此制度者包括美國及希臘等國。船價主義之缺點有三：

1.易生不合理現象

船舶價值低、船況差者，越容易發生事故，惟依船價主義計算之賠償額卻越低，顯失合理，對航運市場整體之經營，極易產生負面效果。

2.債權人有無法獲償之虞

船價主義以船舶發生事故後之船舶價值與運費總和計算船舶所有人賠償額，於船舶滅失時，此項責任額幾近於無，對債權人殊爲不利。

3.船價計算困難

本法參酌1924年公約第3條之規定，於第23條規定船舶價值估計之標準，係以船舶於第21條規定之事故發生後之狀態爲準，但計算過程失之繁複，令人裹足不前。按影響船舶之價值者，包括船舶類別、建造日期、建造國、噸位、市場需求及其他等因素，且船舶於第21條事項發生後，尚須考慮第23條各款所列之船舶狀態。如無類似之案例參考，委實難以決定。職是以故，船價主義下船價計算之繁複，成爲該主義之致命傷。

是以國際公約中，僅1924年公約原則上採取船價主義，但對於船上服務人員之故意或過失致生之人身傷亡，船舶所有人更須於每噸8英鎊計算之金額內負其責任，是爲船價主義與金額主義之兼採。1957年公約暨其修正限額之1979年議定書，及1976年公約暨其修正限額之1996年議定書則均已揚棄船價

---

[3]　其他尚有執行主義及委付主義，但前者已成明日黃花，後者僅少數拉丁語系國家採行，均已喪失重要性，故不贅述，國外文獻亦甚少論述，參見J. Wilson, p.274。

主義，全面改採金額主義。

（二）金額主義

英國於1854年開始採行金額主義，雖屢對適用主體、計算單位及船噸計算制有所修正，但採金額主義之實質規定，迄今未變，亦即對於財物損害及人身傷亡，分別依船舶噸位乘以若干金額計算其責任限額。於人、貨均有傷亡損害時，優先以一定金額專供人身傷亡之賠償額，如不敷賠償者，不足之數額，尚可就物之賠償金額，參與比例受償。船舶所有人對計算出之賠償金額，以其資產，無分海上或陸上財產，負賠償責任。

金額主義之優點計有：

1.債權人獲一定保障

金額主義以船舶登記噸位，每噸乘以若干金額計算其賠償額，航行中之每次事故分別負擔賠償責任，且人、貨均可獲得一定賠償，船舶是否滅失，並非所問，使債權人獲得一定保障。

2.計算方式簡便

賠償額計算之方式，係以每噸乘以若干金額，較之船價主義為簡便明確，對當事人均有利。

3.「人尊物卑」原則之確立

金額主義對人身傷亡及貨物毀損滅失採分別計算責任額之方式，且人身傷亡賠償額高於貨損賠償額，於人、貨均有傷亡損害時，優先以一定金額專供人身傷亡之賠償額，如不敷賠償者，不足之數額，尚可就物之賠償金額，參與比例受償，顯見對人身安全特別予以尊重及保護。

4.有利航運發展

由於船舶不分新舊均按登記總噸計算其賠償數額，而老舊船舶較易發生事故，因此金額主義可鼓勵船舶所有人淘汰劣質之老舊船舶，以積極建造性能優良之新船，有利於航運發展。然而，早期金額主義具有如下之缺點：

(1)責任限制額之計算標準，可能因幣值劇烈變動而受不當之影響。

(2)金額主義以登記總噸位為計算數額之標準，因此對登記總噸位低之船

舶較爲有利，登記總噸位高之船舶反而吃虧。但船舶噸位大小與船舶造價並非以等比之比例增加，因此金額主義如採船噸單一計算制，易產生責任額與實際船價嚴重落差之弊病。

早期金額主義上述之二項缺點，因嗣後改採SDR計算單位及船噸機動計算制，終獲得改善，詳後敘述。

上述二種主要立法例中，金額主義以其較能平衡船、貨雙方權益而頗受國際公約之重視。1924年公約原則上採取船價主義，惟因船上服務人員之故意或過失致生人身傷亡者，船舶所有人尙須按每噸八英鎊計算之金額內負其責任，是爲船價主義與金額主義之兼採。1957年公約暨其修正限額之1979年議定書，及1976年公約暨其修正限額之1996年議定書則均採行金額主義。

四、以船價主義為主、金額主義為輔之我國制度

我國船舶所有人責任限制制度，係以船價主義爲主，金額主義爲輔，因此船舶所有人對下列事項所負之責任，以本次航行之船舶價值、運費及其他附屬費爲限：1.在船上、操作船舶或救助工作直接所致人身傷亡或財物毀損滅失之損害賠償；2.船舶操作或救助工作所致權益侵害之損害賠償。但不包括因契約關係所生之損害賠償；3.沉船或落海之打撈移除所生之債務。但不包括依契約之報酬或給付；4.爲避免或減輕前二款責任所負之債務（§21Ⅰ）。惟計算出之責任限制數額，如低於下列標準者，所有人應補足之（§21Ⅳ）：

1. 對財物損害之賠償，以船舶登記總噸，每一總噸爲國際貨幣基金特別提款權（SDR）54計算單位，計算其數額。
2. 對人身傷亡之賠償，以船舶登記總噸，每一總噸特別提款權162計算單位計算其數額。
3. 前二款同時發生者，以船舶登記總噸，每一總噸特別提款權162計算單位計算其數額，但人身傷亡應優先以船舶登記總噸，每一總噸特別提款權108計算單位計算之數額內賠償，如此數額不足以全部清償時，其不足額再與財物之毀損滅失，共同在現存之責任限制數額內比例分配之。
4. 船舶登記總噸不足300噸者，以300噸計算。

　　因此在我國制度之下，須先依第23條計算船價主義下之責任限制數額，再依第21條第4項計算出金額主義下之責任限制數額，兩者比較後，方能確實決定船舶所有人責任限制數額。

　　應注意者，有下列四點：

1. 本法船舶所有人責任限制制度，雖以船價主義為主，但仍與1924公約不盡相同。船價計算之繁複與困難，對船貨雙方均無好處，亦為1957年以後國際公約揚棄船價主義的主要原因，本法因採船價主義，遂保留此項主要缺失，誠屬憾事。

2. 第21條之船舶價值係以「國際」市場上之價值估算，第4項之SDR係參酌「我國」國情及政策換算而得，前者數額（船舶價值）低於後者標準（每噸若干SDR）之情形當不易發生，因此「理論上」，本法適用金額主義之機會似乎不高。

3. 然而吾人以為日後「實務上」恐係以金額主義為依歸，船價主義僅成為拖延訴訟之手段。蓋依本法第23條第1項規定，船舶所有人如依第21條之規定限制其責任者，對於本次航行之船舶價值應證明之。惟若運送人遲不舉證或其舉證結果船價低於第21條第4項之標準，理論上債權人亦可舉證證明該船舶價值。然而於債權人人數眾多且分散、未具海運專業知識、財力欠缺，或更甚連該船舶資料均告缺乏之情況時，於採當事人進行主義之民事訴訟中，債權人應無能力就船價舉證；金額主義既有前述之各項優點，易為當事人接受，職是以故，第21條第4項之金額規定，勢將成為推算船舶價值之標準，或根本就成為最終決定之數額。

　　是以本法雖採以船價主義為主、金額主義為輔之制度，然於實際運作時，由於船價計算困難，勢必使法院及船方、債權人三方先陷入明知不可行之船價主義泥淖中，耗時費事後，最終仍以金額主義決定責任限制之數額，益發突顯船價主義規定之多此一舉。

4. 如前所述，本法船舶所有人責任限制制度，最終勢將捨船價主義直接改依金額主義決定其賠償數額，或以金額主義為標準來間接推算船舶價值，則第21條第4項金額主義之SDR規定，自應與國際間水準相符，方稱妥適。惟將本法第21條第4項所列數額與1957年公約之1979年議定

　　書、1976年公約及其1996年議定書之數額列如表7-1，並加以比較，可看出本法SDR數額明顯偏低：

表7-1　本法與國際公約SDR規定比較表

船舶總噸 ＼ 責任項目		人身傷亡	財物損害	人身財產共同損傷	旅客傷亡
本法	不足300噸者以300噸計算	每噸162 SDR	每噸54 SDR	每噸162 SDR，但人身傷亡優先，每噸108 SDR。如不足，再與財物損害共同在現存之責任限制數額內比例分配之。	
1957年公約之1979年議定書	不足300噸者以300噸計算	140 SDR	66.67 SDR	206.67 SDR	
1976年公約	1～500噸	333,000 SDR	167,000 SDR	500,000 SDR	每一旅客46,666 SDR
	501～3,000噸	每噸增加500 SDR	每噸增加167 SDR	每噸增加667 SDR	
	3,001～30,000噸	每噸增加333 SDR		每噸增加500 SDR	最高總額25,000,000 SDR
	30,001～70,000噸	每噸增加250噸	每噸增加125 SDR	每噸增加375 SDR	
	70,000噸以上	每噸增加167 SDR	每噸增加83 SDR	每噸增加250 SDR	
	被救助船舶限為1,500噸	833,000 SDR	334,000 SDR	1,167,000 SDR	
1976年公約之1996年議定書	1～2,000噸	2,000,000 SDR	1,000,000 SDR	3,000,000 SDR	每一旅客175,000 SDR 無最高總額限制

表7-1　本法與國際公約SDR規定比較表（續）

責任項目 船舶總噸	人身傷亡	財物損害	人身財產共同損傷	旅客傷亡
1976年公約之1996年議定書 2,001～30,000噸	每噸增加800 SDR	每噸增加400 SDR	每噸增加1,200 SDR	
30,001～70,000噸	每噸增加600 SDR	每噸增加300 SDR	每噸增加900 SDR	
70,001噸以上	每噸增加400 SDR	每噸增加200 SDR	每噸增加600 SDR	
被救助船舶限為1,500噸	833,000 SDR	334,000 SDR	1,167,000 SDR	

資料來源：筆者依相關規定自行整理。

五、船舶所有人責任限制之債權

　　本法第21條第1項參酌1957年公約第1條第1項與1976年公約第2條第1項之規定，並依我國國情及政策，規定船舶所有人責任限制適用之債權。為便於瞭解各款規定之真義，茲將所參酌之國際公約原文附上供參考。

（一）在船上、操作船舶或救助工作直接所致人身傷亡或財物毀損滅失之損害賠償

　　本款係參酌1976年公約第2條第1項第1款規定：

　　「claims in respect of loss of life or personal injury or loss of or damage to property (including damage to harbour works, basins and waterways and aids to navigation), occuring on board or in direct connexion with the operation of the ship or with salvage operations, and consequential loss resulting therefrom.」（關於在船上或與船舶作業或施救作業直接有關所發生人的死亡或傷害，或財產的滅失或毀損﹝包括對港埠工程、港灣及水道與輔助航海設備等的毀損在內﹞，以及由此所致的損失之索償。）

　　本法本款可分為下列三種情形：

1.發生於船上之人身傷亡或財物毀損滅失之損害賠償

「人身」不限旅客，因此船長、海員、旅客、送行人、上船執行公務之海關人員、保安警察、上船執行業務之驗船師、公證行人員、引水人等均包括在內。

「財物毀損滅失」包括貨物、行李及前述人員所攜帶之財物。前二者均限於發生在船舶上，至於是否直接所致，並非所問。

2.操作船舶直接所致人身傷亡或財物毀損滅失之損害賠償

「操作船舶」（operation）可分技術與商業二方面。技術性方面，包括船舶之提供、海員之僱用、船舶之航行、加裝燃料、船舶之維修、保養、使用船舶設備、貨載之堆存、裝卸、搬移等。商業性方面，包括貨物艙位之洽訂、運費之協商、燃料費之敲定及卸貨港船舶代理人之指定等。所致之「財物毀損滅失」包括對港埠工程、港灣、水道及輔助航行設備等之毀損滅失，因此，對燈塔、浮標、無線電標竿、碼頭、防波堤等之毀損滅失，均在其列，但操作船舶及損害發生之處所不限於船舶。惟無論人身傷亡或財物毀損滅失，均限於操作船舶直接所致，間接或附隨之損害則不在此限。

3.救助工作直接所致人身傷亡或財物毀損滅失之損害賠償

人身傷亡或財物毀損滅失不限於本船，他船及前述港埠工程、港灣、水道及輔助航行設備均包括在內，但限於因救助工作直接所致，間接或附隨損害，則不在此限。救助工作亦不限於在船上實施，以直昇機、潛水等方式為之者，均有其適用。

（二）船舶操作或救助工作所致權益侵害之損害賠償，但不包括因契約關係所生之損害賠償

本款係參酌1976年公約第2條第1項第3款之規定：

「claims in respect of other loss resulting from infringement of rights other than contractual rights,occurring in direct connexion with the operation of the ship or salvage operations.」（關於因船舶操作或施救作業直接所致契約權利以外，侵害權利所致其他損失的索償）。

本法本款規定適用船舶所有人責任限制之規定者，限於契約關係以外之

權益侵害，譬如鐵路公司依法擁有專屬通行權之橋樑，爲船舶撞毀者，對該鐵路公司權益之侵害，船舶所有人僅負有限之責任。因此，「契約關係以外之權益受侵害」係本款之重心。至於權益之內容（人身或財物）、責任之基礎（法定責任或侵權責任）爲何，並非所問。

本款但書規定「但不包括因契約關係所生之損害賠償」，依其相反解釋，因契約關係所生之損害賠償，譬如未依載貨證券所記載交付貨物、遲延給付者，均無船舶所有人責任限制之適用[4]，但因契約關係所生之損害賠償，如符合第1款之規定者，仍有責任限制之適用。

惟1976年公約第2條第1項第3款係規定：「船舶操作或施救作業『直接所致』契約權利以外之侵害權利之其他損失的索償。」其中有「直接所致」之字眼，本款未予規定，應認爲係立法之疏漏，蓋因本款所稱「權益侵害」範圍甚廣，如不問直接、間接所致均可適用，對債權人極爲不利。且第1款之「權利侵害」須屬「直接所致」，本款對第1款以外之「權益侵害」規定，由構成要件而言，如「不限直接所致」，恐失衡平，故宜於解釋上將本款前段限縮解釋爲「船舶操作或施救作業『直接所致』權益侵害之損害賠償」。

（三）沉船或落海之打撈、移除所生之債務，但不包括依契約之報酬或給付

參酌1976年公約第2條第1項第4款之規定：「claims in respect of the raising, removal, destruction or the rendering harmless of a ship which is sunk, wrecked, stranded or abandoned, including anything that is or has been on board such ship.」（關於已沉沒、破壞、擱淺或委棄的船舶，包括在船上的所有物件在內，使其再行浮昇、移動、毀滅或使其無害所致的索償。）本法本款於解釋上應包括船舶於沉沒、遇難、擱淺及委棄時，港務機關或其他人基於無因管理，對該船舶其上物品及落海物所採取使之浮起、移除、毀壞或使之無害之行爲，致生之債務。惟若上列行爲係依契約進行者，船舶所有人應依契約之報酬或給付，並不得適用船舶所有人責任限制之規定，否則將降低他人

---

[4]　但1976年公約第2條第1項第c款規定，遲延時亦可適用船舶所有人責任限制。

打撈移除之意願，反造成港口航道之壅塞及污染等負面效果。

（四）為避免或減輕前二款責任所負之債務

由文字觀之，本款之主體似乎包括船舶所有人及船舶所有人以外之他人，譬如拖船、港務當局。此點與1976年公約第2條第1項6款僅限於「船舶所有人以外之人」者並不相同：「claims of a person other than the person liable in respect of measures taken in order to avert or minimize loss for which the person liable may limit his liability in accordance with this Convention, and further loss caused by such measures.」（應負責任者以外的人，為避免或減輕應負責任者可依公約主張限責的損失，所採取措施以及因此而增加損失的索償。）其原因為何，難以明白，應係立法上疏漏，按船舶所有人本人為避免或減輕前二款責任所負債務者，得適用前述各款之規定而限制其責任，譬如船舶觸礁後有油污染之虞時，船舶所有人為避免油污染之產生而毀損船舶上財物者，得依第21條第1項第1款主張責任限制。是以本款之真正意旨當係指「船舶所有人以外之第三人」為避免或減輕船舶所有人依前二款所負責任，所採取行為致生之債務，包括費用與損失。譬如拖船所有人或港務當局為避免損害擴大，將肇事船舶四周之他船緊急移船所生之費用或損失。但是項行為係依據與船舶所有人簽定之契約而採取者，並無本款之適用，蓋因「為避免或減輕前二款責任所負債務者」，應限於船舶所有人依法可得限制其責任之損失，職是以故，船舶所有人為減輕財物毀損滅失而與他人簽定救助契約者，不得對救助者之報酬主張限制責任。

又本款僅限於為避免或減輕「前二款」（即第2、3款）責任所負債務，換言之，對於為避免或減輕第1款責任所負債務，不得主張責任限制，此種排除第1款適用之規定，不但與1976年公約有悖，且緣由費解，經查本法修正過程中，於民國80年將本款列為第3款，嗣後於88年將第1款分割為第1、2款。條文既增列一款，則原第3款順移至第4款，惟其內容「為避免或減輕前『二』款……」疏未因應修正，因此吾人認為此實係立法上之疏漏而非有意省略第1款之適用，故宜將本款解讀為「『船舶所有人以外之人』為避免或減輕前『三』款責任所負債務」，始稱妥適。

六、船舶所有人責任限制之主體

　　有權主張船舶所有人責任限制者，已由1924年公約之船舶所有權人、營運人及傭船人擴充至1957年公約之船舶所有權人、營運人、傭船人、租船人、經理人、船長、海員及其他受僱人。迨至1976年公約則更進一步包括船舶所有權人、救助人、傭船人、租船人、經理人、營運人、責任保險人及船舶本身，此外，任何人之行爲、疏忽或過失應由上述諸人負責者，該人亦可適用船舶所有人責任限制之規定。

　　本法第21條第2項之規定，參考1976年公約第1條之規定，將船舶所有人範圍擴大爲船舶所有權人、船舶承租人、經理人及營運人（§21Ⅱ）。其中船舶所有權人係指依船舶登記法所登記之船舶所有權人；船舶承租人係指就航行船舶與船舶所有權人訂有租賃契約之光船傭船人；經理人係指就航行船舶受委任經營其航運業務之人；營運人係指航行船舶之船舶所有權人、船舶承租人、經理人以外有權爲船舶營運之人[5]。

　　關於船舶所有人責任限制之主體，值得探討者，爲下列各點：

1.誤未列入傭船人

　　海商法第21條第2項規定船舶承租人享有船舶所有人責任限制之保護，卻排除計時、計程傭船人之適用，此種立法不但與1957年、1976年國際公約有悖，且與大多數國家立法例迥異[6]，並非妥當。按船舶所有人責任限制適用之主體已非以傳統觀念中直接承擔航海風險者爲限，1976年公約不但將適用主體擴展至救助人、責任保險人及廣義船舶所有人應替其負責之人，且公約名稱已由「海船所有人責任限制公約」，改爲「海事求償責任限制公約」，換言之，公約已不再拘限於船舶物權所有人始能享受限制責任。且傭船人並非單純之託運物所有人，蓋因傭船契約下，傭船人對船長得行使指揮權，指揮其於裝卸載港保管、裝卸、堆存貨物，傭船人對船舶航程亦有指定裝卸載港及變更裝卸載港之權利，如果對傭船人不提供責任限制之保護，有失衡平。

---

[5]　民國88年海商法第21條修正說明。
[6]　Scrutton, Art. 198.

本條未將「傭船人」列入船舶所有人範疇，實為嚴重疏漏。

解決之道，由遠程而言，應於修法時於第2項增列「傭船人」。目前補救之道，可將「營運人」解釋為包括傭船人，而船舶所有權人、經理人、船舶承租人則視為營運人之例示規定，蓋「營運人」（operator）一詞在航運實務上包括以自有船舶經營航運業務者、計時、計程傭船人、船舶租賃人以及其他經營航運業務者。此種解釋方式，亦不致有悖第21條修正說明：「營運人係指航行船舶之船舶所有權人、船舶承租人、經理人以外有權為船舶營運之人。」

2.救助人宜適用責任限制之規定

第21條第2項並未將救助人列入船舶所有人之範圍，倘救助人為船舶所有人時，該救助人固可適用船舶所有人責任限制之規定，惟於救助人並非船舶所有人時，則無船舶所有人責任限制之適用，致使第1項第1、2款「救助工作」及第3款「打撈移除」（亦可能由救助人從事）之規定，適用機會大為降低。為鼓勵海難救助，1976年公約第1條第3項增加「救助人」之適用，使救助人縱使非船舶所有人，亦得主張責任限制。此外，救助之方式亦不再限於傳統的「船上進行救助」，而擴大至以潛水、乘直昇機方式進行救助者，仍可主張責任限制，此項立法對海難救助有正面效益，尤其於油污染甚受重視之今日，本法如能將救助人列入船舶所有人責任限制之主體，不但與國際立法一致，且能鼓勵海難救助、避免油污染擴大，有利海洋環境之保護。

3.疏於對弱者之保護

本法第21條之適用主體，僅包括船舶所有權人、船舶承租人、經理人及營運人，範圍甚為狹隘。本條規定既係參酌1976年公約第1條所定，在解釋上宜將「船舶所有權人、租船人、傭船人、經理人、營運人應替其負責之人」列入適用，使船長、海員甚至獨立之契約履行輔助者，如碼頭工人，亦得主張責任限制。否則使經濟上強者（船舶所有權人、傭船人、經理人、營運人）得受責任限制之保護，經濟上弱者（上述人員應替其負責之人）無法受到保護，亦有失公平。

4.經理人之意義

本條所稱經理人，係指就航行船舶受委任經營其航運業務之人，並非指航運公司之經理（法人之職員），而係指獨立之專業船舶經理人。

七、金額主義責任限制數額計算標準

本法參酌1957年公約第3條及1976年公約第6、7、8條對於責任限制數額計算標準，擬定以新台幣為計算單位之責任限制數額計算標準如下[7]：

1. 對財物損害之賠償以船舶登記總噸，每一總噸新台幣2,000元計算其數額。
2. 對人身傷亡之賠償以船舶登記總噸，每一總噸新台幣6,000元計算其數額。
3. 前二款同時發生者，以船舶登記總噸，每一總噸新台幣6,000元計算其數額，但人身傷亡應優先以船舶登記總噸，每一總噸新台幣4,000元計算之數額內賠償，如此數額不足以全數賠償，其不足額再與財物之毀損滅失，共同在現存之責任限制數額內比例分配之。

為使經此計算標準所計算之責任限制數額，不因未來國內幣值劇烈變動而影響其實值，本法參照1976年公約所採國際貨幣基金特別提款權（SDR）為計算單位，並以82年12月29日之匯率換算標準（一計算單位等於1.38107美元；1美元等於新台幣26.70元）予以換算，如本條第4項所列數額。

宜予析述者，為下列數點：

（一）記帳單位採用特別提款權

特別提款權（special drawing right, SDR）係國際貨幣基金（IMF）於1969年所創設的一種虛擬通貨單位，以美元、歐元、人民幣、日圓、英鎊之通貨加權平均計算SDR之價值，是IMF、國際協議、政府之間及私人契約之記帳單位。由於其較能適當反應通貨膨脹之平均幅度，所以可替代黃金作為國際支付的記帳單位，但只列於國際貨幣基金的帳上，不能兌換成黃金，故

---

[7] 民國88年海商法修正說明。

俗稱紙金。

　　1976年公約暨其1996年議定書均採用SDR為責任限制之計算單位，早期
金額主義責任限制額之計算標準，可能因幣值劇烈變動而受不當影響之缺
點，終獲得解決。

　　SDR之採行不限於上述1976年公約暨其1996年議定書，其他國際運送有
關之公約，諸如1968年海牙威斯比規則、1978年漢堡規則、1980年聯合國國
際貨物多式運送公約，甚至1956年國際公路貨物運送公約（CMR）、1980
年國際鐵路貨物運送公約（COTIF）及1975年空運之蒙特婁議定書等均採用
SDR為其記帳單位。本法亦採SDR，正確地反應出時代的潮流及必要性。

（二）強調對人身之特別保護

　　第21條第4項對人身傷亡與財物損害之賠償，採取不同計算標準，對財物
損害之賠償，以船舶登記總噸，每一總噸為國際貨幣基金特別提款權54計算
單位，計算其數額（§21 IV ①）。對人身傷亡之賠償，以船舶登記總噸，每
一總噸特別提款權162計算單位計算其數額（§21 IV ②）。

　　人身傷亡與財物損害同時發生者，以船舶登記總噸，每一總噸特別提款
權162計算單位計算其數額，但人身傷亡應優先以船舶登記總噸，每一總噸特
別提款權108計算單位計算之數額內賠償，如此數額不足以全數賠償，其不
足額再與財物之毀損滅失，共同在現存之責任限制數額內比例分配之（§21
IV ③）。上述規定不僅是金額主義之優點，也明白揭示本法對人身保護之特
色。

（三）採行船噸單一計算制之缺失

　　本法雖兼採金額主義，但適用1957年公約之「船噸單一計算制」（flat
rate），茲以表7-2列出第21條第4項之責任限額計算方式。

表7-2　本法金額主義之數額表

責任項目 船舶總噸	人身傷亡	財物損害	人身傷亡財物損害同時發生
不足300噸者以300噸計算	每噸162 SDR	每噸54 SDR	每噸162 SDR，但人身傷亡優先以每噸108 SDR賠償。如不足，再與財物損害共同在現存之責任限制數額內比例分配之。

資料來源：依相關規定自行整理。

　　「船噸單一計算制」係以船舶登記總噸計算責任限制數額，總噸位越大者，責任限制數額越高，但卻漠視下列事實：雖然船舶總噸位之大小必然影響船舶造價之高低，惟兩者間並非呈等比級數之關係。遂造成船舶之責任限制數額無法適當反應其船舶造價之缺失，因此噸位小之船舶雖肇事比率與損害程度均不遑多讓，其責任限制數額卻不當地偏低，有失衡平。

　　1976年公約改採「船噸機動計算制」（sliding scale），每一總噸計算單位不予固定，船舶依其噸位之大小，適用不同之計算單位，並規定最小噸位船舶之計算單位，如表7-3：

表7-3　1976年公約金額主義之數額表

責任項目 船舶	責任限制			旅客求償
船舶總噸	人身傷亡	其他求償	人身財產共同損害	旅客求償
1～500噸	333,000 SDR	167,000 SDR	500,000 SDR	每一旅客46,666 SDR 最高總額 25,000,000 SDR
501～3000噸	每噸增加500 SDR	每噸增加167 SDR	每噸增加667 SDR	
3001～30,000噸	每噸增加333 SDR		每噸增加500 SDR	
30,001～70,000噸	每噸增加250 SDR	每噸增加125 SDR	每噸增加375 SDR	

表7-3　1976年公約金額主義之數額表（續）

船舶 責任項目	責任限制			
船舶總噸	人身傷亡	其他求償	人身財產 共同損害	旅客求償
70,001噸以上	每噸增加167 SDR	每噸增加83 SDR	每噸增加250 SDR	
被救助船舶限為 1,500噸	833,000 SDR	334,000 SDR	1,167,000 SDR	

資料來源：依相關規定自行整理。

1996年議定書將1976年公約中小船適用之最高限額，由500噸修正為2000噸，並將各項求償限額提高2至2.5倍，如表7-4：

表7-4　1996年議定書金額主義之數額表

船舶 責任項目	責任限制			
船舶總噸	人身傷亡	其他求償	人身財產 共同損害	旅客求償
1～2,000噸	2,000,000 SDR	1,000,000 SDR	3,000,000 SDR	每一旅客 175,000 SDR
2,001～30,000噸	每噸增加800 SDR	每噸增加400 SDR	每噸增加 1,200 SDR	
30,001～70,000噸	每噸增加600 SDR	每噸增加300 SDR	每噸增加900 SDR	
70,001噸以上	每噸增加400 SDR	每噸增加200 SDR	每噸增加600 SDR	無最高總額限制
被救助船舶限 為1,500噸	833,000 SDR	334,000 SDR	1,167,000 SDR	

資料來源：依相關規定自行整理。

由上述二表可明顯看出於「船噸機動計算制」下，船舶噸位增加，其責

任限制數額增加率遞減，此種制度較能正確地反應出船舶造價、噸位及責任限制數額三者之關係。因此前述早期金額主義下「責任額與實際船價有嚴重落差」之缺點，亦獲圓滿解決。

我國海商法未採較合理之新制——「船噸機動計算制」，卻採用缺失較多之舊制——「船噸單一計算制」，適用時恐有失衡平。

八、船舶所有人責任限制之例外

本法第22條規定下列情形，不適用船舶所有人責任限制之規定：

（一）本於船舶所有人本人之故意或過失所生之債務

本款包括船舶所有人的作爲或不作爲，但不包括船舶所有人之代理人或使用人之故意或過失。

債務係因船舶所有人之故意所生者，不宜適用船舶所有人責任限制之規定，否則與「法律不保障惡意者」原則有悖。但本款「過失」一詞之適當性，則有待斟酌，查本款係仿1924年公約第2條第1項第1款之規定：「The limitation of liability laid down in the foregoing Article does not apply：1.To obligations arising out of acts or faults of the owner of the vessel」（前條責任限制於下列情形不適用之：(一)本於船舶所有人之行爲或過失所生之債務。）但此款規定所採用之「過失」原則，使船舶所有人適用責任限制之可能性大爲降低。因此1976年公約一方面提高責任限制額度，另方面確立「不可破壞（unbreakable）」的限制責任制度，亦即除非船舶所有人有故意或重大過失外，其限制責任之權利不應被剝奪，故而1976年公約第4條規定：「A person liable shall not be entitled to limit his liability if it is proved that the loss resulted from his personal act or omission,committed with the intent to cause such loss, or recklessly and with knowledge that such loss would probably result.」（負責任的人如經證明損失係由於其個人的作爲或不作爲，意圖造成該損失，或因其重大過失所致者，均無權限制其責任。）其中「recklessly and with knowledge that such loss would probably result」即係指重大過失[8]。本法第22條第1款仍維

---

[8] 「recklessly and with knowledge that such loss would probably result」乙句與海牙威斯

持1924公約之規定，此種抱殘守缺的結果，將使船舶所有人本人於有過失時即無法主張責任限制，我國船舶所有人責任限制制度遂有淪為具文之危險，因此吾人建議第22條第1款應參酌1976年公約第4條之規定修正為「本於船舶所有人本人之故意或重大過失所生之債務」。

（二）本於船長、海員及其他服務船舶之人員之僱傭契約所生之債務

本款係基於社會政策，對航海事業中之經濟弱勢者所提供之保護。其他服務船舶之人員，譬如廚師。本於僱傭契約所生之債務係指基於僱傭契約所生薪資、岸薪、加班費、資遣費、殘廢補償、死亡補償、醫療費、喪葬費、退休金及以船舶所有人名義支付之社會保險金等。又，本款誤用「僱用」一詞，宜修正為「僱傭」。

（三）救助報酬及共同海損分擔額

本款係參考1976年公約第3條第1款之規定：「claims for salvage or contribution in general average」（有關救助報酬或共同海損分擔的索償）。

為鼓勵救助及保存船舶全體財產之安全，救助報酬及共同海損分擔額，自不宜適用船舶所有人責任限制之規定。值得注意者有三點：

1. 因船舶所有人違反運送契約所生事故，而有救助或共同海損之發生時，貨物所有人於給付救助報酬或支付共同海損分擔額後，得向船舶所有人追償之，船舶所有人不得主張責任限制，蓋償還對前述費用之損失係屬「附屬損失」（consequential loss），僅於1976年公約始有其適用之餘地，並不在本法第21條第1項第1款規定之範圍內。

2. 本法第124條規定，應負分擔義務之人，得委棄其存留物而免分擔海損之責。因此於共同海損「委棄船舶」時，船舶所有人對共同海損之分

比規則第4條第5項第5款規定之用字相同，本法第70條第4項承襲該款規定，將該句譯為「重大過失」：「由於運送人或船舶所有人之故意或『重大過失』所發生之毀損或滅失，運送人或船舶所有人不得主張第2項單位限制責任之利益。」

擔額僅負限制責任。

3.救助報酬不論是否因救助契約關係而生者，船舶所有人均不得主張責任限制，以落實鼓勵救助之目的。

（四）船舶運送毒性化學物質或油污所生損害之賠償

本款係參照1976年公約第3條第2款規定：「claims for oil pollution damage within the meaning of the International Convention on Civil Liability for Oil Pollution Damage, dated 29 November 1969 or of any amendment or Protocol thereto which is in force.」（1969年11月29日的「國際油污損害民事責任公約」，或該公約有效的修正案、議定書所規定的油污損害的索償。）

毒性化學物質或油污造成之損害極為鉅大，不僅對船上之人身、財物有害，更造成海水、海洋生物、景觀及生態之破壞、漁業受損及航道阻礙。但世界各國雖嚴格規定油污責任，卻並非使船舶所有人負無限責任。因此1976年公約第3條第2款規定，即有進一步探討之必要。按1969年國際油污染損害民事責任公約（CLC）及其修正或議定書對於油污責任有其限制條件及限額規定，並非負無限責任，所以1976年公約第3條第2款規定之真正意義係指凡「適用」國內法律[9]或國際公約[10]之毒性化學物質或油污損害限制賠償規定者，並「無」公約限制責任之適用。僅於國內法律或國際公約「無」毒性化學物質或油污損害限制賠償規定者，始「適用」公約限制責任之規定[11]。

本法第22條第4款既承襲上述公約之規定，故應係指如依CLC等公約或國內其他法律有限制責任規定適用者，則應適用該公約或國內法規定，並無本法第21條責任限制之適用，僅於無上述法律或公約可茲適用時，始有本法責任限制之適用。

---

[9] 譬如英國適用其國內法1971年商船運送（油污染）法Merchant Shipping (Oil Pollution) Act 1971。

[10] 譬如1992年CLC protocol、1992年國際建立油污染損害賠償基金公約議定書（Fund Protocol）1992或1996年海上運送危險及有毒物質損害賠償公約。

[11] P.Griggs and R.Williams, pp26-27.黃裕凱，海事限責（含船舶所有人責任限制二），海運月刊，157期，民國88年，25頁。

綜上所述，可知本法第22條第4款所謂「船舶運送毒性化學物質或油污所生損害之賠償，不適用船舶所有人責任限制」之規定，實係犯了嚴重錯誤，不但與世界立法潮流相悖，亦造成該類船舶所有人極沈重之負擔。經查本法修正過程中，於民國80年修正版本中曾列有第2項規定：「前項第4款至第6款，以國際公約或其他法律另有規定者為限。」此項規定與上述公約規定相符，堪稱正確。惜於嗣後因不明原因刪除，致生舉世無雙的船舶所有人責任限制例外規定。

目前我國關於毒性化學物質及油污染，除有商港法、水污染防治法及海水污染防治法等行政規定之處罰外，尚乏油污染之損害賠償法規定，因此僅能依民法侵權行為求償。為期對毒性化學物質及油污染之賠償有合宜之賠償規範，除應恢復加列前述（民國80年修正版本）第2項規定外，並應參考CLC及FUND等規定，制定相關污染損害賠償限制法律。

此外，本款修正說明謂「因船舶運送毒性化學物質或油污所生損害及賠償數額皆非常嚴重及鉅大。為嚴加防範其事故之發生，國際間乃採嚴格責任（危險）主義，而不採過失責任原則。」云云，以此為不適用責任限制之立法理由。惟查其所稱「嚴格主義」與本款之「不適用責任限制」規定，二者方枘圓鑿格格不入，當係行政機關修法作業之疏忽。

（五）船舶運送核子物質或廢料發生核子事故所生損害之賠償

本款係參考1976年公約第3條第3款規定：「claims subject to any international convention or national legislation governing or prohibiting limitation of liability for nuclear damage.」（適用任何有關管理或禁止核能損害限制責任的國際公約，或國內立法的索償。）由於「核子船舶」所生核子損害，1976年公約係將之規定於第3條第4款，因此該公約第3條第3款規定之「核能損害」應係指「核能動力船舶以外」之核子物質、設施、物品或廢料所生之核子損害。本法本款侷限於「船舶運送核子物質或廢料發生核子事故所生損害之賠償」，範圍顯然較為狹隘。

本款與前述第4款類似，應解釋為船舶運送核子物質或廢料發生核子事故所生之損害，如「有」國內法律或國際公約限責規定可茲適用者，則「無」本法第21條責任限制之適用，僅於「無」上述法律或公約可茲適用時，始

「有」本法責任限制之適用。

目前我國並無相關限責規定可資適用，因此除應恢復加列前述（民國80年修正版本）第2項規定外，並應參考譬如英國1965年核子設施法（The Nuclear Installations Act 1965）等類似法律規定，制定核污染損害賠償限制法律。

（六）核能動力船舶所生核子損害之賠償

核能動力船舶若發生核子事故，其人員、設備之傷亡及對沿岸國家之損害極為慘重，並使其後順位之優先債權人或其他債權人無法獲得賠償，本法本款遂參酌1976年國際公約第3條第4款之規定「claims against the shipowner of a nuclear ship for nuclear damage.」（對核子船舶所有人的核子損害之索償），將核能動力船舶之核子損害賠償排除於船舶所有人責任限制之外。但1962年核子船舶營運人責任公約仍有限制責任之規定，我國如無相關限責規定，將使核能動力船舶所有人負無限責任，不但與國際立法相悖，亦且使船舶所有人負擔過重，除應與同條第4、5款規定同樣恢復加列前述（民國80年修正版本）第2項規定外，並應制定損害賠償限制法律，以為因應。

九、船舶所有人責任限制之標的

船舶所有人之責任，以本次航行之船舶價值，運費及其他附屬費為限（§21 I）。此項係就船舶所有人責任限制時，其應負賠償責任之範圍所設之實體上規定，並非為債權人保全強制執行而設之程序規定。債權人起訴後，船舶所有人本得同時為責任有無之抗辯及限制責任之主張，其為限制責任之主張時，海商法既無須先提存船舶價值、運費及其他附屬費於法院之規定，自不能命其負先為提存之義務[12]。

船舶所有人責任限制之標的，包括：

---

[12] 最高法院民國68年度台抗字第488號判例。

（一）船舶價值

船舶價值以本次航行之價值爲限。所稱本次航行，指船舶自一港至次一港之航程（§21 III前），係採航段主義。

船舶所有人，如依第21條之規定限制其責任者，對於本次航行之船舶價值應證明之（§23 I）。

本條參照1924年公約第3條規定，船舶價值之估計，以下列時期之船舶狀態爲準（§23 II）：

1.因碰撞或其他事變所生共同海損之債權，及事變後以迄於第一到達港時所生之一切債權，其估價依船舶於到達第一港時之狀態。

2.關於船舶在停泊港內發生事變所生之債權，其估價依船舶在停泊港內事變發生後之狀態。

3.關於貨載之債權或本於載貨證券而生之債權，除前二款情形外，其估價依船舶於到達貨物之目的港時，或航行中斷地之狀態，如貨載應送達於數個不同之港埠，而損害係因同一原因而生者，其估價依船舶於到達該數港中之第一港時之狀態。

4.關於第21條所規定之其他債權，其估價依船舶航行完成時之狀態。

（二）運費

所稱運費，不包括依法或依約不能收取之運費及票價（§21 III中），譬如傭船契約解除時無須支付之運費（§49）、運費折扣。

基於「法律所未區別者，吾人不得加以區別」之法理，此處之運費應係指毛運費，而非扣除營運成本後之淨運費[13]。

（三）其他附屬費

所稱附屬費，指船舶因受損害應得之賠償，但不包括保險金（§21 III後）。因爲保險金係基於保險契約於一定條件下所應得之對價，與損害賠償

---

[13] 最高法院55年度台上字第97號民事判決亦謂：「海商法第21條所稱之運費，係指全部運費而言。」

債權有別。且保險之功用，在使被保險人對於偶發事故獲有經濟補償，使其安心從事於事業，如以船舶保險金，移作賠償客貨損害之用，將使船舶所有人對於海上危險，無法獲得危險分擔之保障[14]，不利航運發展，因此附屬費不包括船舶保險金。至於運費保險金及責任保險金，並非「船舶因受損害應得之賠償」，亦不宜包括在附屬費之內。其他不宜列入附屬費者，尚包括救助撈救所生報酬、獎金、津貼及國家補助金。至於船舶因碰撞所得之損害賠償及因共同海損船舶所獲得來自各關係人之分擔額（§111），則可認為附屬費。

---

[14] 何佐治，第82頁。

第八章　海事優先權

重點解說

一、海事優先權之意義

　　海事優先權係指因船舶之運作所生之特定債權，得就該船舶、船舶設備、屬具、運費等特定標的優先受清償之權利。海事優先權之英文為maritime lien，學者於討論海事優先權性質時，為強調其物權性，嘗謂「maritime lien為海上留置權」，俾於邏輯上推論出「留置權既為物權，故海事優先權亦為物權」之結論，然而此項見解並非正確。按lien可分為maritime lien（海事優先權）及possessory lien（留置權，常簡稱為lien），兩者雖皆有「lien」乙字，但意義截然不同，並無混用之可能，宜予明辨[1]。本法88年修

---

[1]　Payne and Ivamy, p.273.

正後，由相關規定已確定海事優先權爲物權，因此更不宜再將海事優先權比附援引爲海事留置權。

　　海事優先權重要之國際公約計有1926年海事優先權及抵押權統一規定國際公約（International Convention for the Unification of Certain Rules of Law Relating to the Maritime Liens and Mortgages 1926，以下簡稱1926年公約）、1967年海事優先權及抵押權統一規定國際公約（International Convention for the Unification of Certain Rules relating to the Maritime Liens and Mortgages 1967，以下簡稱1967年公約）[2]及1993年海事優先權及抵押權國際公約（International Convention on Maritime Liens and Mortgages 1993，以下簡稱1993年公約）[3]。現行海商法有關海事優先權之修正，係參酌1967年公約有關規定。

二、海事優先權之立法理由

　　海事優先權之立法理由，學者嘗謂係對於船舶所有人責任限制制度之補償與調和；亦有謂係基於公益、共益及衡平之考慮。兩種見解，均有再省思之空間。

　　首先就前者而言，於1926年公約時代，海事優先權所擔保之債權與船舶所有人得主張責任限制之特定債務，確實顯有互相呼應之情形，惟海事優先權發展至今，其所保護之債權項目已甚難於船舶所有人責任限制之項目中逐一覓得對等之規定，遑論對船舶所有人責任限制制度中債權人之補償與調和。進而言之，國際立法趨勢已著重於海事優先權人與船舶抵押權人利益衝突之協調，而非僅與船舶所有人責任限制制度亦步亦趨。因此「海事優先權係對於船舶所有人責任限制制度之補償與調和」之見解，於今日已不足說明海事優先權之立法理由。

　　次就「公益、共益及衡平之考慮」而言，此三項考慮失之抽象，因爲海

---

[2]　1985年尚有國際海事委員會提出之里斯本草案，是以下所述1993年公約之藍本。

[3]　有關1993年公約之探討，詳見吳家仁，1993年海事優先權及抵押權國際公約之研究（政大法研所碩士論文），民國85年6月。

商法所有制度均係基於公益、共益及衡平之考慮，並不限於海事優先權所獨有。且觀之第24條第1項諸款債權規定，何者為基於公益、共益或衡平，於界定上顯有實質困難，譬如海員薪資之優先受清償，使社經地位均屬弱勢之海員，得以全力以赴而無後顧之憂（衡平），不但航行順暢、事故減少（共益），並可達到發展航運之目的（公益），則海員薪資究應屬衡平、共益或公益中之何者，實難認定，足見對號入座誠非易事。

吾人認為海事優先權之立法理由，應係下列二點[4]：

1.提高船舶營運之安全及效能

船舶營運時常有債務之產生，如能使債權人優先就船舶等標的受償，即係藉保障債權人之方式，提高船舶營運之安全及效能。譬如本法第24條第1項第1款「船長、海員及其他在船上服務之人員，本於僱傭契約所生之債權」之規定、第3款「救助之報酬、清除沉船費用及船舶共同海損分擔額之賠償請求」及第五款「港埠費、運河費、其他水道費及引水費」之規定，均係基於此種立法理由而制定。

2.保護受害人

基於保護受害人之目的，使受害人得以優先受償，俾符合衡平原則。譬如本法第24條第1項第2款之「因船舶操作直接所致人身傷亡，對船舶所有人之賠償請求」及第4款「因船舶操作直接所致陸上或水上財物毀損滅失，對船舶所有人基於侵權行為之賠償請求」之規定，即係基於保護受害人之立法理由而制定。

三、海事優先權之特色

海事優先權為海商法所創設之權利，具有如下特色：

（一）海事優先權為物權

依本法第24條第1項規定海事優先權擔保之債權，有優先受償之權，顯

---

[4]　同上，第75至89頁。

見海事優先權為物權，且由海事優先權之優先位次（§29、§30）、標的（§27）、追及效力（§31）及除斥期間（§32）等規定，均可印證海事優先權之物權性。昔日有關海事優先權為債權或債權物權化之爭議，當可因上述條文規定而平息。

（二）海事優先權無須登記或占有

物權表現之方式可分：1.對不動產者，為登記；2.對動產者，為占有。惟海事優先權無須履行登記方式，亦不必取得占有，只需本法第24條第1項所規定之債權發生時，即有海事優先權之存在，故海事優先權為一隱而不顯之海上特權，對其他債權人極為不利。

（三）海事優先權不得任意創設

海事優先權既為海上特權，為防止權利濫用，本法採列舉主義，無法由當事人設定（§24 I）。

（四）海事優先權之標的以海上財產為限

海事法上素將船長、海員之行為，視為船舶自身之行為，因此利用船舶而發生債之關係時，皆得由該船舶負責，海事優先權之標的遂以該船舶及其從屬利益為限（§27），且強調「海上財產主義」，故已收取之運費成為「陸上財產」，無法列為海事優先權之標的。

（五）海事優先權具有追及性

於債權主體不變更時，縱船舶所有權移轉他人，海事優先權仍追及於該船舶而存在。因此海事優先權，不因船舶所有權之移轉而受影響（§31）。船舶所有權、船舶登記或船籍縱有變更，海事優先權仍追及於該船舶。惟海事優先權既為物權，具有從屬於債權之效力，故海事優先權所擔保之債權經讓與或代位者，海事優先權亦隨同移轉[5]，因此保險公司取得代位求償權後，

5　參見1993年公約第10條第1項規定：「海事優先權所擔保之債權，生轉讓或代位者，海事優先權亦同時轉讓或代位。」

亦成爲海事優先權之權利人。

（六）海事優先權有位次之別

物權於相互間及物權與債權之間，有優先之效力，海事優先權因係物權，故有位次之規定。本法不但規定同次（§29）、異次（§30）航行之位次，亦規定海事優先權與船舶抵押權、船舶留置權之位次（§25）。

四、海事優先權所擔保之債權

海事優先權所擔保之債權包括（§24 I）：

（一）船長、海員及其他在船上服務之人員，本於僱傭契約所生之債權

1.此種債權享有海事優先權，有益該等人員身心安定，亦係對社會地位、經濟能力弱勢者之扶助，有助於提高船舶營運安全及效能，因此，1926年公約、1967年公約、1993年公約，均賦予該等債權享有海事優先權。

2.本款之主體包括船長、海員、廚師、驗船師、引水人等在船上服務之人員。債權項目[6]包括：基於僱傭契約所生薪資、岸薪、加班費、殘廢補償、死亡補償、醫療費、喪葬費、退休金、資遣費及以服務船舶之人員名義支付之社會保險金。

3.將船上服務人員本於僱傭契約所生之債權列於第24條第1項第1款，係對該等人之優先保護。

（二）因船舶操作直接所致人身傷亡，對船舶所有人之賠償請求

1.基於保護受害人以求衡平之理由，本款之債權有優先受償之權。

2.船舶操作（operation）可分技術與商業二方面。技術性方面，包括船

---

[6] 民國17年8月20日院字第548號解釋謂：「服務船舶之茶房如係船舶所有人直接雇用者，其所繳押櫃金始可認爲本條第1項第2款所載之債權。若僅由船舶之業務主任或買辦雇用，其押櫃金亦未繳存於船舶者，自不在此限。」

舶之提供、海員之僱用、船舶之航行、加裝燃料、船舶之維修、保養、使用船舶設備、貨載之堆存、裝卸、搬移等。商業性方面，包括貨物艙位之洽訂、運費之協商、燃料費之敲定及卸貨港船舶代理人之指定等。但因商業性操作船舶直接致生人身傷亡之可能性極小。

3.「人身」不限旅客，因此船長、海員、旅客、送行人、上船執行公務之海關人員、保安警察、上船執行業務之驗船師、公證行人員、引水人等均包括在內。

4.船舶操作直接所致之傷害、毀損，依其對象為「人」或「物」，區分為不同優先位次。本款因船舶操作所致人身傷亡，包括陸上及水上在內，因生命無價，其海事優先權位次自應先於第4款財物毀損滅失。

5.本款可議之處為修法理由雖謂「第2款因船舶操作所致人身傷亡，包括在陸上及水上在內」，但「包括陸上及水上」字樣卻於條文中付之闕如，不但與所參酌之1967年公約第4條第3款規定不符，該款規定為：「因船舶操作直接所致陸上或水上生命之喪失或身體之傷害，對船舶所有人之賠償請求權」，且對照第4款明定「陸上或水上」之規定觀之，易導致「有意省略『包括陸上及水中』」之誤解，允宜於本款增列「陸上或水上」，以資周延。

（三）救助之報酬、清除沉船費用及船舶共同海損分擔額之賠償請求

1.基於鼓勵救助、暢通航道、維護海洋環境並保全船舶及貨載之理由，本款之債權有優先受償之權，俾達到提高船舶營運安全及效能之目的。

2.關於清除沉船之費用，雖為1967年公約第4條第1項第5款所明定，但為1993年公約所刪除，惟為保護航道安全及海洋環境，另於同公約第12條第3項賦予締約國就清除沉船費用為特別立法。我國雖非公約締約國，鑑於高雄及基隆兩港水域，常有沉船阻撓海道航行之通暢、拖延不清除之事例，有礙航行安全並危害環境，特於本條第3款列入清除沉船費用。惟查「清除沉船」範圍過廣，1993年公約第12條第3項規定：「締約國得在其內國法律中規定，其公權力機關基於航道安全或海洋環境保護之利益，所為清除沉船及擱淺船舶之強制拍賣事件中，此等

清除費用，應在海事優先權擔保之所有其他債權之前，就賣得價金受償。」是項規定，業已將清除沉船費用限制為「公權力機關基於航道安全或海洋環境保護之利益」，本款亦宜作相同解釋，俾免過於浮泛致害及其他優先權人、抵押權人及留置權人之利益。

（四）因船舶操作直接所致陸上或水上財物毀損滅失，對船舶所有人基於侵權行為之賠償請求

1. 基於保護受害人以求衡平之理由，本款之債權有優先受償之權。
2. 船舶操作（operation）可分技術與商業二方面。技術性方面，包括船舶之提供、海員之僱用、船舶之航行、加裝燃料、船舶之維修、保養、使用船舶設備、貨載之堆存、裝卸、搬移等。商業性方面，包括貨物艙位之洽訂、運費之協商、燃料費之敲定及卸貨港船舶代理人之指定等。
3. 本款因船舶操作直接所致財物毀損滅失，包括陸上及水上在內。船舶操作直接所致之傷害、毀損，依對象為「人」或「物」，區分為不同優先位次。基於尊重「生命優先」原則，故本款優先位次後於第2款之人身傷亡。

（五）港埠費、運河費、其他水道費及引水費

1. 港埠費、運河費、其他水道費及引水費之收取不但有利港埠設備之維護及改善，對進出口貿易之便利亦有積極助益。基於提高船舶營運安全及效能之理由，本款之費用有優先受償之權。
2. 港埠費包括碼頭或船席泊靠費、浮筒費、拖曳費、帶纜及解纜費、移船費、給水費、進口港結關費、代行領事簽證事務費等費用，但不包括貨物裝卸載費。運河費及其他水道費係指船舶通過運河或其他水道所應支付之費用。引水費係指僱用引水人時所支付之費用。依引水法之規定，中華民國船舶在一千總噸以上，非中華民國船舶在五百總噸以上，航行於強制引水區域或出入強制引水港口時，均應僱用引水人（引§16 I），船舶所有人或船長並應依規定給予引水費，給費標準依各引水區域引水費率表之規定（引§29）。

宜注意者，「訴訟費及為債權人之共同利益而保存船舶或標賣、並分配賣價所支出之費用」，即通稱之「司法費用」，第24條並未將之列為海事優先權所擔保之債權，惟查1967年公約第11條第2項、1993年公約第12條第2項雖亦未將此等債權列為海事優先權項目，但明文規定此等費用應由賣得價金中先受清償。世界各國中，除紐西蘭、墨西哥及印度等外，其他國家多將司法費用列為海事優先權所擔保之債權，此係因司法費用之產生，可使其他有優先權擔保之債權人獲得價金分配，其重要性不言而喻。強制執行法第29條第2項規定，債權人因強制執行而支出之費用及其他為債權人共同利益而支出之費用，得求償於債務人者，得就強制執行之財產先受清償。因此，關於執行費之部分，依強制執行法第29條規定，得優先受償。至於訴訟費之部分，並非該條規定之範圍，且民事訴訟法及民事訴訟費用法亦均無優先受償之規定。如欲與國際公約及多數立法例統一，宜仿上述公約之規定，使司法費用由賣得價金中先受清償。

五、不適用海事優先權之債權

第26條之規定：「本法第22條第4款至第6款之賠償請求，不適用本法有關海事優先權之規定。」惟第22條第4款至第6款規定係屬「債權發生原因」（油污染、核子事故）與本條規定係屬「債權事項」（賠償請求）者顯有格格不入之處，究其原因，應係繼受公約規定時之疏忽所致。按本條係參酌1967年公約第4條第2項規定：「本條第1項第3款及第4款所列之債權，係由於輻射性物質所生，或係由輻射性物質與核子燃料或輻射生成物、廢棄物之毒性、爆炸性或其他具有危險性物質結合而致成者，不受存在於船舶之海事優先權所擔保。」參酌此項之規定，當可得知第26條實應係指「第24條第2款及第4款之損害，係因第22條第4款至第6款之事由所致者，不適用海事優先權之規定。」蓋因毒性化學物質、油污、核子物質或廢料以及其他危險性物質結合成之輻射物品所生之核子事故非常重大，其發生之損害賠償甚鉅，如其損害賠償請求不排除在海事優先權以外，則其他海事優先權擔保之債權將無法獲得賠償，並嚴重影響船舶抵押權人及船舶留置權人之利益。

又，本條句首及句中之「本法」一詞，在法制用語上，均係屬贅詞，併予敘明。

六、海事優先權之標的物

　　爲海事優先權擔保之債權，有優先受償之權，債權人得就海事優先權之標的所賣得之價金優先於船舶之留置權、抵押權及其他債權人之債權而受清償。依第27條規定，優先權之標的如下：

（一）船舶、船舶設備及屬具或其殘餘物

　　海事法之慣例係將船長、海員之行爲，視爲船舶自身之行爲，因此利用船舶而發生債之關係時，皆得由該船舶負責。分述如下：

1.海事優先權之標的爲發生海事優先權之船舶及其設備、屬具或其殘餘物，至於其他船舶及其設備，屬具或其殘餘物，則不與焉。
2.船舶之所有權究屬何人，並非所問。因此海事優先權人得向船舶所有權人、傭船人、租船人或船舶經營人行使海事優先權，甚且船舶爲他人無權占有期間發生優先權者，該船舶仍爲優先權之標的。

（二）在發生優先債權之航行期內之運費

　　運費爲海事優先權之標的，宜注意下列各點：

1.運費爲毛運費，而非扣除營運成本後之淨運費。且運費包括旅客之票價。
2.運費僅限在發生優先債權之航行期內之運費（§27②）。
3.運費爲尚未收取之運費，以符「海事優先權標的爲海上財產」之特性。
4.但船長、海員及其他在船上服務之人員，本於僱傭契約所生之債權，得就同一僱傭契約期內所得之全部運費，優先受償，不受本款之限制（§28）。本條規定之運費範疇較大，係對船上服務人員之特別保護。

（三）船舶所有人因本次航行中船舶所受損害，或運費損失應得之賠償

　　此項賠償有如下特色：

1.限於因「本次航行」船舶所受損害或運費損失，船舶所有人應得之賠

償。

2.賠償限於尚未收取者，以符「海事優先權標的為海上財產」之特色。

3.保險金、獎金、津貼或其他國家補助金均非本款規定之範疇。

（四）船舶所有人因共同海損應得之賠償

本款承襲1926年公約第4條第2款之規定：「船舶所有人因船舶所受損傷而未經修復，或因運費之喪失，應得之共同海損分擔額。」因此本法本款之「因共同海損應得之賠償」在解釋上亦應限於「因船舶所受損害、或運費損失應得之共同海損分擔額」，而不包括第110條因共同海損發生之「費用」之分擔額。

（五）船舶所有人在航行完成前，為施行救助所應得之報酬

本款係參酌1926年公約第4條第3款規定：「船舶所有人於航行完成前，因施行救助及撈救應得之報酬，但應分配與船長或其他服務於船舶人員者，應予扣除。」是以本法本款之規定，在解釋上亦應扣除應分配予船長或其他服務船舶人員之分配報酬（§106）。

七、海事優先權之位次

海事優先權之位次涉及海事優先權彼此間之位次及其與普通債權、船舶抵押權、船舶留置權之位次。分述如下：

（一）海事優先權與普通債權之位次

基於物權優先之效力，海事優先權自應優先於普通債權受償。

（二）海事優先權與船舶抵押權、船舶留置權之位次

對於海事優先權、船舶抵押權及船舶留置權，本法以其所提供之經濟利益，決定位次之優劣，俾保護相關之債權。1.海事優先權能提高船舶營運之安全及效率，並保護受害人；2.建造或修繕船舶所生之留置權，較諸船舶抵押權更直接有利船舶之營運；3.船舶抵押權及船舶留置權則可滿足船舶融資之需求，因此參照1967年公約第6條第2項之規定：「賦予造船人及船舶修繕

人關於占有船舶之留置權，且留置權應在第四條所列海事優先權之後，但得在已登記之抵押權之前實行之。是項留置權不問是否先已存在有抵押權，得逕對船舶行使之，但是船舶脫離造船人或船舶修繕人占有時，此留置權應消滅。」本法遂規定海事優先權之位次在船舶抵押權之前（§24 II），建造或修繕船舶所生債權，其債權人留置船舶之留置權位次，在海事優先權之後，船舶抵押權之前（§25）。

　　為貫徹上述立法意旨，縱使船舶所屬公司宣告破產，在破產程序中，仍應認為海事優先權優先於船舶抵押權[7]及第25條之留置權。

　　建造及修繕船舶債權之留置權以外，其他債權之船舶留置權的位次如何？法無明文。宜參酌1967年公約第6條第1項之規定：「締約國對於第4條所列以外之其他債權亦得創設優先權或留置權以資擔保。該項優先權之位次應在第4條所列之船舶優先權及依第1條規定成立之抵押權之後；該項留置權不得妨礙第4條所列船舶優先權及依第1條規定成立之抵押權之實行，並不得妨礙為實行船舶優先權或抵押權而將船舶交付於買受人之行為。」而認為本法第25條以外之船舶留置權，其位次在船舶抵押權之後。

（三）海事優先權彼此間之位次

　　本法海事優先權彼此間位次之決定標準，依序為：1.航次之先後；2.事變之同一性；3.債權之同款規定；4.前後款之位次。上述位次決定標準中最可議者厥為：1.「航次先後」標準中所採之「後航次優先」原則，即以航次之異同決定優先權之位次，此即本法第30條之規定：「不屬於同次航行之海事優先權，其後次航行之海事優先權，先於前次航行之海事優先權。」按「後航次優先」原則肇始於1926年公約之第6條第1項規定：「不屬於同次航行之優先權，其後次航行之優先權先於前次航行之優先權受償。」其優點為：1.促使前航次優先權及早行使；2.反應「後航次發生優先權之債權行為可保全前航次之優先權」之事實。惟「後航次優先」原則具有下列缺點[8]：

7　台灣高等法院暨所屬法院55年度法律座談會民事類第1號提案研討結論。
8　張特生，第104至105頁。該文中對本條有深入之分析及建議修正條文。

1.無法明確定義「同次航行」

同次航行究係指「航段」或「航程」之同次？「偏航」者是否與原航行屬於同次航行？均屬有爭議者。

2.後航次發生優先權之債權未必能保全前航次之優先權

譬如因船舶操作直接所致人身傷亡賠償請求之債權，對保全前航次之優先權方面，並無貢獻可言，如仍堅持「後航次優先」原則，恐難自圓其說。

因此1967年公約除救助報酬、清除沉船及共同海損之債權採取「後發生優先」原則外，其餘均已改採「受償位次同等」原則（*pari passu*），亦即，同款債權中發生數項者，債權受償位次同等，至於發生時間之先後或發生之航程為何，並非所問，其規定見諸第5條第3、4項：「三、第4條第1項(一)(二)(三)(四)各款之海事優先權有數項者視為同時發生。四、第4條第1項(五)款（救助報酬、清除沉船及共同海損）之海事優先權依其發生之先後，後發生者先受清償。共同海損，以行為之日視為債權發生日，救助債權以救助終了之日視為債權發生日。」1993年公約除救助報酬採「後發生優先」原則外，其餘亦均採「受償位次同等」原則，規定於該公約第5條第3、4項：「三、規定於第4條第1項第(一)、(二)、(三)及(四)各款之海事優先權有數項者，彼此間優先順序應相同。四、擔保救助船舶報酬債權之海事優先權優先順序，依其擔保之債權發生時間定之，後發生者優先受償。」

本法之海事優先權既係參酌1967年公約規定，實應揚棄1926年公約之「後航次優先」原則而仿1967年公約第5條之規定，除救助、清除沉船及共同海損所生之債權採「後發生優先」原則外，餘均採「受償位次同等」原則，方屬得當。

茲就本法對海事優先權彼此間位次之規定，列述如下：

1.異次航行之優先權

不屬於同次航行之海事優先權，其後次航行之海事優先權，先於前次航行之海事優先權（§30）。此種「後航次優先」原則之不當，業已闡釋如前述。

2.同次航行之優先權

同次航行海事優先權彼此之位次，又依其是否因同一事變所生者，而有下列之規範：

(1)同一事變所生之優先權

因同一事變所發生第24條第1項各款之債權，視為同時發生之債權（§29V），不分先後，比例受償。

(2)不同事變所生之優先權

a.不同款者

第29條第1項規定，屬於同次航行之海事優先權，其位次依第24條各款之規定。因此，第1款船長、海員等薪資債權所生之海事優先權，優先於第2款因船舶操作直接所致人身傷亡，對船舶所有人之賠償請求而受償，餘依此類推。本款位次規定之考慮因素為：

(a)船長、海員及其他在船舶服務之人員，直接從事航海作業，對航運之發展有莫大貢獻，惟就其社會地位及經濟能力而言，多屬弱勢者，是以其本於僱傭契約所生之債權，尤值保護，通稱之為「神聖優先權」，故宜列為第24條第1項第1款，享有第一受償順位。

(b)因船舶操作直接所致之人身傷亡及財物損害，宜使受害人得到優先受償之保護，方為事理之平，故區別人身與財物，使之分列為第24條第1項第2、4款，享有第2、4受償順位。

(c)為鼓勵救助、暢通航道、維護海洋環境並保全船舶及貨載，故將救助之報酬、清除沉船費用及船舶共同海損分擔額之賠償請求，列為第三受償順位。

(d)港埠費、運河費、其他水道費及引水費，有助提高船舶營運安全及效能，但重要性無法與前述四款相較，故列為第五順位受償。

b.同款（§24Ⅰ③）者

第29條第3項規定：「第24條第1項第3款所列債權，如有二個以上屬於同一種類，其發生在後者優先受償。」本條立法理由謂係參酌1967年公約有關規定作文字修正，然查第29條第3項「如有二個以上屬於同一種類」之用字原係舊法時代參酌1926年公約第5條第2項規定而來：「第2條第3款及第5款所列

債權，『如有二個以上屬於同一款者，』其發生在後者優先受償」。本法第29條第3項規定，於舊法時期，即已將1926年公約「同1款」誤譯為「同一種類」，且沿用至今。1967年公約第5條第4項規定並無類似用字：「第4條第1項第5款之海事優先權，發生在後者優先受償。依共同海損分擔提出之請求，應以共同海損行為發生時為準。依救助而提出之請求，應以施救行為完成時為準。」，故本項「如有二個以上屬同一種類」之規定，不但與所參酌之1926公約、1967年公約均有所齟齬，且顯係修法時之疏漏，宜予刪除。

c.同款（§24 I ①、②、④、⑤）者

第29條第2項規定「一款中有數債權者，不分先後，比例受償」，故第24條第1、2、4及5款中，任一款中有數債權者，不分先後，比例受償。

綜上所論，海事優先權之位次以簡表略示，如表8-1：

表8-1　海事優先權之位次表

1.海事優先權與普通債權間	海事優先權優先於普通債權受償	
2.海事優先權與船舶留置權、船舶抵押權間	海事優先權優先於第25條之船舶留置權受償，第25條之船舶留置權優先於船舶抵押權受償（24Ⅱ、25），第25條以外之船舶留置權位次在船舶抵押權之後	
3.海事優先權相互間	異次航行（30）	後次航行優先受償
	同次航行同一事變（29V）	視為同時發生，不分先後比例受償
	同次航行不同事變（29 I 至Ⅲ）	(1)不同款者：依24 I 各款之位次定其順位（29 I）
		(2)同款者：第24 I (1)(2)(4)(5)，不分先後比例受償（29Ⅱ）
		(3)同款者：第24（I）(3)，後發生者優先（29Ⅲ）

資料來源：依相關規定自行整理。

八、海事優先權之消滅

海事優先權消滅之原因，除物權一般消滅原因如混同、拋棄外，尚有下列數項：

1.海事優先權標的滅失者

2.海事優先權所擔保之債權消滅者

3.船舶經強制拍賣者

關於法院拍賣之取得拍定物，究爲原始取得或繼受取得，向有爭論。最高法院47年度台上字第152號判例曾謂：「強制執行法上之拍賣，應解釋爲買賣之一種，即以債務人爲出賣人，拍定人爲買受人。」因此，法院之拍賣顯屬私法上之買賣，則拍定人取得拍定物之所有權當爲繼受取得。

惟吾人認爲法院強制船舶拍賣者，就原抵押權及其他優先權而言，買受人之取得權利當爲原始取得，蓋以本法船舶之拍賣，準用不動產適用不動產拍賣之規定（強§114 I），依強制執行法第98條第3項前段之規定：「存於不動產上之抵押權及其他優先受償權，因拍賣而消滅。」且依1967年公約第11條第1項之規定：「船舶在締約國內實施強制變賣時，一切抵押權及一切優先權或任何性質之物上負擔，除經買受人同意承受者外，均對船舶消滅。」即採原始取得之原則。1993年公約亦採原始取得之規定，是故船舶經強制拍賣者，應認係原始取得，船舶上之海事優先權歸於消滅。但下列情形不在此限：①拍賣之法院無管轄權者；②拍賣不合法或不合程序者；③拍賣之標的錯誤者。

外國船舶經中華民國法院拍賣者，關於船舶之優先權及抵押權，依船籍國法（強§114之3），是以此類船舶經拍賣後，海事優先權是否存在，應依船籍國法之規定。

4.除斥期間

第32條規定：「第24條第1項海事優先權自其債權發生之日起，經一年而消滅。但第24條第1項第1款之賠償，自離職之日起算。」其修正說明謂：「爲統一第24條第1項各款債權之請求權消滅時效，特明定一年之短期消滅時效，統一消滅時效期間，以資合理。……」立法者顯係將海事優先權存續之期間認定爲時效期間。惟吾人以爲優先權所擔保之債權雖適用時效期間，但

優先權既爲物權，則其存續期間應解爲除斥期間，以使此項不公開之特權早日消滅，俾減輕船舶之負擔，而利其行動，勿令航行中之船舶發生債權債務者，因優先權之久懸，而發生意外之損害[9]。且1967年公約第8條第2項規定優先權行使之期間不得停止或中斷，亦係採除斥期間說。本法既係參考1967年公約之規定，解釋上亦應認係除斥期間，始稱允當。

第32條但書規定：「但第二十四條第一項第一款之賠償，自離職之日起算。」與本文相較，但書規定之起算日較晚，係對於船上服務人員之特別保護。

---

[9] 參見司法院75年10月30日（75）廳民一字第1655號函復台高院之研究意見。最高法院60年度台上字第1661號判決亦認此期間爲除斥期間。

第九章　件貨運送契約與傭船契約

🔍 討論重點

一、件貨運送契約與傭船契約之意義。
二、件貨運送契約與傭船契約之比較。
三、件貨運送與傭船運送之運送方式。
四、件貨運送與傭船運送適用之場合。
五、件貨運送契約與傭船契約之作成與內容。
六、運送契約之解除與終止。

✏️ 重點解說

一、件貨運送契約與傭船契約之意義

　　件貨運送契約係指運送人與託運人約定由前者為後者運送貨物之契約。件貨運送以固定船舶、固定航線、固定船期、固定運費及泊靠固定港埠碼頭，由航運公司對公眾提供客貨運輸服務。由於件貨運送依照預定船期表，固定航行於特定港口，故通稱定期船運送（liner service）。

　　傭船契約（charterparty, C/P）係指船舶所有人於約定之期間或航程內，以船舶之一部或全部為傭船人（charterer）運送貨物之契約。傭船運送由船舶所有人實際承運貨物，傭船人則提供約定之貨物。關於裝卸條件、停泊時限、付費方式、港埠運作之安排及船務代理之指定等均由當事人約定，無約定者則依習慣。由於傭船運送，係依貨載之需求，航行於指定之港口，故通稱為不定期船運送（tramp service）。由於傭船運送係以艙位包租方式營運，因此我國舊日實務稱其為包船運送。

本法第38條規定之貨物運送契約分為下列二種：

1.以件貨之運送為目的者。

2.以船舶之全部或一部供運送為目的者。

通說將前者稱為件貨運送契約，後者稱為傭船契約。

二、件貨運送契約與傭船契約之比較

件貨運送契約與傭船契約之差異，可由下列數點比較觀之：

1.意義

件貨運送契約係指運送人與託運人約定由前者為後者運送貨物之契約。

傭船契約係指船舶所有人於約定期間或航程內，以船舶之一部或全部為傭船人運送貨物之契約。

2.契約方式

件貨運送契約係不要式契約。

傭船契約係要式契約，不但應以書面為之（§39），且應載明諸如契約期限或航程事項等法定事項（§40）。

3.貨載內容

件貨運送承運零星件貨，種類繁多，數量不拘，一般稱之雜貨（general cargo）。

傭船運送承運之貨載以散裝貨（bulk cargo）為主，如穀物、鋁礬土、磷礦石、鐵礦砂、煤炭及液化天然瓦斯等。

4.指揮船長之權限

件貨運送契約之託運人無指揮船長之權限。

傭船契約之傭船人就航海技術以外事項，有指揮船長之權限。

5.運費計算

件貨運送契約係以貨物重量、容積或個數為標準，計算運費。

傭船契約係以艙位大小、貨物噸位或期間長短為標準，計算運費。

6.剩餘空間

件貨運送契約之運送人得自由利用剩餘空間。

傭船運送則非經傭船人同意，不得自由利用剩餘空間。

7.航期

件貨運送係定期航行，其到埠日、離埠日等資料均刊登於相關報章雜誌。

傭船運送係於船舶所有人及傭船人簽約後，始成為定期航行。

8.航線

件貨運送係固定航線，其停靠港口、航線等資料均刊登於相關報章雜誌。

傭船運送係不固定航線，視傭船人貨載之需求，決定船舶之航線。

9.法律規定

件貨運送契約之當事人為運送人及託運人，通常實力懸殊，故有賴法律強制規定雙方權義，以保護託運人。

傭船運送契約之當事人為船舶所有人及傭船人，其能力、財力堪稱勢均力敵，擁有自由競爭及機會均等之條件，因此傭船契約在國際海上運送中，依契約自由原則，除有害誠信原則或違反強制法等之規定者外，悉尊重當事人依其意思形成之運送契約，所以國際間多有特別規範件貨運送所簽發載貨證券之國際公約[1]，但尚無單獨規範傭船契約之國際公約。我國海商法將傭船契約一併列入規範，不僅於第39條規定傭船契約應以書面為之，且於第40條以下將傭船契約有關權義規定一一羅列，此種立法方式雖與英美法國家迥異，但與大陸法系國家相似[2]。基於契約自由原則之精神，第61條有關免責約

---

[1] 譬如海牙規則、海牙威斯比規則及漢堡規則均係規範因載貨證券所生之法律關係，惟於傭船契約下簽發載貨證券者，運送人與傭船人以外之載貨證券持有者間之關係，仍有各該規則之適用，請參閱海牙規則及海牙威斯比規則第1條第2款、第5條第2項及漢堡規則第2條第3項等規定。

[2] 法國、德國將傭船契約明文規定於其海商法中，請分別參閱Title of Law No.66-420 of June18, 1966，德國商法第四編海商法。

款禁止之規定，遂僅以「件貨運送爲目的之運送契約或載貨證券」爲限，是以傭船契約上減輕或免除責任記載之約定，原則上仍爲有效。

10.轉船

件貨運送契約注重將約定之貨物運達目的地，故除有禁止轉船之明白約定外，運送人有轉船之權利[3]。

傭船運送由於貨載性質使然，故較注重船舶特性，因此託運人僅得以約定或依船舶之性質而定之方法，使爲運送（§46），運送人原則上不得轉船。

11.運送人身分

件貨運送之運送人是公共運送人（common carrier），對社會大眾公開招攬客貨。由於涉及公眾利益，故各國多以海商法規範其權利義務。除違法原因外，件貨運送人不得拒絕託運。

傭船運送係以艙位包租方式營運，其運送人是私運送人（private carrier），僅與單一或少數託運人簽定契約。因此英美法系國家依契約自由原則，關於私運送人之權利義務悉依雙方簽定之契約；大陸法系國家則仍多以海商法規範其權利義務。

12.裝卸費用之負擔

件貨運送之裝卸費用，原則上由船方負擔。

傭船運送之裝卸費用，原則上由貨方負擔。

13.延滯費

件貨運送之託運人於裝載開始前將貨物交付運送，故運送人無額外等待裝貨而請求延滯費之情事。

計程傭船運送，如貨物裝卸超過約定裝卸時間，傭船人須向船舶所有人支付延滯費。惟計時傭船運送之船舶等待裝貨期間，列入傭船期間，並無延滯費問題。

---

[3] 最高法院91年度台上字第1090號判決。

三、件貨運送及傭船運送之運送方式

件貨運送之方式可分為傳統運送及貨櫃運送：

（一）傳統運送

由於貨物零散，將貨物在港口由吊桿、吊索、吊網等工具吊進船艙後，逐件堆存船上，航行至目的港時再以類似方式卸載、倉儲。

（二）貨櫃運送

將貨物裝入標準尺寸之貨櫃中，利用特殊機具搬運上船，運送至目的港，是一種省時安全、經濟之運送方式。

傭船運送方式如下：

（一）以使用空間為標準

傭船契約可分為利用船舶之一部分的一部傭船契約及利用船舶之全部的全部傭船契約，我國海商法即採此種分類（§38②）。

（二）以使用方式為標準

傭船運送可分為計時傭船、計程傭船，此為海運實務所採之分類。

計程傭船（voyage charter）係指船舶所有人於約定航程內，以船舶為傭船人運送貨物。一般大宗物資、散裝貨之裝運，多採用此種方式。計時傭船（time charter）係指船舶所有人與傭船人於約定期間（通常至少半年）內，以船舶為傭船人運送貨物。海運實務所稱傭船契約多包括上述二種情形，併稱為一般傭船契約（common charterparty）[4]。

---

[4] 計時傭船契約與計程傭船契約不同之處，舉其重要者如下：
(1)以使用方式言
　　計時傭船契約係以一定時間使用船舶為目的，船舶所有人將船舶全部艙位交由傭船人管理使用；計程傭船契約，係以完成一定航程為目的，由船舶所有人將船舶一部或全部交由傭船人使用，是一般大宗物資、散裝貨最常採用之運送契約。

另有光船傭船契約（bareboat charterparty），係指船舶所有人與傭船人約定，將船舶移轉由傭船人占有經營之契約。光船傭船契約即船舶登記法第3條第3款及第四章以下所規定之船舶租賃。租船人於船舶租用期間，實際占有並控制船舶，暫時取得船舶所有人之地位，並將船舶納入其自有船隊中經營，因此雖稱為傭船契約，實則為租船契約，並非貨物運送契約，故適用民法、船舶登記法等有關之規定。但租船人營運船舶時與託運人或受貨人間之法律關係，仍應適用海商法有關規定。無論由何種原因發生損害其他船舶之事，除租用契約有特別約定外，對外責任，由船舶承租人負擔[5]。蓋租船契約既須移轉占有，則其管理權責，即應移於承租人，故因駕駛或其他管理不善所加於人之損害，當然由承租人負擔[6]。因此，光船傭船契約以船舶移歸承租人占有並自為用益，承租人關於船舶之利用對於第三人與船舶所有人有同一權義[7]。

光船傭船契約與一般傭船契約之區別，可由最高法院73年度台上字第4153號判決得知：「傭船契約與租船契約不同，前者謂船舶所有人約定以船舶之全部或一部供他人於特定期間或為特定航行之使用而受報酬之契約，為承攬之一種，以完成運送為目的，因之傭船人不占有船舶，僅支付運費而不負擔航行費用，對於海員亦無何等關係；後者謂船舶所有人約定以船舶之占有及管理移交於承租人，供其於一定期間或不定期間為特定目的之支配及利

---

(2)以傭船人應負擔之費用言
　　計時傭船人負擔：①燃油料費；②港口費；③裝卸費；④清艙費；⑤壓艙費；⑥淡水；⑦佣金及經紀費用；⑧部分理賠。
　　計程傭船契約之傭船人則不負擔上述費用。
(3)以傭船費用而言
　　計時傭船契約之傭船費用稱為租金（hire），係依租期計收。計程傭船契約之傭船費用稱為運費（freight），係按貨量計收。
(4)以航行遲延之負擔言
　　計時傭船契約之航行遲延責任由傭船人負擔。計程傭船契約則由船舶所有人負擔。
5　院解字第119號。
6　最高法院7年度上字第335號判決。
7　最高法院68年度台上字第866號判決。

用，而由承租人支付租金之契約，爲租賃之一種，以船舶之使用、收益爲目的，因之承租人須占有船舶，除支付租金外並應負擔航行費用，海員亦由其僱用或由出租人將海員隨同船舶移交承租人。」

光船傭船之經營方式可包括：

1. 船舶所有人以光船傭船契約方式將船舶出租給船舶營運人（光船傭船人），並由後者以再傭船（sub-chartering）方式，訂定計程傭船契約，爲前者運送貨物。譬如甲擬進口水泥，如不虞購船之大量投資，當可自購船舶，並以光船傭船方式將船舶出租給航運公司，再由後者以計程傭船契約方式，爲甲運送水泥。

2. 船舶營運人向租賃公司貸款造船，由租賃公司任船舶所有人，以保產權，再以光船傭船方式租與船舶營運人（光船傭船人）營運。

3. 油船之經營，亦有採光船傭船方式者，亦即由船舶所有人將船舶租與石油公司（光船傭船人），並訂定管理協議，由船舶所有人代石油公司管理自己船舶之營運並收取代管報酬。石油公司僅須支付有限之代管費用及穩定之租金，即可避免購船之投資風險及營運之負擔；船舶所有人能管理自己出租船舶之營運，不但投資得以回收，亦可收受代管報酬，堪稱雙方蒙利之方式。

四、件貨運送與傭船運送適用之場合

不同種類、不同性質之一般雜貨，多利用定期船（又稱雜貨船）承運。因此件貨運送適用於數量不拘、種類繁多、零星件貨之運送，譬如電子、紡織、食品及其他工業製成品等之運送。

至於傭船運送，常適用於下列情形：

（一）貨物為散裝貨者

譬如大宗散貨：鐵礦砂、煤炭等，小宗散貨：肥料、黃豆、穀類、麵粉及糖等原材料。散裝貨具有共同之特徵：1.運量大；2.價值較低；3.多爲粗原料；4.對運費負擔能力較低；5.無固定包裝。因此，倘貨量可裝滿整船航行一次或連續多次者，可考慮採取計時或計程傭船契約方式運行，無須利用停泊多港之定期船，以期減輕運費負擔。

（二）定期船不敷使用者

定期船不敷使用時，運送人得以託運人身分，將部分貨載以計程傭船契約方式，交由其他運送人運送[8]。

傳統上，件貨由雜貨船及貨櫃船運送，散裝貨則由散裝貨船運送，兩者重疊之可能性不大。但近來由於1.船隊規模化、船型大形化及貨櫃種類多元化；2.貨櫃市場競爭激烈化；3.小宗散貨對運輸品質之要求；4.貨櫃運輸成本降低，均促使小宗散貨亦漸有利用貨櫃船運送之趨勢。

五、件貨運送契約與傭船契約之作成與內容

（一）件貨運送契約

件貨運送以簽發裝貨單（shipping order, S/O）方式預定艙位，俟貨物裝船後，由大副或其他負責人依據理貨單（tally sheet）簽發大副收據（mate's receipt, M/R）憑之換取載貨證券。因此一般均以裝貨單為件貨運送之契約，載貨證券則為運送契約之證明。裝貨單主要內容包括託運人、船名、裝貨港、目的港、包裝件數、嘜頭（mark）、貨物名稱、重量、受貨人、受通知人等項目。在無裝貨單之場合，電話等預定艙位之意思表示，亦可成立運送契約。因此件貨運送契約並非要式契約，亦無需作成書面。

（二）傭船契約

傭船契約應以書面為之（§39），並載明下列事項（§40）：

1.當事人姓名或名稱，及其住所、事務所或營業所。

2.船名及對船舶之說明[9]。

3.貨物之種類及數量。

4.契約期限或航程事項。

5.運費。

8　Paterson, Zochonis v. Elder, Dempster (1992) 2 LI. L. Rep. 69.

9　船舶之說明包括國籍、噸位、航速及船級等有關項目。

傭船契約一般均為標準化制式契約，常見之計程傭船契約，譬如Gencon Charter、Shellvoy Charter、Intertankvoy 87 Charter；常見之計時傭船契約，譬如Baltime Charter、NYPE 93 Charter、Shelltime Charter，以及光船傭船契約譬如Barecon 89 Charter等。船舶所有人與傭船人簽約前，須先確定採取何種傭船契約格式，再視雙方需求，將其上規定酌予增刪。傭船契約通常可由其代號（code name）窺知其規範之主體。譬如Baltime係由The Baltic and International Maritime Conternce所擬定之計時傭船契約（time charter party）。

傭船運送契約其上一般均建議以英國或美國作為案件之管轄地、仲裁地及準據法。故與件貨運送比較，傭船運送在我國涉訟比例甚低。

六、運送契約之解除與終止

（一）傭船運送

1.法定解除

運送人所供給之船舶有瑕疵，不能達運送契約之目的時，託運人得解除契約（§42）。如有損害，尚可依第47條第2項之規定，請求賠償。

2.任意解除

(1)全部傭船契約之解除

由於第45條規定：「前二條之規定，對船舶於一定時期內供運送或為數次繼續航行所訂立之契約，不適用之。」是以本處全部傭船契約係指全部一次航行之計程傭船契約，合先敘明。以船舶之全部供運送時，託運人於發航前得解除契約。但應支付運費三分之一，其已裝載貨物之全部或一部者，並應負擔因裝卸所增加之費用（§43 I）。以上有關全部傭船契約解除之規定，對於當事人之間，關於延滯費之約定不受影響（§43 II）。

傭船契約全部解除，運送人雖仍得以該船舶供其他貨物之運送，但解除契約之託運人應支付運費三分之一，俾賠償船舶所有人時日、精力之耗損。若已裝載貨物之全部或一部者，解除契約之託運人並應負擔因裝卸所增加之費用。

(2)一部傭船契約之解除

由於第45條之規定：「前二條之規定，對船舶於一定時期內供運送或為數次繼續航行所訂立之契約，不適用之。」故此處所稱「一部傭船契約」係指以船舶一部且一次航行之計程傭船契約。

a.單獨解除

以船舶之一部供運送時，託運人於發航前，非支付其運費之全部，不得解除契約。如託運人已裝載貨物之全部或一部者，並應負擔因裝卸所增加之費用及賠償加於其他貨載之損害（§44 I）。

託運人於發航前單獨解除其契約者，運送人常因無法臨時另覓他貨補足而受損失，故託運人非支付全部運費不得解除。如已裝載貨物之全部或一部者，託運人並應負擔因裝卸所增加之翻艙等額外費用及賠償因此加於其他貨載之交付遲延等損害。

b.全體解除

以船舶之一部供運送時，託運人於發航前皆為契約之解除者，由於此種解除與全部傭船契約解除情形類似，各託運人僅負支付三分之一運費之責任（§44 II）。

3.任意終止

(1)全部傭船契約之終止

以船舶之全部供運送時，如為往返航程之約定者，託運人於返程發航前要求終止契約時，應支付運費三分之二（§43 II）。前項規定，對於當事人之間，關於延滯費之約定不受影響（§43 III）。

全部傭船契約亦可能為往返航程之約定，託運人於返程發航前要求終止契約時，雖運送人仍得以該船舶供其他貨物之運送，但返程時另覓他貨，其時日精力耗損極大，因此託運人應支付運費三分之二。

(2)計時傭船契約或為數次繼續航行所訂立契約之終止

全部或一部傭船契約之任意解除規定，對船舶於一定時期內供運送或為數次繼續航行所訂立之契約，不適用（§45）。

計時傭船契約或為數次繼續航行所訂立之契約，屬於繼續性契約，不得解除，僅得依民法規定終止之（民§263）。

（二）件貨運送

件貨運送契約之解除，本法並未規定，宜類推適用一部傭船契約之解除之規定。

綜上所述，茲將貨物運送契約之解除及終止，圖示如圖9-1：

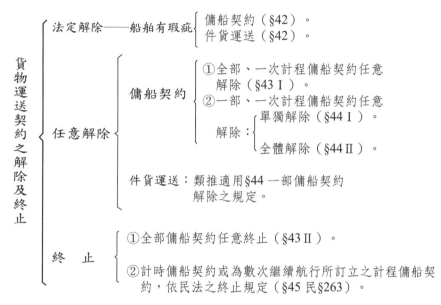

圖9-1 貨物運送契約之解除及終止簡圖

資料來源：依相關規定自行整理。

第十章 運 費

重點解說

　　運費係運送人承運貨物所得之對價，種類甚多，包括：全額運費、部分運費、墊載運費、空載運費、圓載運費、收益運費、增收距離運費、船舶載重噸運費、包船運費、預付運費、預支運費、到付運費、傭船費、退貨運費、最低運費、比例運費、超運運費、實得運費等。茲將運費相關問題討論如下。

一、運費之計算

　　運費一般係以如下方式計算：

$$運價（rate）\times 貨物計算單位 = 運費$$

　　惟運費計算依定期船與非定期船，而有不同之計算基本單位。分述如下：

（一）定期船之運費計算單位

1.重量噸

貨物體積40立方呎、重量超過2,240磅者，一般即依重量計算運費。諸如鋼鐵、五金、瓷磚等。

2.體積噸

貨物體積40立方呎、重量不足2,240磅者，一般即依體積計算運費。諸如毛衣、布匹、塑膠花等。

3.從價法

對於貴重貨物，諸如珠寶、古玩、生絲等，依貨物價值的一定比例計算運費。

4.件數或櫃數

以每一包裝單位，譬如每簍、每箱、每櫃計算運費。

5.自然單位

以每一自然單位，譬如牛一頭、馬一匹計算運費。

（二）不定期船之運費計算單位

計時傭船運送一般以該船舶載貨重量、噸數，依每噸每月或全期間為運費計算單位。計程傭船運送通常以貨物噸位為計算單位。

二、運費之交付方法

載貨證券須載明運費交付方式（§54 I ⑤）。運費交付方式常見者為下列二種：

（一）預付

由託運人或傭船人於裝載貨物時給付，又稱前付（prepaid）。

（二）到付

由受貨人於卸載貨物後給付，又稱後付（collect）。

運費之預付或到付，主要是由貿易條件決定。依照國貿條規（INCOTERMS® 2010）之規定，採取C（CPT, CIP, CFR, CIF）及D（DAT, DAP, DDP）條件者，運費原則上係預付。採取E（EXW）及F（FCA, FAS, FOB）條件者，運費原則上係到付。

三、運費之負擔

運費之數額原則上依當事人約定，運費及其他費用之數額有爭執時，受貨人得將有爭執之數額提存，請求運送物之交付（民§647Ⅱ）。運費之負擔原則上亦依當事人約定，但於下列情形則依法律規定，以杜爭議：

（一）一般運費之負擔原則

1.因不可抗力不能達到目的地者

船舶發航後，因不可抗力不能達到目的地，而將原裝貨物運回時，縱其船舶約定為去航及歸航之運送，託運人僅負擔去航運費（§66），以求公允。

2.因海上事故而須修繕者

船舶在航行中，因海上事故而須修繕時，如託運人於到達目的港前提取貨物者，應負全部運費（§67）。因海上事故而為修繕者，運送人原擬繼續完成運送，如託運人先行提取貨物，自應支付全部運費，方為事理之平。

3.因航行中遭難或不能航行者

(1)船舶在航行中遭難或不能航行，而貨物仍由船長設法運到目的港時，如其運費較低於約定之運費者，託運人減支兩運費差額之半數（§68Ⅰ）。所稱「約定之運費」，係指原契約下繼續航行依比例應給之運費而言，而非指全航程之約定運費。

(2)如新運費等於約定之運費，託運人自不負擔任何費用（§68Ⅱ前）；

(3)如新運費較高於約定之運費，其增高額應由託運人負擔之（§68Ⅱ後）。航行中之遭難或不能航行，事非得已，船長既代託運人設法運

送到達目的地，自不能再使運送人擔負運費之增額。本法如此規定雖不利於託運人，但此乃係本法發展航運之立法目的使然。

第68條之規定係船長轉載權之法源，一般載貨證券之自由轉載條款，其範圍則更大矣。

4.解除契約者

託運人因解除契約，應付全部運費時，得扣除運送人因此減省費用之全部，及另裝貨物所得運費四分之三（§49），以求事理之平。

（二）傭船運費特有之負擔原則

1.船舶可使用之期間

以船舶之全部於一定時期內供運送者，託運人僅就船舶可使用之期間，負擔運費（§47 I）；換言之，即於供運送之約定期間內，負擔運費。但若因航行事變所生之停止，託運人仍應繼續負擔運費（§47 I但）。蓋航行事變不能歸責於運送人時，應由託運人參與負擔航海之危險。

2.船舶停止者

然若船舶之停止，係因運送人或其代理人之行為（譬如判斷錯誤撞及暗礁），或因船舶之狀態所致者（譬如機件不堪航行），託運人不負擔運費，如有損害，並得請求賠償（§47II），以維護託運人利益。

3.船舶行蹤不明者

船舶航行遇事變行蹤不明者，託運人以得最後消息之日為止，負擔運費之全部；並自最後消息後以迄於該次航行通常所需之期間應完成之日，負擔運費之半數（§47III）。此亦緣於航海之習慣，由託運人參與負擔航海之危險。

4.所載貨物不及約定數量者

以船舶之全部或一部供運送者，其託運人所裝載之貨物，如不及約定之數量時，仍應負擔全部之運費，此即空載運費（dead freight）之規定。但應扣除船舶因此所減省費用之全部，及因另裝貨物所取得運費四分之三

（§48），以避免運送人意外得利，並求衡平。惟如契約另有不得扣減之約定者，從其約定[1]。

四、運費之保全

實務上，運費多採預付方式支付。少數採運費到付者，運送人得採下列方式，保全運費：

（一）拒絕換發小提單

海運實務上，受貨人須以載貨證券向船公司換領小提單（delivery order, D/O），俾向船上或倉庫提領取貨物。因此受貨人倘未付清運費及其他費用，船公司得拒發小提單，作為控制運費收取之機制。

（二）留置貨物

運送人為保全其運費及其他費用，得受清償之必要，按其比例，對於運送物，有留置權（民§647 I）。所稱「其他費用」，包括保護貨物所支出之費用及貨物所有人之共同海損分擔額，即本法第122條規定：「運送人或船長對於未清償分擔額之貨物所有人，得留置其貨物。但提供擔保者，不在此限。」所稱「運費」，不包括空載運費及延滯費。

（三）拍賣貨物

倘受貨人怠於受領貨物、受貨人不明或受貨人拒絕受領貨物時，運送人於有下列情形之一者，得聲請法院裁定准予拍賣，於扣除運費或其他相關之必要費用後提存其價金之餘額（§51III）：
1.不能寄存於倉庫。
2.有腐壞之虞。
3.顯見其價值不足抵償運費及其他相關之必要費用。

---

[1] 台灣高等法院暨所屬法院68年度法律座談會第16號提案研討結果。

（四）向託運人請求損害賠償

運費到付之約定，係以第三人給付為標的之契約。倘運送人不依法對受貨人就承運貨物行使留置權，可否向託運人索賠，素有爭議。司法院72年5月2日司法業務研討會第3期結論謂：「海上貨物運送契約，訂有『運費由受貨人支付』之約定者，為託運人與運送人間運送契約以外之另一由第三人為給付之契約。受貨人係該契約之第三人，依法可不受該契約之任何拘束，如其不為支付此項運費時，託運人即應依民法第268條之規定，對運送人負債務不履行之損害賠償責任。故受貨人無論已否受領貨物，均無必須支付運費之義務。惟在此場合，運送人對承載貨物可行使留置權，固不待言。」

吾人認為，上述結論所持見解，原則上正確，但有續加探討之必要：

1.首先，「受貨人係該契約之第三人，依法可不受該契約之任何拘束」一語，是否周延，值得斟酌。

按民法第644條規定：「運送物達到目的地，並經受貨人請求交付後，受貨人取得託運人因運送契約所生之權利。」其中受貨人取得運送契約之權利，若不包含義務，則似指受貨人可不付運費而主張受領貨物。然吾人認為尚非如此。蓋縱認受貨人取得運送契約之權利，該權利仍屬負有負擔之權利，即運費到付之負擔。所謂運費到付係指貨到目的地後收款。此款由受貨人支付固可，由任何第三人支付亦無不可，故當運送人未收到運費時，受貨人向運送人主張提貨者，運送人應可拒絕，此由本法第51條規定觀之，當可自明，該條規定：「受貨人怠於受領貨物時，運送人或船長得以受貨人之費用，將貨物寄存於港埠管理機關或合法經營之倉庫，並通知受貨人。受貨人不明或受貨人拒絕受領貨物時，運送人或船長得依前項之規定辦理，並通知託運人及受貨人。」亦即受貨人固屬於契約之第三人，惟當受貨人依契約要求貨物交付時，伊仍必須負擔與該貨物有關之費用。

2.其次，於運費到付之情況，若運送人怠於向受貨人收款，即行放貨，嗣後向託運人主張賠償，是否有理？此又可分三點論述：

(1)民法第268條係以第三人拒絕支付作為向他方當事人（託運人）求償之前提，故若運送人尚未向受貨人求償遭拒，自不得向託運人求償。至於運送人向受貨人要求付費之時機，係在放貨前或放貨後，則非所

問。因航運實務上，受貨人先行提貨，運送人再向其請款亦事所常見。「運費到付」僅指目的地付款，並無一手交錢、一手交貨之嚴格涵意。

(2)但若運送人原得以不放貨之籌碼要求受貨人付款，倘未收到款項，竟輕率將貨釋出，託運人非不得依民法第217條主張損害之發生係運送人與有過失所致，而主張減輕賠償金額或免除之。

(3)受貨人持有載貨證券者，除主張運送契約之權利外（民§644），尚可單獨依載貨證券主張貨物之所有權（民§629）。惟因載貨證券上載有運費到付字樣，吾人認為其情形與運送契約之權利並無不同，即該權利證書（載貨證券）係附有負擔，以支付運費來行使權利，運送人自可要求受貨人支付運費才能提貨。

綜上所述，在運費到付之條款下，有以下幾種情況：

1.受貨人拒絕提領貨物者，因受貨人為契約以外之第三人，運送人不得要求其提貨或付費。

2.受貨人一旦請求交付貨物，則受貨人取得運送契約之權利（民§644），運送人並可依該權利所負擔之義務，向受貨人要求運費。並可依法律之規定（§51），向其要求倉租等費用。

3.受貨人曾經請求交付貨物，惟事後反悔又不提貨者，即是將取得之運送契約權利予以拋棄，運送人自不得向其主張運費。至於本法第51條之倉租，運送人只能依民法第650條規定向託運人求償。

4.運送人曾向受貨人請求支付運費，但不獲支付（或部分支付）者，運送人得向託運人求償（民§268）。但運送人若對此項損失與有過失時，託運人可主張抵銷或減輕之（民§217）。

五、運費保付條款之效力

運費既為運送人服務之對價，運送人對於運費之收取，自然十分在意，輒於載貨證券中載明運費保付條款規定，使運送人不論是否依約完成運送，均得請求全部運費。譬如陽明海運載貨證券第19條第2項規定：「Full Freight to the port of discharge or, in case of through transportation to place of delivery named herein and all other charges against the Goods shall be considered completely earned on receipt of the Goods by the Carrier or Underlying Carrier as the case may be, whether the Freight or charges be prepaid or be stated or intended to be prepaid or to be collected at port of discharge or destination or subsequently, and the Carrier shall be entitled absolutely, to all Freight and charges, and to receive and retain them under all circumstances whatever, whether the Vessel and/or the Goods are lost or not lost, or whether the voyage changed, broken up, frustrated or abandoned.」（抵達卸貨港的全部運費，或於連續運送時抵達本載證券所載交付地之全部運費及全部其他費用，於運送人或連續運送人收受貨物時均視為已全部賺獲，運費或費用是否預付、載明預付或於卸貨港或目的地到付者，在非所問，不論任何情況運送人均絕對有權請求全部運費及費用之給付、收受及保留。船貨是否滅失、航程是否變更、中斷、終止或放棄，均非所問。）

　　運費保付條款是否有效，有不同見解。有認為運費為運送人執行運送行為取得之對價，倘貨物有運送人應負責之毀損滅失發生者，運送人對貨物之損賠不應影響其對運費之收取，且運費保付條款使運送人得以收取預定之運費，有利發展航運，故應屬有效[2]。亦有認為運費保付條款減低運送人賠償責任，依第61條之規定，應為無效[3]。

　　吾人認為運送契約具有承攬契約之性質，運費原則上以於目的地得為運送物交付之狀態時始能請求。運送物於運送中，因不可抗力而喪失者，運送人不得請求運費。其因運送而已受領之數額，應返還之（民§645），惟為兼顧運送人與託運人之利益，始例外地准許運送人雖未於目的地交付貨物，仍可請求運費。此種例外規定包括：

（一）解除或終止契約者

　　1.以船舶之全部供運送時，託運人於發航前得解除契約，運送人仍可請

---

[2]　吳智，第142頁。
[3]　施智謀，第234頁至235頁。

求運費三分之一（§43 I）。然如爲往返航程之約定者，託運人於返程發航前要求終止契約時，運送人可取得運費三分之二（§43 II）。

2. 以船舶之一部供運送時，託運人於發航前解除契約者，運送人可請求全部運費（§44 I）。惟如託運人皆爲契約之解除者，運送人可收取三分之一運費（§44 II），然如爲往返航程之約定者，託運人於返程發航前要求終止契約時，運送人得收取運費三分之二（類推適用§43 II）。

（二）船舶停止者

因航行事變所生之停止，運送人仍可請求運費（§47 I）。

（三）船舶行蹤不明者

船舶行蹤不明時，以得最後消息之日爲止，運送人仍得請求全部運費。自最後消息後，以迄於該次航行通常所需之期間應完成之日，運送人得請求運費之半數（§47 III）。

（四）不可抗力不能到達目的港者

船舶發航後，因不可抗力不能到達目的港而將原裝貨物運回時，縱其船舶約定爲去航及歸航之運送，運送人僅取得去航運費（§66）。

（五）因海上事故而須修繕者

船舶在航行中，因海上事故而須修繕時，如託運人於到達目的港前提取貨物者，運送人可取得全部運費（§67）。

依「例外從嚴」原則，運送人如「因不可歸責託運人之原因」而未能將貨物交付者，除因上述法有明文之例外規定外，不宜收取運費，否則即生「間接」減輕運送人責任之效果，依第61條之規定，應屬無效[4]，故「運費保付條款」應解爲無效。

---

[4] 關於第61條適用於「直接」及「間接」免除減輕運送人責任者，請參見第二十九章「運送人或船舶所有人之約定免責」。

第十一章　貨物受領

重點解說

一、貨物受領

　　貨物運達後，運送人或船長應即通知託運人指定之應受通知人或受貨人（§50）。按實務上，載貨證券以指示式較爲常見，指示式載貨證券之受貨人欄內多塡爲待指示（to order）、託運人指示（to order of shipper）、或代收銀行指示（to order of collecting bank），受通知人欄始爲眞正的貨物受領人。貨物運抵目的港後，運送人應通知託運人所指定之受通知人，後者通常會對賣方所簽發匯票承兌或付款後贖單（亦即載貨證券），並辦理提貨手續。按一般國際貿易信用狀交易方式，進口商向開狀銀行申請簽發信用狀給國外出口商時，開狀銀行爲保障進口商確實向開狀銀行付款贖單，均要求須以開狀銀行爲載貨證券之受貨人，而以進口商爲受通知人。貨物運抵目的地後，由運送人通知爲進口商之受通知人，進口商乃向爲受貨人之開狀銀行付款贖

單，再持該載貨證券向運送人提領貨物，因此雖然「形式上之受貨人爲開狀銀行」，但「實際上之受貨人爲進口商」，而非開狀銀行。

二、貨物寄存

運送人或船長於下列情形，得將貨物寄存：

（一）受貨人怠於受領貨物

受貨人怠於受領貨物時，運送人或船長得以受貨人之費用，將貨物寄存於港埠管理機關或合法經營之倉庫，並通知受貨人（§51 I）。

（二）受貨人不明或拒絕受領貨物

受貨人不明或受貨人拒絕受領貨物時，運送人或船長得依前項之規定辦理，並通知託運人及受貨人（§51 II）。

「以寄存代交付」即爲「擬制交付」，運送人或船長倘已爲合法之擬制交付，運送人交付貨物之義務歸於消滅[1]。

三、貨物拍賣

受貨人怠於受領貨物、受貨人不明或受貨人拒絕受領貨物時，如該貨物有下列情形之一者，運送人得聲請法院裁定准予拍賣，於扣除運費或其他相關之必要費用後提存其價金之餘額：

1.不能寄存於倉庫。

2.有腐壞之虞。

3.顯見其價值不足抵償運費及其相關之必要費用（§51 III）。

有些貨物之性質易腐敗，不適寄存於倉庫或者貨物之價值不足抵償運費、搬運、裝卸、倉儲、保存等費用時，如得聲請法院裁定准予拍賣，則運送人得及時收取其費用，亦免貨主損失之擴大，故有本項之規定，以應需要。

---

[1] 最高法院75年度台上字第64號判決。

四、交清貨物之推定

　　貨物一經有受領權利人受領，推定運送人已依照載貨證券之記載交清貨物（§56 I）。但受領權利人得依第56條第1項但書規定對貨物之毀損滅失提出通知，證明運送人尚未交清貨物。惟若受領權利人未為是項通知行為，亦僅先推定運送人已依載貨證券記載交清貨物之效力，受領權利人仍得舉證證明貨物受領時之狀況與載貨證券之記載不同，並請求損害賠償。此項推定規定與海牙規則、海牙威斯比規則第3條第6項及漢堡規則第19條第1項[2]之規定相同，對受領權利人之保障較為周延[3]。

五、受領權利人對貨物狀況之異議、毀損情況之通知

　　依第56條第1項但書之規定，受領權利人得依下列規定將貨物之毀損、滅失通知運送人，證明運送人尚未交清貨物：

1. 提貨前或當時，受領權利人已將毀損滅失情形，以書面通知運送人者。或
2. 提貨前或當時，毀損滅失經共同檢定，作成公證報告書者。或
3. 毀損滅失不顯著而於提貨後三日內，以書面通知運送人者。或
4. 在收貨證件上註明毀損或滅失者。

　　詳言之，受領權利人就貨物毀損滅失向運送人提出通知者，其要點如下：

---

[2] 該項規定為：「除受貨人於交付貨物日之次一工作日以前，以書面特別說明貨物滅失或毀損之一般性質，向運送人為貨物滅失或毀損之通知外，該貨物之交付為推定運送人已依運輸文件之記載而為交付；如未簽發運輸文件時，為推定該貨物交付時狀況良好之表面證據。」第2項規定：「滅失或毀損不顯著時，如貨物交付受貨人後，未於十五日內為書面通知，本條第1項之規定仍適用之。」

[3] 舊法第100條第1項規定：「貨物一經有受領權利人受領，視為運送人已依照載貨證券之記載，交清貨物……。」此所謂「視為」者，乃法律擬制之效果，不得以反證推翻，此見條文不用「推定」之語即明，故受貨人未依同條項但書踐行者，即不得再事主張運送人未交清貨物而仍應負損害賠償責任。新法「推定」之規定，對受領權利人保障自較周延。

1.通知人

為有受領權利人，包括受貨人本人、代理人或受僱人。第56條第1項第1款雖有「受領權利人……以書面通知運送人」之文字規定，惟通知之目的既在使運送人知曉，且同項其他各款亦無「受領權利人」之規定，故所謂通知人之範圍宜從寬解釋。一般公證公司作成之卸貨報告，倘足證明貨物有毀損滅失之情事者，則此公證公司卸貨報告，一經運送人或其使用人、受僱人簽署證明，即難謂受貨人尚未就貨物之毀損或滅失以書面通知運送人[4]。

2.受通知人

受通知人雖以運送人為主體，然此非謂必須向運送人本人為通知；苟依裝卸貨物之常規，由運送人之代理人或受僱人受通知，其效果應歸屬於運送人本人者，仍不失為已向運送人為通知[5]。

3.通知方式

以書面為之，其書面之形式如何，在所不問，亦不可拘泥於文書之形式名稱[6]。得以公證報告、測量報告、收貨證件或事故證明單為之。該書面一經交付運送人，即發生通知效力，不以運送人在書面上簽章為發生通知效力之要件[7]。

4.通知之時間

毀損滅失顯著者於提貨前或當時為通知；毀損滅失不顯著者於提貨後三日內通知。

第56條第1項但書規定有下列數點可議之處：

1.第2款「共同檢定」之人不明

按實務上，常有船貨雙方會同檢驗貨物之情形，故本款之「共同檢定」人，應係指由運送人、受領權利人共同所指定之人第三人。

---

[4] 最高法院69年度台上字第2073號判決。
[5] 最高法院67年度台上字第3302號判決。
[6] 同註4。
[7] 最高法院70年度台上字第451號判決。

2.第2款規定不合邏輯

本條第1款規定，提貨前或當時，受領權利人只須單方面將毀損滅失情形，以「書面」通知運送人，即可證明運送人尚未交清貨物。第2款規定，提貨前或當時，毀損滅失經船、貨雙方及公證行共同檢定者，理應可信度更高，卻必須作成「公證報告書」，始能達到與第1款規定相同之效果。兩款規定相較之下，顯見輕重失衡。究其原因，當係承襲國際公約時失誤所致。按第56條係參考海牙威斯比規則第3條第6項之規定：「一、除非滅失或損害及滅失或損害大概性質之通知，於貨物移轉於依照運送契約有受領權人保管之前或當時，以書面送達運送人或其在卸載港之代理人，否則是項移轉應爲運送人已依照載貨證券記載交付貨物之表面證據。二、毀損滅失不顯著者，通知應於交付貨物後三日內提出。三、貨物之情況於受領時業經共同檢驗及檢查者，書面通知可不必爲之。四、除第6項之1規定外，自交貨日或應交貨日起一年內倘不提起訴訟，運送人及船舶在任何情況下均應免除對貨物之一切責任，但於起訴之事由發生後，此一期間如經當事人同意得予延長。五、貨物實際有或疑有滅失或損害者，運送人及受貨人應各予他方以檢查及查點貨物之便利。」

上述條文第3款規定：「貨物之情況於受領時業經共同檢驗及檢查者，書面通知可不必爲之。」蓋既經共同檢驗，運送人對貨物之毀損滅失即已知曉，故無再經書面通知之必要。本法第56條第1項第2款卻加入「作成公證報告書」之規定，此種畫蛇添足作法，遂造成前述輕重失衡之謬誤。

3.第4款規定爲贅文

按第56條第1項實際上係規定二種情形：

(1)貨物毀損滅失顯著者：於提貨前或提貨時以書面通知，但經共同檢定者，作成公證報告書。

(2)貨物毀損滅失不顯著者：於提貨後三日內以書面通知。

第4款規定「在收貨證件上註明毀損或滅失者」，其中「收貨證件」，依最高法院見解[8]，並無一固定名稱，只須係有受領權利人於收受貨物時，出具

---

[8] 最高法院73年度台上字第2179號判決。

予運送人或其代理人收執，表示受領貨物情狀之證件，即足當之。此項證件名稱，恆因在船邊提貨或在運送人所經營或指定之倉庫或港埠機關所經營之倉庫提貨而有所不同。故「收貨證件上註明」即為書面通知，惟倘貨物毀損滅失顯著者，適用第1款或第2款規定已足；倘貨物毀損滅失不顯著者，適用第3款規定即可。是以第4款之規定應屬贅文，海牙威斯比規則亦無類似之規定。

六、貨物損害賠償責任之期間

貨物之全部或一部毀損、滅失者，自貨物受領之日或自應受領之日起，一年內未起訴者，運送人或船舶所有人解除其責任（§56 II）。

貨物之全部或一部毀損滅失，均須於貨物受領之日或自應受領之日起，一年內起訴，否則運送人解除其責任[9]。因遲到所致之損害賠償之訴亦宜類推適用第56條第2項之規定。易言之，關於期間之起算，貨物遲到者，自實際受領日起算；在大宗貨物場合，以同船同批貨物全部交付之日為準；貨物全部滅失者，自應受領之日起算，通常係指船舶卸載完畢離港之日；貨物全部毀損者，自受領之日起算；貨物一部滅失者，自受領之日起算。

---

[9] 舊法第100條第2項規定：「受領權利人之損害賠償請求權，自貨物受領之日或自應受領之日起一年內，不行使而消滅。」依最高法院58年度台上字第3712號判例：「民法第638條第1項規定：『運送物有喪失、毀損或遲到者，其損害賠償額，應依其應交付時目的地之價值計算之』，此與民法第213條第1項所謂法律另有規定相當。上訴人託運人之漁鹽既經滅失，自得請求以金錢為賠償，又（舊）海商法第100條第2項（現行法第56條第2項）規定之損害賠償請求權，僅對於運送物之毀損或一部滅失有其適用，對於全部滅失不適用之，此觀同條第1項第1、2款規定而自明。原審以上訴人不得請求被上訴人以金錢賠償，並以上訴人未於一年內行使權利，認為依（舊）海商法第一百條第2項規定已罹消滅時效，不無誤解。」此項判例有關受領權利人損害賠償請求權適用部分，嗣經最高法院88年度台上字第751號判例推翻：「按（舊）海商法第100條第2項（現行法第56條第2項）規定：『受領權利人之損害賠償請求權，自貨物受領之日或自應受領之日起一年內，不行使而消滅。』既未限制於貨物毀損或一部滅失時，始有其適用，故於貨物全部滅失之情形，亦在適用之列。本院58年度台上字第3812號判例與此意旨不符部分，應不再援用。」

　　第56條第2項期間之規定，適用於貨物毀損、滅失及遲到而生之賠償請求權。至於貨損以外的契約規定之違反，譬如未加標誌，仍應適用民法有關請求權之規定。

　　第56條第2項之1年期間應解為除斥期間[10]，可促使有權利者早日行使其權利，避免曠日廢時造成舉證困難。惟海牙威斯比規則第3條第6項另有延長期間之規定：「但於起訴之事由發生後，此一期間經當事人同意者，得予延長。」此項延長期間之規定，係因貨損之理賠，常因船貨雙方相隔遙遠，或驗證等問題，往往耗時甚久，為顧及航運習慣所設之特別規定，堪稱合理。海運實務亦常有期間延長之合意，俾利和解避免訴訟。此外海牙威斯比規則增訂第3條第6項之1：「前項規定之期限雖已屆滿後，在受理該案之法院於法律允許期間內，仍得對第三人提起損害賠償之訴。但法律所允許之期間，自賠償請求人對其索賠已獲得解決或自訴狀送達之日起算，不得少於三個月。」此項寬限期間之新規定，有利於承攬運送人向運送人之求償。

　　以上海牙威斯比之規定，立意固然良善，且與海運實務相符，但因與除斥期間性質相悖，在我國恐無採行適用之空間。學者間遂對海商法第56條第2項規定一年期間之性質，是否為除斥期間產生爭議。但是就我國法而言，並無當事人得加長或減短此項期間之空間。申言之，如將本項之期間解釋為消滅時效期間，依民法第147條之規定，時效期間不得以法律行為加長或減短之，並不得預先拋棄時效之利益，如將本項之期間解釋為除斥期間，觀之有諸多延長規定之時效期間，尚且不得以法律行為加長或減短，更何況屬於不變期間的除斥期間，依舉輕以明重之法理，除斥期間亦不得以法律行為加長或減短之。

　　為解決與國際公約及海運實務之扞格，學者有主張第56條第2項規定為特殊消滅時效者；[11]有主張跳脫消滅時效及除斥期間之二分法，將國際公約規

---

[10] 立法者及學者多以為係為除斥期間，參見立法院公報，第83卷，第48期，委員會紀錄，第57-58頁，1994年，http://lis.ly.gov.tw/ttscgi/lgimg?@834803;0050;0062，瀏覽日期：2009年12月12日；尹章華，第221頁；施智謀，第201頁；楊仁壽，第352頁；賴來焜，第397頁。

[11] 黃裕凱，海上貨物運送一年起訴時效之性質及時效延長之效力，月旦民商法，10期，頁156，2006年12月。

定視爲法理予以適用者。[12]惟根本之計，仍涉及民法對於期間之規定，民法學者亦提出「將時效期間及除斥期間簡化爲訴訟時效期間」之建議，[13]立法者如能採納建言修法匡正，本法第56條第2項期間之爭議或可迎刃而解。

七、提出損害賠償請求之人

依第56條之規定，可提起損害賠償之訴者不限於受領權利人，亦應包括託運人。惟受領人依民法第644條取得託運人因運送契約所生之權利者，或託運人將載貨證券轉讓第三人者，託運人是否仍得向運送人提起損害賠償之訴，值得探討。

持肯定說者，以司法院第一廳研究意見爲代表[14]，認爲依民法第644條規定：「運送物達到目的地，並經受貨人請求交付後，受貨人取得託運人因運送契約所生之權利。」依此規定，於一定條件下，固許受貨人取得託運人因運送契約所生之權利，惟受貨人取得此項權利，係由於法律所賦予，並非由託運人所移轉。故託運人之權利與受貨人之權利，可同時併存，不因受貨人取得運送契約上之權利後，託運人本於運送契約得對運送人請求損害賠償之權利，即因之而消滅。倘因可歸責於運送人之事由，致貨載全部或一部毀損，受貨人可依載貨證券向運送人請求損害賠償，而基於買賣關係向託運人行使瑕疵擔保請求權，託運人於賠償受貨人後，即可依運送契約，向運送人請求賠償其因賠償受貨人所支出之損失。

持否定說者[15]，認爲依本法準用民法第629條之規定：「交付提單於有受領物品權利之人時，其交付就物品所有權移轉之關係，與物品之交付有同一之效力。」觀之，載貨證券之交付，應視同運送物之交付。託運人之權利已移轉給受貨人，託運人非爲載貨證券之持有人，託運人即不得對運送人有所

---

[12] 詹駿鴻，我國海商法第56條第2項規定妥適性之研究，法學叢刊，第196期，頁107，2004年10月。

[13] 曾世雄，邁向21世紀的法學思維：請求權的時效期間和形成權的除斥期間能否簡化爲訴訟時效期間的思維，台灣本土法學，第99期，頁6，2007年10月。

[14] 民國72年5月2日司法院司法業務研究會第3期。

[15] 同上，參見其中之甲說。

請求。

　　本書以肯定說爲是，惟須加以闡明者二點：

1.託運人之權利與受貨人之權利雖同時併存，但託運人賠償受領權利
　人之損害後，才能向運送人請求賠償其損害[16]。且在載貨證券持有人
　（受領權利人）行使權利期間，託運人對運送人依運送契約所得行使
　與之有關權利，仍應處於休止狀態，不能行使，否則載貨證券持有人
　及託運人各得本於載貨證券或運送契約之法律關係向運送人主張權
　利，自非事理之本[17]。

2.休止之理論係防止運送人受雙重請求之危險，如無其他載貨證券持有
　人得向運送人行使證券上之權利，運送人已無受雙重請求而受損害之
　危險，則運送人與託運人權利關係之暫時休止狀態，即行回復[18]。因
　此如受領權利人之載貨證券已交還運送人，運送人並無受雙重請求之
　危險，託運人自可依運送契約向運送人行使權利[19]。

---

[16] 最高法院63年度台上字第1417號判決。
[17] 最高法院74年度台上字第1445號判決
[18] 最高法院76年度台上字第660號判決。
[19] 最高法院91年度台上字第862號判決。

第十二章　裝卸期間及延滯費

✏️ 重點解說

　　裝卸期間（lay time）係指計程傭船契約之傭船人應完成裝卸載貨物之期間，一般規定於計程傭船契約中。裝卸載期間，以天數為計算單位者，稱為裝卸載日（lay days），譬如Shellvoy 5[1] Part I第c條規定：「Lay days: Commencing Noon Local Time on (　). (Commencement Date). Terminating Noon Local Time on (　) (Termination Date).」〔裝卸期間：始於某日當地時間正午（始期）；終於某日當地時間正午（終期）〕，惟亦有未約定者。傭船人倘無法於裝卸期間內完成裝卸載工作，船舶所有人除有傭船契約被解除之情形外，原則上仍須在該港等待裝卸載之完成。因此，「實際裝卸載期間」可能短於「約定之裝卸期間」，亦可能超過「約定之裝卸期間」。

---

[1]　Shellvoy與下述之Gencon均為不同傭船契約之代號，Shellvoy係1987年於倫敦制定之運油計程傭船契約。

　　延滯費（demurrage）係指計程傭船契約之裝卸載工作未能於上述裝卸期間內如期完成者，為彌補船方因船舶滯留港口所受之損失，依該船舶滯留期間每日固定成本等標準計算，由傭船人支付給船舶所有人之費用，譬如Gencon charter-party[2]第7條規定：「Ten running days on demurrage at the rate stated in Box 18 per day or pro rata for any part of a day, payable day by day, to be allowed Merchants altogether at ports of loading and discharging.」（延滯費依本傭船契約第18欄所載費率，依每日或每日之部分比例計算，但以十個連續日為限。延滯費逐日給付，日期係將貨方於裝卸載港所被允許之日期之併予計算。）

　　須說明者有如下數點：

一、件貨運送並無裝卸期間之計算及延滯費之給付

　　件貨運送之託運人於裝載開始前，將貨物交付運送人，俟貨物運抵目的港後，運送人通知託運人所指定之應受通知人或受貨人（§50）。至於裝卸載係屬運送人之義務，故無裝卸期間之計算及延滯費之給付等情事。

二、計程傭船契約始有裝卸期間之計算及延滯費之給付

　　計時傭船契約以時間為計算傭船費用之基礎，船舶等候裝卸期間均計入傭船期間，故亦無裝卸期間之計算及延滯費之給付可言。因此，本法第52條裝卸期間之計算與延滯費之給付規定，僅適用於計程傭船契約。

三、裝卸期間之起算

　　依航運實務，船舶到達裝卸港泊靠約定地點，並完成裝卸貨準備後，由船長代理運送人簽發裝卸載準備完成通知書（Notice of Readiness, 簡稱NOR）。所稱「完成裝卸貨準備」，一般係指船舶起貨機安全完善並已升起、貨艙經清掃清潔乾燥、墊艙隔艙通風管等齊全、船員均可就位之狀態，

---

[2]　Gencon Charterparty係標準計程傭船契約，不限於特定貨載及航線。其內容較其他格式之傭船契約對船方有利，通用於散裝貨運輸。

並應具備船舶經當地航政機關檢疫通過之要件。[3]裝卸期間自NOR收到後之某一時段開始計算，例如Laytime for loading and discharging shall commence at 1 pm if notice of readiness is given before noon and at 8 am next working day if notice given during office hours after noon（NOR於中午以前收到者，裝卸期間自當日下午一時起算；NOR於下午上班時間內收到者，裝卸期間自次一工作日上午八時起算。）因此，運送人必須於船舶確實完成裝卸貨準備時，方得簽發NOR，以杜裝卸期間起算之爭議。

本法第52條第1、2項規定以船舶之全部或一部供運送者，運送人非於船舶完成裝貨或卸貨準備時，不得簽發裝貨或卸貨準備完成通知書。裝卸期間自前項通知送達之翌日起算。

四、裝卸期間之計算

裝卸期間之訂定，須斟酌貨物種類、裝卸港港埠設備及船舶性能等因素。裝卸期間之日數，一般規定於傭船契約；傭船契約無規定者依傭船契約記載之裝卸載率推算之[4]；無法推算者，依裝卸港當地法律規定；無法律規定者，依裝卸港之習慣；無習慣者，以合理期間為裝卸期間[5]。

裝卸載日之計算，一般採取下列原則[6]：

（一）工作日（working days）原則

即星期例假日不計入裝卸期間。至於工作時數，則依各港口之習慣。

---

[3] 最高法院92年度台上字第2533號判決。

[4] 譬如「at an average rate of not less than 150 tons per available working hatch per day.」Compania de Navigacion Zita SA v. Louis Dreyfus & Compagnie (1953) All E.R. 1359.

[5] 參考德國海商法第568第1項規定：「（裝船期間及延遲期間之日數）裝船期間之日數，於契約上無約定時，依裝貨港之地方規則，無此項規則時，依該港之地方習慣定之。當地無此項習慣時，以適應情事所需之期間為裝貨期間。」及第595條第1項規定：「（卸貨期間及延遲期間之日數）卸貨期間之日數，於契約無規定時，依卸貨港之地方規則，如無地方規則時，以卸貨場所之地方習慣定之。如地方習慣亦不存在時，得以適合於情事之期間，認為卸貨期間。」

[6] Scrutton, Art. 155; Tiberg, pp. 386-390.

（二）天氣良好工作日（weather working days）原則

即惡劣天氣，譬如下雨、下雪、颱風等不適宜裝卸工作之時間，不計入裝卸期間。至於天氣不良時間僅數小時者，其計算方式究以半天或一天計，各從其約定。

（三）連續日（running days）原則

貨物裝卸載沒有任何的間斷，每日都計入裝卸期間。亦即從裝卸貨開始算起，無論星期日、國定假日、惡劣天氣或其他不可抗力的因素使實際無法裝卸的時日，在裝卸完畢之前均一併計算在內。但可歸責於船舶所有人之事由者除外，譬如船方的起貨機故障致無法裝卸者，該時日不算入之。

本法對裝卸載日之計算，兼採上述工作日、天氣良好工作日原則；至於超過裝卸期間者，則採連續日原則計算。因此第52條第2項規定，裝卸期間內不工作、休假日及裝卸不可能之日不算入裝卸期間。同條第3項規定，前項超過裝卸期間，休假日及裝卸不可能之日亦算入之。超過裝卸期間，傭船人如依約定須負擔延滯費者（on demurrage），休假日及裝卸不可能之日亦算入之，此即通稱之once on demurrage, always on demurrage（一旦開始支付延滯費，在此期間內，每日都要支付延滯費）原則。

五、延滯費之性質

延滯費之性質，有損害賠償說、運費說、損失補償說及違約金說四種主張，析述如下：

（一）損害賠償說

此說為本法修正前若干學者之主張，認為由舊海商法第95條第3項規定「裝載或卸載，超過裝卸期間者，運送人得按其超過之日期，請求相當『損害賠償』。」之文義觀之，延滯費應為損害賠償[7]。

---

[7]　何佐治，第217頁。

（二）運費說

　　認爲延滯費爲運費者，係採取最高法院49年度台上字第2620號及51年度台上字第1940號判決之見解：「延滯費，並非因債務不履行而生之損害賠償，而爲對於運送人就運送契約上約定以外所爲給付之報酬，依一般慣例，係以運送費爲標準定之，名稱雖與運送費異，然實質上仍爲運送之對價。」

（三）損失補償說

　　採損失補償說者，認爲延滯費爲運送人因時間損失依法所得請求之補償[8]，且第52條第2項但書明文「合理之補償」，亦即明示現行海商法採損失補償說[9]。

（四）違約金說

　　此說認爲延滯費係對履行遲延時債務人所應賠償之數額，事先予以約定，故屬於違約金，英國即採違約金說[10]。

　　本法第52條第2項但書規定：「但超過合理裝卸期間者，船舶所有人得按超過之日期，請求合理之補償。」依其文義，延滯費似應屬損失補償。惟由下列數點觀之，延滯費仍應屬賠償額預定性之違約金，方稱妥當：

1.由延滯費之實務觀之

　　按採損害賠償及損失補償說者，船舶所有人須證明損害（失）之發生及損害（失）額之多寡。然而延滯費在實務上業已明定於傭船契約，船舶所有人並無證明損害之發生及損失額多寡之義務，故損害賠償及損失塡補說均有悖於延滯費之實務運作，並不足採。

　　採運費說者，認爲延滯費係以運送費爲標準定之，故其實質爲運送之對

---

[8]　施智謀，第150頁。
[9]　楊仁壽，第259頁。
[10]　英國採違約金說（liquidated damages）而非損害賠償說，參見M.Summerskill, Laytime, 1989, p.233; Scrutton Art.154.我國學者有謂英國採損害賠償說者，應係對liquidated damages一詞之誤解。

價。惟實務上延滯費之計算係以船舶每日固定成本及因滯留所短收之運費計算之，並非僅以運費為標準定之，是以運費說亦有其不周延之處。

2.由第52條第2項但書觀之

損失填補說以第52條第2項但書文字「合理之補償」為其主要論據，恐係誤解第52條第2項但書之立法意旨。按傭船人超過合理裝卸期間者，實務上船舶所有人所得請求者包括延滯費及延誤費（damages for detention）二者。因此第52條第2項但書係將延滯費及延誤費二者併予規定，並非僅規範延滯費，此由但書「合理補償」之用語及第43條第3項「前二項規定，對於當事人間，關於『延滯費』之約定不受影響」之用語對照觀之，可知其所規範者並不相同。

申言之，第52條第2項但書規定者包括：

1.延滯費

延滯費係指計程傭船契約中約定之賠償金額，該金額既係就賠償額事先予以約定，故屬賠償額預定之違約金，當無疑義。

2.延誤費

延誤費係指船舶所有人於下列情形時得向計程傭船人請求給付之費用：

(1)傭船人實際裝卸期間已超過傭船契約約定之裝卸期間，而傭船契約未規定延滯費者；

(2)傭船契約未約定裝卸期間，而傭船人實際裝卸期間已超過一般預期之合理期間者；

(3)傭船契約僅就某期間約定延滯費，惟傭船人實際裝卸期間超過該項期間者。

延誤費係上述情形發生後，依船舶所有人之損失計算之，故非損害賠償額預定之違約金，而係損失之填補。如該傭船契約已有延滯費之約定者，一般均依延滯費計算延誤費[11]。

---

[11] Inverkip SS Co. Ltd. v. Bunge & Co (1917) 2 K.B. 193.

延滯費與延誤費雖類似，但並不相同，二者之主要區別在於：

1. 延滯費爲載明於傭船契約之費用；延誤費則未規定於傭船契約上，俟雙方當事人需要時請求之。
2. 延滯費爲損害賠償額之預定；延誤費則是嗣後就損失所爲之塡補。
3. 延滯費係對超過裝卸期間之損害賠償額預估；延誤費則爲超過裝卸載期間但無延滯費之約定，甚或傭船契約無約定裝卸期間者，船舶所有人所得請求之損失補償。
4. 延滯費依超過裝卸期間船舶每日固定成本及因滯留所短收之運費爲基準計算之；延誤費由法院依船舶延誤開航所致船舶所有人實際損失計算之，如該傭船契約已有延滯費之約定，則依該延滯費定之。

第52條第2項但書既係規範延滯費及延誤費，鑑於二者性質及適用情形均不相同，故使用一般性文字「合理之補償」來概括規定該二項費用，但延滯費並非損失之補償，而係賠償額預定之違約金，當無疑義。

六、延滯費之約定

延滯費係船方因船舶延期停留港口所受之損失，其金額通常爲船舶每日之固定成本及因延期所短收之其他運費。所稱「固定成本」包括港埠費、船員薪資、膳食費用等費用。傭船契約上延滯費之約定有下列二種方式：

（一）全部期間約定式

傭船契約約定，自超過裝卸期間至實際裝卸完成時之全部期間，均有延滯費之適用，譬如「Ten days for loading and demurrage at £20 daily afterwards.」

（二）部分期間約定式

傭船契約約定，僅對超過裝卸期間後至實際裝卸完成時之部分期間，適用延滯費，譬如「Ten days to load, ten days on demurrage at £20 daily.」因此倘二十日後傭船人仍未完成裝卸載者，船舶所有人不得再請求延滯費，惟得另行以延誤費向傭船人請求損失之塡補。

爲確保延滯費之收取，傭船契約常載明船舶所有人對貨載有留置權，譬

如Gencon Charterparty 第8條規定：「Owners shall have a lien on the cargo on freight, dead freight, demurrage and damages for detention.」（船舶所有人對貨物有留置權，以確保運費、空載運費、延滯費及延誤費之收取。）

七、快速費之獎勵

計程傭船契約爲期傭船人於裝卸期間內完成貨物之裝卸載，一方面採行上述之延滯費及延誤費，作爲違約之補償；他方面設置快速費（dispatch money），作爲鼓勵傭船人早日完成裝卸載之獎金。快速費規定於計程傭船契約中，於實際裝卸期間短於裝卸期間時，由船舶所有人支付給傭船人之費用。其金額通常爲延滯費之半數[12]，但傭船契約如載有「快速費免計」條款（free dispatch）者，則傭船人縱提早完成裝卸工作，亦不得請求快速費。

快速費之計算依傭船契約之約定，譬如「Dispatch money to be paid at 10s per hour on any time saved in loading and dischanging」之約定，船舶所有人須依一天二十四小時，且採連續日原則計算快速費。如註明「Sundays and fete days excepted」，則須依工作日原則計算快速費。換言之，有關快速費之給付，傭船契約載明「all time saved」者，星期例假日亦可列爲計算快速費之天數，對傭船人較爲有利；傭船契約載明「all working time saved」者，則星期例假日不列入計算快速費之天數，對船舶所有人較爲有利[13]。

[12] Fury Shipping Co Ltd v. State Trading Corporation of India Ltd (1972) 1 Lloyd's Rep. 509.
[13] Scrutton, Art. 158.

第十三章　海運單據

✏️ 重點解說

　　海運單據，以載貨證券為主，本章除闡述載貨證券之意義、功能、份數、行使、種類及記載事項外，並探討新興之海運單據——海上貨運單及電子載貨證券等相關問題。

一、載貨證券之意義

　　運送人或船長於貨物裝載後，因託運人之請求，應發給載貨證券（bill of lading, B/L）（§53）。航運實務及國貿實務均稱之為提單，民法亦同。民法第627條至第630條關於提單之規定，於載貨證券準用之（§60 I）。惟海商法之載貨證券與民法之提單及其法律關係仍有不同之處，茲將兩者差異表列如表13-1：

表13-1　載貨證券與提單之比較表

	海商法載貨證券	民法提單
規範法律	海商法§53以下	民法§625以下
份　　數	得請求數份有份數記載§54	無規定
責　　任	過失責任（較輕）	通常事變責任（較重）
責任額度	除民§638外，於未聲明並註明性質及價值時，每件尚有單位責任限制§70Ⅱ-§70Ⅳ	故意重大過失者，以所受損害所失利益為範圍。過失者，以所受損害為範圍§638
免　　責	極為優惠之免責，如：§62Ⅱ、§64Ⅱ、§69、§70(I)、§71、§72	不可抗力運送物之性質貨方之過失§634
免責約款之效力	減免因過失不履行第三章應履行之義務者，無效（惟以C/P以外之件貨運送契約或B/L為限§61）	託運人未明示同意者，無效§649
發給時間	貨物裝載後§53	收受貨物後§625

資料來源：依相關規定自行整理。

二、載貨證券之功能

載貨證券之功能有三[1]：

1.運送人或船長已收受貨物之收據。

2.運送契約之證明。

3.表彰貨物之所有權。

載貨證券不僅為運送人收到託運人所委託運送貨物之書面證據，亦係上述兩者間所訂運送契約之憑證。此外載貨證券是物權證券，不但可作為質押借款之擔保品，且貨物運送途中，縱無直接占有，所有人仍能迅速處分貨物。因此，交付載貨證券於有受領物品權利之人時，其交付就物品所有權移轉之關係，與物品之交付，有同一之效力（民§629）。於國際貿易場合，出賣人將貨物託交運送人取得載貨證券，即可憑載貨證券與信用狀所指定之其

---

[1]　最高法院77年度台上字第2535號判決。

他文件，持向銀行押匯取得貨款。押匯銀行將單證寄往開狀銀行結清匯兌，開狀銀行即可通知買受人繳清貨款贖單，買受人持該載貨證券向船公司換取小提單，憑此向船上或倉庫領取貨物，完成國際貿易之買賣。載貨證券在國際貿易方面居功厥偉，素有「對外貿易之根基」美稱，是以在運送關係中備受矚目。

三、載貨證券之份數及行使

　　海運實務上，常就同一批運送貨物簽發三份或數份載貨證券，每份均為正本，具有相同效力。

　　載貨證券具有換取或繳還證券之性質，運送貨物經發給載貨證券者，貨物之交付，應憑載貨證券為之。即使為運送契約所載之受貨人，苟不將載貨證券提出及交還，依海商法第60條準用民法第630條之規定，仍不得請求交付運送物[2]，不因載貨證券尚在託運人持有中而有所不同。故運送契約所載之受貨人不憑載貨證券請求交付運送物，運送人如不拒絕而交付，因而致託運人受有損害，自應負損害賠償責任[3]。

　　數份載貨證券行使時，持有人與運送人、船長之權利義務如下：

（一）一人持有時

1.於貨物目的港請求交付貨物者

　　載貨證券有數份者，在貨物目的港請求交付貨物之人，縱僅持有載貨證券一份，運送人或船長不得拒絕交付（§58 I 前）。因為貨物目的港為交貨之預定地，應推定持有一份載貨證券者為正當權利人。

2.非於貨物目的港請求交付貨物者

　　不在貨物目的港時，運送人或船長非接受載貨證券之全數，不得為貨物之交付（§58 I 後）。因為不在貨物目的港交付者，非屬常態，故應要求全

---

[2] 最高法院67年度台上字第1229號判例。
[3] 最高法院86年度台上字第2509號判例。

數載貨證券，以杜可能之爭議。

（二）二人以上持有者

1.同時請求全部貨物交付者

二人以上之載貨證券持有人請求交付貨物時，運送人或船長應即將貨物按照第51條之規定寄存，並通知曾為請求之各持有人（§58II前），俾於裁判外或裁判上主張其權利，謀求解決。

2.持有先受發送或交付之證券者

載貨證券之持有人有二人以上，而運送人或船長尚未交付貨物者，其持有先受發送或交付之證券者，得先於他持有人行使其權利（§59）。

3.先後請求交付一部貨物者

運送人或船長，已依第58條第1項之規定，交付貨物之一部後，他持有人請求交付貨物者，對於其賸餘之部分應寄存貨物並通知曾為請求之各持有人（§58II後）。

4.先後請求交付全部貨物者

載貨證券之持有人有二人以上者，其中一人先於他持有人受貨物之交付時，他持有人之載貨證券對運送人失其效力（§58III）。蓋此時運送人已完成交付貨物之責任，但他持有人之載貨證券僅對運送人失其效力，並非絕對無效，仍可對受領人訴請賠償。

四、載貨證券之種類

依下列不同標準，載貨證券之種類包括[4]：

（一）以貨物是否裝船為標準

載貨證券可分為裝船載貨證券（on board bill of lading, shipped bill of

---

[4]　各種載貨證券之意義，請參考王肖卿，第7至18頁。

lading）及待運載貨證券（received for shipment bill of lading）。

（二）以載貨證券上有無註記為標準

載貨證券可分為清潔載貨證券（clean bill of lading）及不潔載貨證券（unclean bill of lading）。

（三）以簽發人為標準

載貨證券可分為船舶所有人載貨證券（shipowner bill of lading）、光船傭船人載貨證券（bareboat charterer bill of lading）及海運承攬人載貨證券（freight forwarders bill of lading）。

（四）以運送水域為標準

載貨證券可分為海運載貨證券（marine bill of lading）及內河載貨證券（inland waterway bill of lading）。

（五）以運費之交付時間為標準

載貨證券可分為預付載貨證券（freight prepaid bill of lading）及到付載貨證券（freight collect bill of lading）。

（六）以受貨人之指定為標準

載貨證券可分為指示式載貨證券（to order bill of lading）及記名載貨證券（straight bill of lading）。

指示式載貨證券為無記名並可轉讓之載貨證券（negotiable bill of lading），受貨人（consignee）欄內寫為「憑指示to order」或「交持有人to bearer」，持有人得以背書或交付方式將其上所記載之貨物轉讓他人。

記名式載貨證券為不可轉讓之載貨證券（non-negotiable bill of lading），受貨人（consignee）欄內寫為「unto」或「consigned to」，運送人僅能對受貨人欄之受貨人為給付。因此，UCP600之國際標準銀行實

務[5]第101條規定：「若信用狀要求載貨證券顯示貨物係交付予某標名人，例如"X銀行為受貨人（consigned to Bank X）（亦即為記名式載貨證券a straight bill of lading）"，而非"憑指示（to order）"，或"憑X銀行之指示"（to order of Bank X），則載貨證券上該標名人名稱之前絕不可含有諸如"憑指示"（to order）或"憑…之指示"（to order of）之字樣，無論打字或預先印定。同樣，如信用狀要求貨物係以"憑指示"（to order）或"憑標名人指示"（to order of a named party）而交付，則載貨證券絕不可顯示貨物直接交付與該標名人。」換言之，為確保債權或其他原因，載貨證券既已載明貨物係交付特定之銀行，則屬記名式載貨證券，不得再轉讓，設若在此種載貨證券上加載「憑指示」或「憑某人之指示」等字樣，不但有悖初衷且造成貿易與銀行實務上之困擾，殊為不當。國際間亦都認為記名式載貨證券不得轉讓流通，良有以也。然而民法第628條卻有不同規定：「提單縱為記名式，仍得以背書移轉於他人。但提單上有禁止背書之記載者，不在此限。」甚至最高法院87年度台上字第2670號判決認為：「禁止背書轉讓之記名式載貨證券，雖不得依背書轉讓，但不妨依一般債權讓與之方法為轉讓。」均有違一般通說之見解，允宜修正。

（七）以背面條款為標準

載貨證券可分為詳式載貨證券（long form bill of lading）及簡式載貨證券（short form bill of lading）。

由於載貨證券在國際貿易上，多須符合信用狀統一慣例（ICC Uniform Customs and Practice for Documentary Credits, UCP600，簡稱UCP600）之相關規定，始能押匯[6]。因此，雖然載貨證券有如上之種類，但本章(七)載貨證券之記載事項，係以銀行受理之各種載貨證券為討論中心，合先敘明。

---

[5] International Standard Banking Practice for the Examination of Documents under Documentary Credits, 2007 Revision for UCP 600. (ICC Publication No. 681)
[6] UCP 600第5條規定：「銀行所處理者為單據，而非與該等單據可能有關之貨物、勞務或履約行為。」其中所稱「單據」者，包括載貨證券、保險單據及商業發票等單據。

4

五、新興之海運單據——海上貨運單

　　上述載貨證券之種類，一般教科書多有詳盡介紹，本節及次節擬析述新興之海運單據——海上貨運單及電子載貨證券。

　　海上貨運單（sea waybill）並非表彰新的運送方式，而是1970年以來運送人簽發之另一種運送單據。在實務上此類單據行之有年，大多以公司內部、母子公司間之貨物運送及私人行李之託運時採用為多。由地域而論，歐洲至美國東岸、西岸間之貨櫃運送、歐洲諸國間之短程運送、由東南亞、紐西蘭及澳洲航行至美國與比利時之定期輪大多採用之。以西太平洋航運為例，海上貨運單業已囊括70%定期輪所需之海運運送文件；反之，於非洲及中南美洲則較少採用。

　　由於海上貨運單日益為航運界接受，因此UCP第24條規定，海上貨運單為信用狀交易所得受理之運送單據；Incoterms® 2010[7]中FOB[8]、CIF[9]等貿易條件均接受海上貨運單之使用；漢堡規則第2條第1項第4、5款將適用範圍擴及至海上貨運單等文件[10]；英國1992年COGSA第1條[11]及美國1999年9月24日

---

[7] Incoterms（國貿條規）係由International Commercial Terms 三個字的字首合併而成，全名為International Rules for the Interpretation of Trade Terms，內容為國際商會對各種貿易條件作的解釋，明確規定買賣雙方的權利義務、風險移轉分界點，以及費用的負擔等，以避免各國因貿易習慣或實務上的不同而發生糾紛。國貿條規雖然為國際間普遍使用的條件，但並不具有絕對的法律約束力，除非買賣契約當事人在契約上明定受其約束，否則國貿條款並不能約束當事人。Incoterms® 2010係將2000年之Incoterms修正而成，並於2010年1月1日實施。

[8] FOB（free on broad）係出口港船上交貨貿易條件。賣方須負擔將約定貨物運至裝貨港裝載於指定船舶上之一切風險與費用，貨物運過船舷欄杆以後的一切風險及包括運費的各項費用，則由買方負擔。

[9] CIF（cost, insurance and freight）係運費保險費在內之貿易條件。賣方須以自己的費用及風險將約定的貨物裝載於船上，並辦理海上貨物保險，於備齊載貨證券及保險單等貨運單據提供給買方後，始算履行交貨義務。

[10] 海牙規則及海牙威斯比規則並無海上貨運單之適用，詳見張新平，海上貨運單之研究，收入於其所編，海商法專題研究，第35至39頁，民國84年。

[11] 英國1992年COGSA有關海上貨運單之規定，請參見程學文，英國1992年海上貨物運送法之研究（民國84年）。

COGSA草案中第2條均已正式採納海上貨運單爲海上運送文件。國際海事委員會（International Maritime Committee，簡稱C.M.I）於1990年制定海上貨運單統一規則（CMI Uniform Rules for Sea Waybills, 1990），以爲因應。聯合國歐洲經濟委員會（ECE）工作小組亦公開期許出口商、進口商、運送人、銀行、有關國家當局及國際組織，致力於降低可轉讓載貨證券之使用，並鼓勵使用單純海上貨運單或其他不可轉讓之運送單據。預期未來於航程短、無融資必要或無貨物權利轉讓必要之貨物運送中，海上貨運單將扮演日益重要之角色。

茲將海上貨運單之定義、特性及優點，析述如下：

（一）海上貨運單之定義與特性

海上貨運單係不得轉讓之單據，爲海上貨物運送契約之證明與接收、裝載貨物之收據，運送人負有將貨物交付於其上所載受貨人之義務。海上貨運單與載貨證券相同者，在於二者均爲貨物之收據、運送契約之證明及要式證券，但下列之特性則爲海上貨運單所獨有，而與載貨證券相異：

1.簡式（short form）證券

海上貨運單爲簡式證券。簡式證券又稱背面空白證券，其正面與詳式（long form）證券相同，相異之處乃在於前者背面並無印定累牘連篇之條款，但印有「正規詳式證券上的印定條款，如同印在本證券上一般，適用於本證券」，故可援用船公司的正規詳式證券上之貨運條款。

2.非流通證券

海上貨運單因其爲記名式，又有禁止背書轉讓之記載，故爲非流通證券，不得自由流通轉讓。

3.非物權證券

海上貨運單並非貨物所有權之證明，無法用背書及交付證券方式處分貨物，證券並不代表貨物，故非物權證券。

4.非文義性證券

載貨證券得爲背書轉讓，爲保護善意持有人乃設有文義性之規定，使善

意持有人僅得就載貨證券上記載之文義,對於運送人主張其權利,運送人不得以載貨證券以外之約定事項變更之。海上貨運單並非可流通之證券,不得背書轉讓,自無保護善意持有人必要,海上貨運單僅為運送契約之證明耳。

5.非繳還證券

使用載貨證券時,受貨人請求交付運送物者,應將載貨證券繳還,故載貨證券為「認單不認人」。海上貨運單採記名式,運送人僅負責將該貨物交付給受貨人,而無須繳回該單據,因此海上貨運單為「認人不認單」。

(二)海上貨運單之優點

海上貨運單之優點計有快速交付貨物、減少海運有關費用支出、預防海事詐欺及有助EDI之推展四項,茲析述如下:

1.快速交付貨物

基於海上貨運單不是貨物所有權之表彰及不得轉讓之特性,受領人僅須證明其為海上貨運上所載受領權利之人,即可憑之受領貨物。因此俟貨物抵達目的港後,運送人即可通知受貨人受領貨物,減少因載貨證券未送達,致無法提貨所生之各項損害。

2.減少相關費用之支出

海上貨運單無須提示繳回,貨物即可交付與有受領權利人,不但貨物可及時交付,亦可疏解碼頭擁擠與減少其他船貨等待裝卸之期間。

海上貨運單既無提示與繳回之義務,其簽發之份數即使僅有一份,亦無不敷使用之虞,當可減少簽發數份之時間、節省手續作業、並減省有關費用之支出。

3.預防海事詐欺

載貨證券係貨物所有權之證明,使持有人得於受貨地取得貨載,證券既代表貨物,即易產生無正當權源者行使或轉讓其並未擁有之權利的詐欺情形。

海上貨運單不具轉讓性及不代表貨物所有權之二項特性,於適用上將可減少詐欺行為發生。聯合國貿易發展委員會(UNCTAD)因此推崇海上貨運

單為遏止海事詐欺之良方。

4.有助EDI之推展工作

海上貨運單因其並非物權證券，故使用上將有助於電子資料交換（electronic data interchange，簡稱EDI）無紙化（paperless）作業在推展工作上之突破。

（三）海上貨運單之缺點

海上貨運單雖有前開優點，但仍有下列缺點：

1. 在付款交單（document against payment）之情形下，進口商無須向託收銀行付款，即可憑身分證明提貨，對出口商不利。
2. 海上貨運單不可轉讓，使貨物在運送途中無法轉賣。
3. 託運人於運送途中，對運送人另為變更受貨人之指示者，銀行之債權恐有落空之虞。[12]

我國海商法雖尚未明文規範海上貨運單，但海上貨運單之廣為適用，已為不爭之事實，因此就長期而言，實應參酌英美及國際相關法律，於海商法中訂定規範，以為因應；就短期而言，宜將英美及國際有關海上貨運單之規定視為法理，俾予援用解決實務問題。

（四）海上貨運單與電報放貨不得混為一談

「海上貨運單」與海運實務上「電報放貨」制度，雖然均無須如同載貨證券必須在目的港提示及繳還海運單據，但是兩者迥不相同，不得混為一談。

按電報放貨，係指託運人向運送人申請並提出保證書後，由運送人或其代理人以電報通知目的港之船務代理，將貨物無需憑載貨證券正本放貨，

---

[12] 解決之方法為：(1)於海上貨運單上載明金融機構為受貨人，且(2)於海上貨運單上載明NODISP（不得處置），亦即託運人將其對於貨物之控制權讓予受貨人，託運人遂無法行使變更受貨人之指示權。參看張錦源，國際貿易法，第415頁，2006年。

受貨人可憑蓋有受貨人公司章之電報放貨通知單，換取小提單（Delivery Order, D/O），藉以結關提貨之運作方式。海運實務作法上係由託運人將其領取之全套載貨證券正本繳還運送人，或不交付載貨證券正本，僅由託運人持有載貨證券副本，甚或於運送物上船後，於載貨證券正本加蓋「SURRENDERED」戳記，由運送人傳眞其目的港之分支機構或其代理人以憑交貨，而由託運人切結表明委請運送人拍發電報通知目的港之分支機構或其代理人，將貨物交給提單上所指定之受貨人，受貨人無須提示載貨證券正本亦得請求交付貨物[13]。

綜上所述，「海上貨運單」是海運單據之一種，而「電報放貨」則是載貨證券處理放貨之合法權宜方式，兩者截然有異、不宜魚目混珠。

六、新興之海運單據——電子載貨證券

（一）電子載貨證券之定義及運作方式

電子載貨證券（electronic bill of lading）係指載貨證券不再以傳統紙張之方式出現，而藉由EDI的方式，將海上貨物運送相關資料，由裝載港電腦傳送至目的港電腦之無紙化載貨證券。

電子載貨證券在作業上係將運送人、運送人之代理人、託運人、受貨人及銀行之電腦相連，將與貨物運送有關之資料與條款輸入電腦，轉化爲電訊，並組合爲傳遞單位（unit of dispatch），經由電子通訊設備，傳送至另一電腦。託運人取得個人密碼（private key），得以支配或處分運送中貨物。託運人授權運送人將貨物交付指定之受貨人者，託運人即拋棄其支配權，使受貨人取得在目的港請求交付貨物之權利。個人密碼於每一次重新指定受貨人後，即遭取消，並由新的受貨人取得新的密碼，運送人僅能依現持有個人密碼者之指示而交付貨物。

---

[13] 最高法院102年度台上字第346號判決。

然而90年度台上字第1793號判決、96年度台上字第2239號判決、97年度台上字第2601號判決及98年度台上字第1805號判決，均曾將「海上貨運單」誤認爲「電報放貨」。

（二）電子載貨證券之發展與優點

　　EDI係透過電子方式傳輸商業交易資料，故應用之範圍非常廣泛，包括貿易、航運、金融、保險、零售、批發、醫療保健、海關進出口等均可適用之。國際商會於1987年9月訂定電子傳送貿易資料交換統一行為準則（Uniform Rules of Conduct for Interchange of Trade Data by Teletransmission（UNCID），簡稱UNCID統一行為準則），期能使貿易往來減少錯誤發生、降低成本支出、促進資金之靈活運用，並且加速貨物之流通。

　　此外，國際海事委員會（CMI）於1990年訂定CMI電子載貨證券規則（CMI Rules for Electronic Bills of Lading，簡稱CMI規則），俾解決電子載貨證券涉及之法律問題。1996年聯合國國際貿易法委員會（UNCITRAL）制定電子商務示範法（Model Law on Electronic Commerce）協助各國使用電子傳輸及儲存方式進行交易。

　　國際商會鑑於使用EDI之需求日增，乃於1990年國貿條款（Incoterms 1990）中，除工廠交貨條件（EXW）[14]外，首度於其他所有之A8及B8條款中規定，只要雙方當事人同意，賣方利用EDI提供之電子載貨證券與一般之載貨證券具有相同法律地位。2000年國貿條款（Incoterms 2000）則更進一步正式承認電子載貨證券有代替傳統載貨證券之效力。

　　漢堡規則第14條規定：「在不牴觸載貨證券發行國法律之前提下，載貨證券之簽名可以手寫、傳真、影印、打孔、印章、代號等方式，或以任何其他機械或電子方法為之。」英國1992年海上貨物運送法（U.K.COGSA）第1條第5項亦明文將電子載貨證券納入規範[15]。美國1999年9月24日海上貨物運送法（U.S.COGSA）草案[16]第2條第c款亦規定：「電子載貨證券得依當事人同意之程序使用之。」

　　電子載貨證券在實務上廣受注目，肇因於其具有下列優點：

---

[14] EXW（ex works）係指在賣方工廠交貨的貿易條件，貨物置於工廠通常交貨地點並於買方可自由處置時，賣方的風險及責任即告終止。

[15] 詳見程學文，第二章。

[16] 關於美國1999年9月24日COGSA草案內容，請參見王肖卿，第七章。

1.快速交付貨物

傳統書面載貨證券倚靠寄送方式送達，常有因寄送延滯以致發生「貨到載貨證券未到」之情形。電子載貨證券藉由電腦技術及電訊進行快速之傳輸，可解決上述問題，使貨物交付更趨快速，對船貨雙方均甚有利。

2.避免詐欺發生

電子載貨證券爲確保安全，必須使用密碼進行傳送，並經由電子簽章之認證，可有效防範傳統載貨證券因「認單不認人」之特性所可能產生之詐欺行爲。

（三）電子載貨證券之法律規範

使用電子載貨證券所生之相關法律問題範圍甚廣，包括其要式性、流通性、及涉及之刑法、電訊法、資料保護及智慧財產權等相關法律問題。本文僅就CMI規則之規定，略述電子載貨證券之法律問題。

1.法律適用

CMI規則並無強制性，雙方當事人同意者，即可適用（規則§1）。UNCID統一行爲準則亦得適用於當事人間之行爲，惟不得與本規則之規定牴觸（規則§2 I）。

電子載貨證券仍應適用國際公約或內國法對傳統書面載貨證券之規定（規則§6）。電子載貨證券之傳輸等同於傳統載貨證券之書寫（規則§11）。

2.傳輸之確認

電子傳輸之接收人應於接收後予以確認，否則無權依該傳輸內容行事（規則§3 IV）。

3.書面載貨證券之使用

在貨物交付之前，密碼持有人得請求運送人另行簽發傳統之書面載貨證券。但因簽發書面載貨證券致生貨物交付遲延者，運送人不負責任（規則§10 I）。

在不致於造成貨物交付遲延或中斷之前提下，運送人亦得於貨物交付

前，選擇另行簽發書面載貨證券（規則§10 II）。

4.運送之條款

運送人所提及之運送條款或條件為運送契約之一部分，但不得與本規則牴觸（規則§5）。

5.貨物支配轉讓權

密碼持有人係唯一有權為下列行為之人（規則§2、§7）：

(1)請求交付貨物。

(2)指定受貨人或改定受貨人。

(3)將貨物支配轉讓權轉讓他人。

(4)就貨物之其他事項，依運送契約之條款規定，對運送人發出指示。

6.貨物支配轉讓權之轉讓程序

(1)密碼現持有人向運送人發出欲將貨物支配轉讓權轉讓他人之通知。

(2)運送人確認前述該通知。

(3)向欲受讓者發送載貨證券相關信息，但密碼不得發送。

(4)欲受讓者通知運送人擬接受該貨物之支配轉讓權。

(5)運送人銷毀原密碼，並對欲受讓者發出新密碼，俾供使用。

(6)欲受讓者不擬受讓該貨物之支配轉讓權者，或未於一定期間為是否接受之通知者，則密碼現持有人轉讓通知失效。

依上述程序轉讓貨物之支配轉讓權者，與轉讓書面載貨證券，生同等效力（規則§7）。

7.密碼之安全

密碼須為獨立並與進入電腦網路之識別密碼（password）加以區別。每一密碼僅適用於特定持有人，密碼持有人不得轉讓密碼，以確保密碼之安全性（規則§8）。

我國目前尚無電子載貨證券之法律規範，盱衡以電子數據進行溝通及交換資料之發展業已銳不可擋，且電子載貨證券之採用亦日趨普及，海商法實有參考英、美COGSA及漢堡規則之規定，將電子載貨證券納入規範之必要。於未修法納入電子載貨證券前，交易主體如欲採用電子載貨證券，應參考

UNCID統一行為準則、CMI規則及實務上習見之範本，審慎訂定當事人權利義務、技術操作行為規範、責任規範及爭端解決等條款，俾能正確行使及履行相關權義。

七、海運單據之記載事項——以銀行受理之海運單據為中心

依本法第54條第1項規定，載貨證券應記載之事項包括：「一、船舶名稱。二、託運人之姓名或名稱。三、依照託運人書面通知之貨物名稱、件數或重量，或其包裝之種類、個數及標誌。四、裝載港及卸貨港。五、運費交付。六、載貨證券之份數。七、填發之年月日。」由於國際貿易上，許多載貨證券均須符合2007年信用狀統一慣例（UCP 600）之相關規定，俾便押匯，是以本節擬由國際貿易實務角度，研析UCP 600之下銀行受理之各種海運單據記載事項，期使海運單據與國際貿易結合，以利實務上之運作。

本節擬先論述銀行受理之各種海運單據，其記載事項之共同適用原則，其次分析不同海運單據之個別應記載事項。

（一）共同適用之原則

依UCP 600之規定，銀行受理之海運單據包括：

1.海運載貨證券。
2.海上貨運單。
3.傭船載貨證券。
4.多式運送載貨證券。
5.海運承攬運送載貨證券。

上述各種海運單據，其記載事項須遵守下列共同原則：

1.海運單據明示甲板載貨者

海運單據上有"on deck"、"will be loaded on deck"或類似記載，表明貨物「確實」或「確定將」裝載於甲板上者，銀行將拒絕受理（UCP 600 §26）[17]，但海運單據若記載任意裝載條款（optional stowage clause），僅係

---

[17] UCP 600第26條規定：「運送單據不可表明貨物裝載或將裝載於甲板上。但，運送

運送人擁有自由裝載甲板之裁量權，並非表示貨物已裝載於甲板上，故銀行不得拒絕受理。

因此銀行受理者為：

(1)海運單據記載cargo may be loaded on deck或其同義字者

此種記載僅為「得裝載於甲板」或「可能裝載於甲板」，依UCP 600第26條第1項規定，銀行應予受理。

(2)信用狀上載明on deck shipment is allowed或其同義字者

如貨物有必要裝載甲板上時，可先洽請買方／受貨人在信用狀加列"on deck shipment is allowed"，銀行即不會拒絕受理此種on deck海運單據。

2.海運單據載有託運人自行裝貨點數或據告稱者

業已成為運輸方式主流的貨櫃運送，在FCL或CY場合，一般均係將空櫃拖運至出口商之倉庫，由其自行裝貨點數（shipper's load and count），並由出口商上鎖，載運至貨櫃場交與運送人，並經海關驗貨封緘，以備裝運出口。因此運送人對貨櫃內之貨物內容與數量均不清楚，UCP 600第26條第2項規定：「運送單據載有諸如託運人自行裝貨點數（shipper's load and count）」及「據託運人告稱內裝（said by shipper to contain）」之條款，可以接受。」

因此買方／受貨人如不願接受上述條款的海運單據，應先行於信用狀上明示排除。

3.海運單據為第三者載貨證券者

第三者載貨證券（third party B/L），係指以信用狀受益人（通常為賣方）以外的其他人為託運人的海運單據。國際貿易中，基於專業分工，由報關行、廠商、或受益人之代理人擔任託運人，事所常有。復於三角貿易場合，接單者與生產者常置身不同地區，如不允許以信用狀受益人以外之第三人為託運人，常會造成不便，尤其三角貿易中為了不使受貨人知悉供應商名

單據上敘明貨物可能裝載於甲板上之條款，可以接受。」

稱，信用狀通常可以第三人為託運人，以利貿易之推動。UCP 600第14條第11款規定：「任何單據上所敘明之貨物發貨人或託運人，無須為信用狀之受益人。」

因此，買方／受貨人如不願接受此類海運單據，應先行於信用狀中明示排除。

4.海運單據為清潔且貨已裝載之載貨證券者

清潔載貨證券係指海運單據未載明貨物或包裝有瑕疵之條款或註記，譬如二件破損、三箱遭水漬、包裝不適於海上運送等。UCP 600第27條規定：「銀行僅接受清潔運送單據。清潔運送單據係指未載有明示貨物或其包裝有瑕疵狀況之條款或註記之運送單據。即使信用狀要求『清潔且已裝載』（clean on board）之運送單據，此『清潔』（clean）字樣無須顯示於運送單據上。」因此載貨證券上明示貨物或包裝有瑕疵狀況之條款或註記，不能為銀行接受。「包裝可能不堪海運航程（packaging may not be sufficient for the sea journey）」之記載，並非明示貨物或包裝有瑕疵狀況，故仍可為銀行接受。但聲明「包裝不堪海運航程」（packaging is not sufficient for the sea journey）則不能為銀行接受。若載貨證券上已顯示「清潔（clean）」字樣但又被刪除，則除非載貨證券特別載有聲明貨物或包裝有瑕疵狀況之條款或註記，仍屬清潔載貨證券。此外，載貨證券上有「在外表上以完好狀況裝運（shipped in apparent good order）」、「已裝載（laden on board）」、「清潔且已裝載（clean on board）」，或含有「已裝載（shipped）」或「裝載（on board）」字樣之用語，均與「已裝運上船（shipped on board）」具相同效力。

如託運人預知運送人可能簽發不潔載貨證券時，得採取下列方式：

(1)先行請求買方／受貨人於開發信用狀時，加列「可以接受」之類似文句。譬如「bill of lading indicating second-hand case is acceptable」，則銀行對該不潔載貨證券，應當受理押匯。

(2)由賣方／託運人出具認賠書，向運送人換取清潔載貨證券，俾利押匯。

5.海運單據爲運費待收／已付者

運費究爲待收或已付，亦會影響銀行之受理押匯。在下列二種情況，海運單據應載明「運費已付」，銀行始予受理（UCP §33）：

(1)信用狀明定海運單據須記載運費已付者（freight paid, freight prepaid）。

(2)託運人提示之商業發票有CFR[18]、CIF、CPT[19]或CIP[20]貿易條件時，即表示運費須由賣方／託運人支付，故海運單據應標示「運費已付」，銀行不接受載有「運費待付」之海運單據。

因此，除上述二種情形外，海運單據縱記載「運費待收」（freight collect、freight payable at destination），銀行亦將受理。

載明「運費已付」方式有二：

(1)於海運單據加註freight paid或freight prepaid。

(2)於prepaid欄內載明已付運費之金額。

惟應注意者：

(1)"freight prepayable"、"freight to be prepaid"等類似文字，不得視爲運費已付。

(2)僅提示支付運費的收據，而未於海運單據上記明運費已付者，不得視爲運費已付。

（二）個別必要記載事項

銀行受理之各種海運單據依UCP 600規定，分別必須記載一定事項，始

---

[18] CFR（cost and freight）係運費在內之貿易條件。係指賣方必須負擔貨物的成本及運費至目的港為止，惟貨物的風險移轉點及其他附加費用，自貨物通過裝船港船舷欄杆後，即由買方負擔。

[19] CPT（carriage paid to）係運費付訖之貿易條件。指賣方支付至目的地的運費，但貨物的風險及附加費則於賣方將貨物交付第一運送人後，即由買方承擔。此條件適用於陸、海、空及多式運送等任何運送方式。

[20] CIP（carriage and insurance paid to）係至目的地運保費付訖之貿易條件。由賣方支付至目的地之運費及保費，並負責出口通關。賣方將貨物交付運送人時，貨物風險移轉由買方負擔。

能為銀行所受理，但各單據之名稱為何，並非重點。分述如下：

1.海運載貨證券

依UCP 600第20條之規定，海運載貨證券至少應記載下列事項，始能為銀行受理：

(1)運送人名稱並由運送人、船長或其代理人簽名。

(2)由代理人簽發者，必須清楚表明其為代理人。

(3)貨物已裝載於指定之船舶上：於FOB、CFR、CIF之貿易條件，賣方／託運人須負責將貨物裝載於船舶，因此載貨證券須載明「貨物已裝運於船舶上」。

(4)船舶名稱：載貨證券不僅須載明載運貨物之船舶名稱，且須與信用狀上船舶名稱一致。

(5)裝載港及卸貨港：雖然載貨證券有時載有與裝卸港不一致之收貨地及目的地，但載貨證券上須記載與信用狀規定相符之裝載港及卸載港。

(6)運送條件：載貨證券應記載運送條件，以規範運送當事人之權利義務。至於載貨證券係詳式（long form B/L）或簡式（short form B/L），甚或背面空白（blank back）者，均不影響載貨證券之效力。

(7)其他符合信用狀規定之事項：信用狀有關貨物名稱、件數或重量等之規定，載貨證券之記載應與之符合。

(8)載貨證券之份數：運送人一般簽發三份載貨證券，但UCP 600鼓勵簽發唯一正本載貨證券，如簽發正本超過一份者，應依載貨證券所載之份數提示全套載貨證券，以保障銀行對該貨物之完整控制權、避免詐欺等不法行為之發生。

2.海上貨運單

依UCP 600第21條之規定，為銀行接受押匯之海上貨運單，其上應記載事項與前述載貨證券相同，茲不贅述。

1990年海上貨運單統一規則第6條第2項規定：「託運人在運送人收受貨物前，得將貨物支配權轉讓予受貨人。是項轉讓，應記載於海上貨運單或其他類似文件。且一經轉讓，受貨人即享有貨物支配權，而託運人則喪失該權利。」因此，買方／受貨人為保障其利益，得於信用狀上要求賣方／託運人

將貨物控制權移轉給受貨人。海上貨運單遂應記載NODISP（NO DISPOSAL 託運人無貨物支配權），俾符合信用狀上之要求。

3.傭船載貨證券

依UCP 600第22條之規定，傭船載貨證券至少應記載下列事項，始能爲銀行受理：

(1)載明其係依傭船契約發行者：此項載明即表示在船舶所有人與傭船人間，該載貨證券僅爲傭船契約之證明。但銀行無須審查傭船契約。

(2)由船長、船舶所有人、傭船人或其代理人簽發：傭船載貨證券之簽發人應表明其身分，譬如代理船舶所有人簽發。

(3)原則上不載明運送人名稱：傭船載貨證券原則上無須載明運送人名稱，但此種作法常產生無法確知運送人身分之困擾，因此買方／受貨人亦可在信用狀上規定載貨證券應記載運送人名稱，此時傭船載貨證券即應載明運送人名稱，否則銀行不予受理。

(4)除上述三點外，其餘應記載事項與前述海運載貨證券之(3)至(7)相同，茲不贅述。

4.多式運送載貨證券

由於貨櫃運送已逐漸取代傳統港至港的純海運而成爲運送主流，此外，爲配合door to door服務之需求，使得運送人必須利用兩種以上不同運輸方式（海運、空運、鐵公路及內河運送）作全程運送，此種運送所簽發之載貨證券即爲多式運送載貨證券。依UCP 600第19條之規定，多式運送載貨證券應記載下列事項：

(1)貨物業已發送、接管或裝載：多式運送載貨證券係於內陸交貨地點接管或接收貨物待運時所簽發，故爲待運載貨證券（received for shipment B/L）。

因此，此類載貨證券記載貨物業已發送、接管或裝載即可，無須如前述海運載貨證券之記載爲「貨物已裝載於船上」。惟如買方／受貨人堅持裝船載貨證券時，應先行於信用狀上規定，以杜爭議。

(2)關於船舶、裝卸港得載明爲「預定」：由於多式運送載貨證券記載貨物業已發送、接管或裝載，因此於記載發送或接管時，鑑於載貨之船舶及裝

卸港尚未確定，無從明確記載船名及裝卸港名稱，故載貨證券關於船舶、裝卸港得載明爲「預定」，以配合實務。

(3)除上述二項外，其餘應記載事項與前述海運載貨證券同，茲不贅述。

5.海運承攬運送載貨證券

海運承攬運送人係介於運送人與託運人之間，受託運人之委託以自己之名義，爲他人之計算，使運送人運送物品而受報酬爲營業之人（民§660Ⅰ）。承攬運送人，除契約另有訂定外，得自行運送物品。如自行運送，其權利義務，與運送人同（民§663）。就運送全部約定價額，或承攬運送人填發提單於委託人者，視爲承攬人自己運送，不得另行請求報酬（民§664）。

海運承攬運送人對託運人所提供的服務項目包括：(1)裝貨條件的通知，例如運貨到港口；(2)計算出口費用；(3)代墊各項費用，例如海上運費；(4)安排打包、加刷標誌、張貼標籤等；(5)運送方法及運輸工具的選定，例如洽訂艙位、安排車輛、駁船、倉儲、裝船等；(6)代辦貨物保險；(7)製作貨運單據；(8)辦埋必要手續，例如報關事務等；(9)貨運單據的寄送；(10)提供最新運輸消息及其他必要的服務與建議。因此，海運承攬運送人地位日形重要，成爲貨方與船方間不可欠缺之聯繫。

依UCP 600第14條第12項規定：「運送單據得由運送人、船東、船長或傭船人以外之任何一方簽發，但以該運送單據符合本慣例第19、20、21、22、23或24條之各項要求爲條件。」

換言之，UCP 600准許承攬運送人得以自己之名義獨立簽發運送單據。因此若信用狀敘明「承攬運送人之運送單據可以接受」，或類似用語，則運送單據得由承攬運送人以承攬運送人之身分簽署，而無須表明其爲運送人或運送人之代理人。

傭船載貨證券應記載事項，與前述有關之載貨證券同，茲不贅述。

第十四章　據告稱之記載

✏ 重點解說

一、據告稱記載之意義

據告稱（said to be）之記載，係指運送人對於貨物數量無法核對、內容無法知悉，或船貨雙方計量結果不一，致有生爭執之虞者，運送人為免除有偽造文書、詐欺之嫌，遂逕於載貨證券上載明said to be、said to weigh或said to contain之文字，以示對貨物重量或內容之保留。

惟「據告稱」一詞僅係泛稱，實務上「據告稱」之記載於散裝貨運送方式及貨櫃運送方式下，分別有不同之用語。於散裝貨運送時，船長於裝載港對穀類、小麥、黃豆、玉米等貨物，無法正確核對，僅據託運人之告稱數量記載，故散裝貨運送時，據告稱記載多以「據告重」（said to weigh，簡稱S.T.W.）、「據告稱」（said to be，簡稱S.T.B.）形式出現；於貨櫃運送時，運送人對於CY或FCL[1]方式之貨櫃，無從知悉其內容，僅據託運人告知之內

---

[1] CY（container yard）在裝貨港係指整櫃裝載。在歐洲稱為FCL（full container load），當託運人的貨物足夠裝滿一個或數個貨櫃，或雖未裝滿一個貨櫃，但因故欲自行裝櫃時，由託運人將空櫃拖回其自有倉庫並自行裝貨，再交由船公司運往國外的方式，稱為整櫃裝載。所裝載的貨物稱為滿櫃貨或整櫃貨物。CY在卸貨港係

容記載，故貨櫃運送時據告稱記載多以「據告裝有」（said to contain，簡稱S.T.C.）及託運人自裝自計（shipper's load and count）的形式出現。

二、據告稱記載在實務上之運作

載貨證券應載明下列各款事項，由運送人或船長簽名：

1. 船舶名稱。
2. 託運人之姓名或名稱。
3. 依照託運人書面通知之貨物名稱、件數或重量，或其包裝之種類、個數及標誌。
4. 裝載港及卸貨港。
5. 運費交付。
6. 載貨證券之份數。
7. 填發之年月日。

前項第3款之通知事項，如與所收貨物之實際情況有顯著跡象，疑其不相符合，或無法核對時，運送人或船長得在載貨證券內載明其事由或不予載明（§54Ⅰ、§54Ⅱ）。

因此，託運人對於貨物之名稱、件數或重量，或其包裝之種類、個數及標誌之通知，運送人如認其與所收貨物之實際情況有顯著跡象，疑其不相符合，或無法核對時，得採取下列任一措施：

（一）不予載明

依本法第54條第2項之規定，運送人得不載明第1項第3款事項。此係承襲海牙規則及海牙威斯比規則第3條第3項但書之規定：「但運送人、船長、或運送人之代理人有正當理由，對於任何標誌、個數、數量或重量，疑其非正確代表實際收受之貨物，或無合理方法予以核對者，得不予載明於載貨證券。」然而此種作法無法配合國際貿易之運作，易滋紛擾。緣以國際貿易支

指整櫃卸載，當進口貨櫃中的貨物受貨人僅一人時，由受貨人自行負責將到達的裝櫃貨物拖回自有倉庫折櫃報關取貨，並將空櫃交還貨櫃場。

付貨款之方式，主要有三種，即匯付[2]、託收[3]及信用狀，上述「不予載明」之方式，不但在信用狀交易中無法押匯，且亦無法見容於託收方式，頗爲實務所詬病，故實務上甚少採行此種作法。

（二）載明「通知事項與貨物實際情況疑其不相符合或無法核對」之事實

第54條第2項之規定提供另一種選擇：得載明「通知事項與貨物實際情況疑其不相符合或無法核對」之事實於載貨證券上，以爲保留。由於前述「不予載明」之規定，廣爲實務所詬病，因此本法仿漢堡規則第16條之規定：「如運送人或代理其簽發載貨證券之人，對於載貨證券內有關貨物之一般性質、主要標誌、包裝件數或個數、重量或數量等事項之記載，明知或有合理之理由懷疑其並不正確表徵實際收受之貨物，或於裝船後發給之裝船載貨證券，不能正確表徵實際裝載之貨物，或無法以合理之方法核對上開事項時，運送人或上述之代理人應於載貨證券內註記保留文句，表明此不正確之事實，懷疑之理由或無法以適當方法核對之事實。」據此賦予運送人載明於載貨證券，以爲保留之權利。

值得論述者有二點：

（一）託運人通知之事項，運送人「明知」其不正確者

本法第54條第2項僅規定託運人通知事項，運送人「疑」其不相符合者，得載明其事由，與上述漢堡規則所稱「明知其不正確……表明此不正確」之規定，雖不相同，但依舉輕以明重之法理，託運人通知之事項，如運送人「明知」其與實際情況不符時，自得將不符之處註明。惟此種載貨證券即成

---

[2]　匯付（payment by remittance）係指進口商將款項交付當地銀行，請其委託該行在出口商所在地分行或代理行，將該款項解付出口商。多用於清償非商品交易而生之債務。

[3]　託收（collection）係指出口商俟貨物裝運出口後，將載貨證券等必要單證，隨同託收申請書並簽發以國外進口商為付款人的匯票，一併交給銀行，委託其向進口商收取貨款。

為不潔載貨證券，難以押匯。因為信用狀實務上，押匯銀行接受押匯之載貨證券，必須為清潔載貨證券，亦即未載有明示貨物、包裝有瑕疵狀況之條款或註記之載貨證券[4]，依UCP600第27條之規定，銀行僅接受清潔載貨證券。因此，託運人通知之事項，運送人「明知」其不正確者，運送人得採行下列方式之一處理之：1.立即要求託運人補正或補貨，俾簽發清潔載貨證券，供託運人押匯，或2.於載貨證券上依本法第54條第2項載明。

（二）載明之方式

　　本法第54條第2項規定，運送人得將託運人通知事項與實際情況疑不相符合或無法核對之情形載明，惟為配合載貨證券能順利押匯，因此運送人多在載貨證券上之貨物名稱、件數或重量等之前，記載 said to be、said to weight 或said to contain等類似文字，依UCP 600第26條第2項之規定，銀行可以接受運送單據上載有「託運人自行裝貨點數」、「據託運人稱內裝」之條款，故而記載 said to be 之載貨證券可順利押匯，又可免偽造之嫌，廣為航運實務所採用。惟應注意者，運送人並應載明其事由，譬如「欠缺計重工具」。

三、據告稱記載之效力

　　關於據告稱記載之效力，於民國88年本法修正前，最高法院有不同見解：

（一）運送人可免責說

　　主張此說者，包括最高法院65年度台上字第3112號、66年度台上字第2971號及66年度台上字第2021號等判決。本說參考1936年美國COGSA第11條之規定，認為載貨證券所載「據告稱」等字樣，不得認作運送人已依載貨證券所載之重（數）量收受貨物之表面證據，亦不得認作託運人對於裝載時貨物之重（數）量，保證正確，故運送人可免責。

---

[4]　UCP600第27條對清潔運送單據定義如下：

　　「清潔運送單據係指未載有明示貨物或其包裝有瑕疵狀況之條款或註記之運送單據」。

（二）運送人不可免責說

　　主張此說者，包括最高法院66年度台上字第108號、67年度台上字第1426號、67年度台上字第2270號、67年度台上字第1774號及68年度台上字第262號等判決。本說認為載貨證券既依「據告稱」而載明其重（數）量，即非未載重（數）量，既載有重（數）量，運送人即不得以載貨證券記載「據告稱」而對受貨人主張為免責，仍應依載貨證券負其責任。

　　民國88年本法修正後，第54條第3項規定：「載貨證券依第1項第3款為記載者，推定運送人依其記載為運送。」其修正說明略以：「為辦正當前國際海運實務於載貨證券上記載"said to be"，"said to weight"或"said to contain"等未明確載明本修正條文第1項第3款內容時，我國法院判決見解不一之情形，爰參照1968年海牙威斯比規則第3條第4項[5]增訂修正條文第3項，以利適用。」

　　因此據告稱之記載，在運送人及託運人之間，產生推定運送人依其記載為運送之效力，除非運送人能以反證推翻，否則均應照其所記載之內容、數量等負責。換言之，據告稱條款之效力，在運送人及託運人之間，係採表面證據主義。

　　應予進一步探討者，有如下六點：

（一）第 54 條第 3 項規定與前述最高法院見解均不相同

　　第54條第3項係採表面證據主義，此不同於前述最高法院「運送人不可免責說」，固不待多言，亦不同於前述最高法院「運送人免責說」，蓋「運送人免責說」係參考美國1936年COGSA第11條之規定：「散裝貨重量，係依照商業習慣，由運送人或託運人以外之第三者所確定或承認之重量，記明於載貨證券者，不論本法有否相反之規定，不得認作運送人已依照載貨證券記明之重量收受貨物之表面證據，亦不得認作託運人對於裝貨時貨物之重量保證其正確。」該條規定認為據告稱之記載，甚至無法成為表面證據，因此除非

---

[5] 該項規定：「此項載貨證券應作為依照前項(一)(二)(三)款所記載之貨物已經運送人收受之表面證據。」

運送人有其他法定責任，運送人只需將船艙載貨全部卸清，即爲完成交付貨物之責任。

（二）第54條第3項規定不適用於載貨證券善意持有人

海牙規則及海牙威斯比規則第3條第4項但書規定：「但載貨證券已轉讓與善意第三人者，不得提出反證。」本法雖無明文規定，但亦應採同樣見解。申言之，載貨證券移轉於託運人以外之載貨證券善意持有人時，第54條第3項推定之規定，無法適用，仍應分別依件貨與傭船運送，而適用不同之規定：於件貨運送時，依本法第60條第1項準用民法第627條之規定：「提單填發後，運送人與提單持有人間，關於運送事項，依其提單之記載。」於傭船運送時，則依本法第60條第2項之規定：「以船舶之全部或一部供運送爲目的之運送契約另行簽發載貨證券者，運送人與託運人以外載貨證券持有人間之關係，依載貨證券之記載。」兩者均不得以反證推翻之。換言之，據告稱條款之效力，在運送人及載貨證券善意持有人之間，採文義責任主義。

（三）據告稱記載不適用於貨物之外表情況

貨物之外表情況係由運送人負檢查之義務並載明於載貨證券上，怠於為此項記載時，視爲其已在載貨證券上註明貨物之外表情況良好[6]。因此貨物之外表情況不得依託運人之通知填寫，託運人不負保證其通知正確之責任，運送人未於載貨證券載明貨物外表情況有不良者，不得於事後舉證，以圖免責。貨物外表有包裝者，因該包裝有易見之瑕疵，而喪失或毀損時，運送人如於接收該物時，不爲保留者，應負責任（民§635）。

（四）運送人對自然損耗及磅差不負責任

「自然損耗」係指散裝貨，如穀類、小麥、黃豆等所含雜物、碎末之散逸、顆粒之失落等自然損耗，致生短少。所謂磅差，係指上述散裝貨於裝載

6　參考漢堡規則第16條第2項之規定：「運送人或代理其簽發載貨證券之人，怠於在載貨證券上註明貨物之外表狀況者，視爲其已於載貨證券上註明貨物外表狀況良好。」

及卸載時，因計量工具不同，所生之載貨磅差及卸貨磅差。

最高法院67年4月25日民事庭庭推總會會議決議認為：「散裝貨物之運送，運送人或船長於其發給之載貨證券，就貨物重量為『據告稱』或『據告重』之記載者，雖不能因此即謂其非為依（舊）海商法第98條第1項第3款所為之記載，惟在此情況下，自然損耗及磅差（包括載貨磅差及卸貨磅差）等足以導致重量不符之原因，既無法避免其發生，則卸載之重量，較之載貨證券記載之重量如有短少，而衡之一般情理，在某種範圍內之短少可認為非運送人或其代理人、受僱人對於承運貨物之裝卸、搬移、堆存、保管、運送及看守、依（舊）海商法第107條應為之注意及處置，有所欠缺所致者，運送人就該範圍內短少之重量，應不負賠償責任。」但依最高法院69年度台上字第283號、69年度台上字第1263號判決：「正常之自然損耗，託運人如不能證明運送人或其代理人、受僱人，對於裝卸、搬移、堆存、保管、運送及看守，即依（舊）海商法第107條應為之注意及處置有所欠缺所致，自難令運送人負損害賠償責任。」此係課託運人舉證之責，不免厚待運送人。海商法修正後，第69條第14款規定：「因貨物之固有瑕疵、品質或特性所致之耗損或其他毀損滅失」，運送人不負賠償責任。因此「自然損耗」亦應屬運送人法定免責之事項，並由運送人舉證，以符民事舉證責任之理。

至於何種範圍內之短少，運送人不負賠償責任，應依具體個案認定。最高法院67年度台上字第1568號判決認為：「散裝貨之運送、自然損耗及磅差等，足為導致重量不符之原因，故散裝貨物（小麥）應扣除百分之三水分等損耗，似為海上貨物運送之習慣。」另最高法院91年度台上字第572號判決認為：「系爭貨物（樹薯粉）耗損於百分之一範圍，為本件預定航程通常所無法避免發生之自然耗損，應予扣除。」足見自然耗損之百分比，仍應視貨物性質、裝載情形、氣候及航程而定，非可一概而論。

（五）據告稱記載不適用於 CFS 運送

CFS運送係指運送人於運送地之貨櫃集散站（container freight station,

CFS），將不同託運人所交付之貨物併裝入貨櫃[7]。由於CFS運送係由運送人負責併裝入櫃，故運送人對櫃內貨物種類、數量等均可知悉，不得再爲據告稱之記載。

（六）認賠書之適用

運送人簽發據告稱字樣之載貨證券後，雖滿足託運人取得清潔載貨證券之要求，卻使運送人日後對第三人有損害賠償之虞，因此實務上乃由託運人出具認賠書，向運送人擔保，如因其簽發清潔載貨證券而致生之損害及費用，均由託運人負償還責任。關於認賠書之性質及效力詳見第十八章。

---

[7] CFS在歐洲稱爲LCL（less than container load）。在裝貨港係指併櫃裝載，亦即當託運人的貨物不足裝滿一櫃，或足夠裝滿一櫃，但由於某種因素無法自行裝櫃，由託運人將貨物交由運送人在裝載地之貨櫃集散站（CFS）的集散站管理人員，將數個（或一個）託運人的貨物併裝於同一貨櫃，運往目的地。CFS在卸貨港係指併櫃卸載，亦即當一進口貨櫃中裝有無數個受貨人（consignee）的貨物，或貨櫃中的貨物受貨人為一人，但因故無法自行拆櫃時，運送人將貨櫃運往貨櫃集散站交由管理人員拆櫃卸貨，再由受貨人自行提貨。

第十五章　運送人之認定

重點解說

一、概說

　　海上貨損索賠時，貨物之全部或一部毀損、滅失者，自貨物受領之日或自應受領之日起，一年內未起訴者，運送人或船舶所有人解除其責任（§56 II）。此項規定係在促使有請求權者早日行使其權利，因此行使權利之對象－運送人必須確定。雖然由第53條規定：「運送人或船長於貨物裝載後，因託運人之請求，應發給載貨證券」觀之，簽發載貨證券者，似即為運送人，然而實務上卻因下述二項原因，使運送人之認定輒生疑義。

（一）運送人名稱並非載貨證券必要記載事項

　　運送人名稱並非載貨證券應載明之事項（§54 I），備船載貨證券縱未載明運送人名稱，銀行原則上仍接受押匯[1]。因此運送人名稱通常不出現於載

---

[1]　UCP 600第22條第1項刪除UCP 500第25條第1項之「表明或未表明運送人名稱」之用語。實務上備船載貨證券不記載運送人名稱之情形所在多有，只要符合第22條各項之規定，備船載貨證券即可押匯。

貨證券上，故於有傭船契約之情形，遂使傭船人以外之託運人、受貨人取得由傭船人簽發之載貨證券者，無從得知真正之運送人。

（二）無法由載貨證券確知運送人之身分

載貨證券由運送人或船長簽發（§53），但在傭船運送時，傭船人以外之託運人、受貨人取得由傭船人簽發之載貨證券，其上輒署名為「代理船長簽發」（for and on behalf of the Master, As agent），似乎意指船舶所有人為運送人，傭船人僅為代理人，但其缺乏授權之明證，又常使用傭船公司之載貨證券，或未披露所有人之名稱（即俗稱之無頭提單），運送人之認定上即頗滋疑義。

二、法院對運送人認定所採行之標準

運送人之認定有其實際上之困難，業如上述。由於本法第53條規定：「運送人或船長於貨物裝載後，因託運人之請求，應發給載貨證券。」因此我國實務上遂以「簽發載貨證券者」為認定運送人之標準。簽發載貨證券者，包括船舶所有人、一般傭船人、光船傭船人及承攬運送人。析述如下：

（一）船舶所有人

船舶所有人如自行從事運送，並簽發載貨證券者，則該船舶所有人即為運送人，縱由船務代理名義簽發載貨證券，船舶所有人仍為運送人[2]。但船務代理以自己之名義，簽發載貨證券者，則由船務代理負運送人責任，以維護交易安全[3]。

傭船運送包括一般傭船運送及光船傭船運送，一般傭船運送包括計程與計時二種傭船運送。在計程及計時傭船運送時，船舶所有人對該船舶仍然占有、使用、收益及經營航運，並經由其所僱用之船長、海員以履行安全航行、維護船體適航及對貨物為適當保管等義務。易言之，傭船契約係以船舶

---

[2]　最高法院66年度台上字第952號判決。
[3]　最高法院61年度台上字第2424號判決。

爲供運送之役，並不移轉占有及管理權責，故因駕駛或其他管理不善所造成之損害，自不能責令傭船人負擔此項義務[4]。因此一般傭船運送之船舶所有人簽發載貨證券者，該船舶所有人即爲運送人。

（二）傭船人

1.光船傭船運送

光船傭船運送即船舶登記法所稱之船舶租賃。租船契約既須移轉占有，則其管理權責，即應移於承租人，故因駕駛或其他管理不善所造成之損害，當然由承租人負擔。船舶所有人既以船舶移歸承租人占有並自爲使用收益，承租人（傭船人）即爲運送人[5]。

2.一般傭船運送

一般傭船運送以船舶之所有人爲運送人，固已如前述，但船舶所有人不明時，英美法院則係依個案之事實，而採行不同之認定標準如下：

(1)簽發載貨證券者：因爲載貨證券應由運送人或船長簽發，所以凡簽發載貨證券者，即爲運送人[6]。

(2)授權簽發載貨證券者：運送人或船長亦可不自行簽發而授權他人代爲簽發，故授權他人簽發載貨證券者，認定其爲運送人[7]。

(3)載貨證券印有頭銜者：載貨證券已印有頭銜，明白顯示運送人爲何人，貨方並因信賴而收下者，基於交易安全之保護，應以載貨證券上

---

[4] 最高法院60年度台上字第866號判決。

[5] 最高法院7年度上字第335號判決、最高法院68年度台上字第866號判決。

[6] The Okehampton (1913) 18 Com. Cas. 320.該案中傭船人擁有自屬之船隊，在西班牙港口間穿梭載運水果，素為有關業界周知，本次航行因貨載過多，乃藉傭船契約利用外船補充本身船隊之不足，並以自己名義簽發載貨證券，詎料該船與The Okehamptop輪發生碰撞。法院認為傭船人雖非船舶所有人，惟既以自己名義簽發載貨證券，且本身擁有船隊，經營多年，極易為貨方誤認為運送人，為保障交易安全，乃認定簽發載貨證券之傭船人為運送人。

[7] Tillman & Co.v.S.S. knutoford, Limited (1908) 1 K.B. 185

頭銜人為運送人[8]。

然而上述諸項情形競合者，究應如何認定運送人，仍有疑義。

我國最高法院見解採形式認定方式，認為運送契約係託運人與運送人間之契約，不以供運送之船舶所有權屬於何人為依據[9]，因此簽發載貨證券者即為運送人[10]。若傭船人以其自有之載貨證券格式簽發者，尤應負運送人責任。此項見解甚為明確，並足以保障交易安全。但在漢堡規則下，運送人之認定，則採取更廣之見解，如後述。

（三）承攬運送人

承攬運送人係以自己之名義為他人之計算，使運送人運送物品而受報酬為營業之人（民§660）。承攬運送人本不自行運送物品，而使他人運送，但於下列二種情形，承攬運送人即為運送人：

1.自行運送

除契約另有訂定外，承攬運送人得自行運送物品。如自行運送，其權利義務與運送人同（民§663）。

2.介入之擬制

承攬運送人就運送全部約定價額，或填發載貨證券於委託人者（俗稱house B/L），視為承攬人自己運送（民§664）。

（四）確認運送人條款

由於運送人之認定屢生爭議，海運實務為期解決運送人認定之問題，於傭船契約下簽發載貨證券時，遂常於載貨證券上加入確認運送人條款（identity of carrier clause）：「Identity of Carrier: The Contract evidenced by this Bill of Lading is between the Merchant and the Owner of the vessel named herein

---

[8]　Thyssen Steel Co.v. Adonis 1974 A.M.C.389.
[9]　最高法院62年度台上字第2926號、最高法院76年度台上字第2006號判決。
[10]　最高法院74年度台上字第573號判決。

and it is therefore agreed that said Shipowner only shall be liable for any damage of loss due to any breach or non-performance of any obligation arising out of the contract of carriage.」（本件載貨證券所證明之契約，係存在於貨方與此處載明之船舶所有人間，雙方並同意僅由船舶所有人對於因違反契約或契約不履行所致之毀損滅失單獨負賠償責任。……）[11]

　　確認運送人條款之前身係「代理船舶所有人條款」（demise clause），強調簽發載貨證券者為船舶所有人之代理人：「船舶若非簽發載貨證券者或光船傭船人所有，本件載貨證券應視為以船舶所有人或光船傭船人為契約當事人，簽發載貨證券者僅係前者之代理人，不負載貨證券上責任。」實務上亦有以「契約當事人條款」（parties to the contract clause）方式出現者，其規定與確認運送人條款並無二致，均係明示規定船舶所有人為運送人。

　　確認運送人條款在英國法上具有效力，因為英國法院認為當傭船人無法援用船舶所有人責任限制規定時，確認運送人條款可使船舶所有人先行負擔傭船人原應負之責任，再以內部求償方式釐清責任，對二者均有利。甚至當傭船人亦有船舶所有人責任限制之適用時，確認運送人條款仍能發揮「協助受貨人確認運送人身分」之功效，故英國法院認為該條款應為有效。美國法院基於保護受貨人之利益，則認為確認運送人條款違反美國海上貨物運送法第3條第8項之規定（類似於本法§61），應為無效。

　　至於我國，最高法院曾經認為船舶所有人並未在載貨證券上簽名，故不受載貨證券上所載之確認運送人條款之拘束[12]。但仍未實質地討論確認運送人條款之效力。

　　吾人認為確認運送人條款究竟是否有效，實應由下列數點觀之：
1.有代理權之傭船人表明代理簽發載貨證券之意旨，且亦載明船舶所有人名稱者，確認運送人條款應為有效。
2.確認運送人條款不合乎上述要件者，該條款應為無效。蓋若無代理權，或欠缺權利義務主體之記載，對傭船人以外之託運人或受貨人而

---

[11] CONLINBILL第17條。
[12] 最高法院76年度台上字第2006號判決。

言，既無法得知船舶所有人名稱，亦無從辨識眞正運送人，爲保障交易安全，自仍應由傭船人負起運送人之責任。

3.確認運送人條款是否違反第61條免責約款禁止之規定，仍有商榷之餘地。按確認運送人條款係減輕「傭船人」之責任，然第61條規定之主體爲「運送人或船舶所有人」，因此除非第21條第2項將船舶所有人範疇擴及傭船人，否則第61條之規定，對「傭船人」應無適用之餘地。是以，確認運送人條款並無違反第61條規定可言。

三、建議方案

由上述各點之分析，可得知無論採何種標準或條款認定運送人，均有其不周延之處，吾人認爲解決之道宜參考漢堡規則「運送人」（carrier）與「實際運送人」（actual carrier）併存之制度[13]。運送人係指以其名義或由其與託運人訂定海上貨物運送契約之人，故又稱爲締約運送人（contracting carrier）；實際運送人則係指受運送人之委託，實際完成貨物運送之全部或一部之人，並包括其他一切受委託以完成運送之人，故又稱爲履約運送人（performing carrier）。因此運送人之代理人、計時計程之傭船人及非實際從事運送之承攬運送人等凡與託運人訂定運送契約者，即爲運送人；船舶所有人、光船傭船人、航運公司、實際從事運送之承攬運送人等，即爲實際運送人。

在「運送人」與「實際運送人」併存之制度下，運送人原則上就運送全程負責，縱使運送之全部或一部委託實際運送人運送者，亦同。實際運送人依特約或於貨物在其管領下時負損賠責任[14]。實際運送人與運送人同須負責

---

[13] 漢堡規則第1條第1、2款分別規定：「1.稱『運送人』者，指由自己或以自己之名義與託運人訂立海上貨物運送契約之人。2.稱『實際運送人』者，指受運送人之委託，實際完成貨物運送之全部或一部之人，並包括其他一切受委託以完成此項運送之人。」
「運送人」與「實際運送人」併存之規定，對海、空運送業均非陌生，早於1973年業經統一斯堪地那維亞海商法典採用，1974年雅典旅客及其行李公約及1961年瓜達拉哈拉空運公約亦均有相同規定。

[14] 1.如運送之全部或一部係轉託一實際運送人所完成者，不論此項轉託行爲，是否基

時，其責任為連帶責任。此種「運送人」與「實際運送人」併存之制度，有下列優點，允宜參考：

（一）解決困擾已久的運送人認定問題

簽定運送契約者即須負運送人責任之規定，不但簡明易辨，而且亦與託運人主觀認定之運送人相符。

（二）對貨方權益之保障較周延

運送人就運送全程負責，縱使運送之全部或一部委託實際運送人運送者，亦同。甚且運送人對實際運送人或其代理人、受僱人之作為或不作為亦需負責。實際運送人與運送人同須負責時，其責任為連帶責任，當可充分保

於海運契約所許可之自由斟酌權限，運送人仍須依本公約之規定，對運送全程負其責任。運送人須就實際運送人所完成之運送，對實際運送人及其受僱人或代理人於僱傭契約範圍內之作為或不作為，負其責任。
2. 本公約有關運送人責任之規定亦適用於實際運送人就其履行運送範圍內之責任。如實際運送之受僱人或代理人被訴時，第7條第2項、第3項及第8條第2項之規定適用之。
3. 運送人依任何特約之約定，承擔非本公約所規定之義務，或放棄本公約所賦予之權利者，僅於經實際運送人以書面明示之同意時，始對實際運送人發生效力。惟不論實際運送人是否同意，運送人仍受該項承擔義務或放棄權利特約之拘束。
4. 運送人及實際運送人同須負責時，其責任為連帶責任。
5. 從運送人、實際運送人及其受僱人或代理人所得受償之總額不得超出本公約所規定之責任限制額。
6. 本條之規定不影響運送人與實際運送人間之求償權。
第11條規定：
「1. 如海上運送契約明示規定，該契約所定運送之特定部分得指定運送人以外之特定人履行時，該運送契約亦得約定，貨物於實際運送人負責運送之途程內發生事故所致之滅失、毀損或遲延交付，運送人不負責任，不適用第10條第1項之規定。惟如無法在第21條第1項或第2項所定之管轄法院對實際運送人起訴者，上述限制或免除運送人責任之約定無效。運送人應就貨物之滅失、毀損或遲延交付係由於實際運送人負責運送之途程內發生事故所致之事實負舉證責任。
2. 實際運送人應依第10條第2項之規定，對於貨物於其管領下發生事故所致之滅失、毀損或遲延交付，負賠償責任。」

障貨方權益。

（三）使「確認運送人條款」效力之爭議塵埃落定

確認運送人條款一方面確認船舶所有人負起運送人責任，一方面減輕免除傭船人之責任，在採行「運送人」與「實際運送人」併存制度之下，此項條款明顯有本法第61條規定之適用，應為無效。

（四）使訴訟更有效率

在訴訟上因無法確認或誤認運送人導致的時間、金錢、精力之耗損，可望於採用「運送人」與「實際運送人」規定後，大大減低，使訴訟更有效率。

第十六章　載貨證券條款之效力

✏️ 重點解說

載貨證券基於海運習慣，其上僅由運送人或船長單方簽名。最高法院64年台抗字第239號判例及民國67年4月25日最高法院第四次民事庭庭推總會決議，均認為：「載貨證券係由運送人或船長單方簽名之證券，為單方所表示之意思」，進而否認載貨證券背面準據法及仲裁條款之效力。此項全盤否定載貨證券背面條款效力之決議，是否妥當？及其對正面條款之效力，是否造成影響？均值得商榷。

茲以上開決議為基礎，分別討論載貨證券正面條款及背面條款之效力如下。

一、載貨證券正面條款及其效力

載貨證券一般以A4紙張印刷，其內容分為正面條款與背面條款[1]。

載貨證券正面條款係指載貨證券正面記載之事項，一般包括本法第54條第1項之各款事項：「一、船舶名稱。二、託運人之姓名或名稱。三、依照

---

[1] 關於載貨證券正、背面條款之內容，請參見王肖卿，第29至102頁。

託運人書面通知之貨物名稱、件數或重量，或其包裝之種類、個數及標誌。四、裝載港及卸貨港。五、運費交付。六、載貨證券之份數。七、填發之年月日。」

實務上，載貨證券多以英文填發，其上所載之正面條款不限於上述各事項，包括託運人（shipper）名稱、受貨人（consignee）名稱、受通知人（notify party）名稱、運送人（carrier）名稱、船名（vessel）、航次（voyage number）、裝貨港（port of loading）、收貨地點（place of receipt）、卸貨港（port of discharge）、交貨地點（place of delivery）、貨物內容（description of cargo）〔包括貨物標誌（marks and numbers）、件數（number of packages or number of containers）、貨物內容（description of goods）、毛重（gross weight）、呎碼（measurement）〕。此外尚有關於運費之記載、簽發時地（place and date of issuance）、裝船日期（on board date）、載貨證券編號（B/L number）等事項。

載貨證券正面條款並無如背面條款有所謂「係單方意思表示，無法拘束當事人」之爭議情形存在。因為首先就載貨證券正面應載明事項而言，該等事項多為本法第54條第1項所明定，該項第3款規定之事項：「依照託運人書面通知之貨物名稱、件數或重量，或其包裝之種類、個數及標誌。」託運人對該款事項之通知尚且應向運送人保證其正確無訛，其因通知不正確所發生或所致之一切毀損、滅失及費用，由託運人負賠償責任（§55 I）。託運人對第3款以外之事項，如有異議亦可請求更正，並由運送人於更正處加蓋更正（correction）章及船公司代號。是以載貨證券記載之正面條款，應可認為託運人對其內容予以同意，絕非以運送人一方之意思表示、完全無需他方或第三人之協力即可成立之單方行為。

其次就載貨證券正面條款之簽發而言，於碼頭收貨時，係依據碼頭收據（dock receipt，簡稱D/R）填發；於船上收貨時，係依據大副收據（mate's receipt，簡稱M/R）填發。D/R及M/R均於事先分別有裝貨單（shipping order，簡稱S/O）及理貨單（tally sheet，簡稱T/S）簽發之前置作業。不論S/O或T/S均係由運送人及託運人分別提供相關資料共同製作而成，應屬雙方當事人約定。職是之故，載貨證券正面條款並無所謂「係單方意思表示，無法拘束當事人」之爭議情形存在。

二、載貨證券背面條款及其效力之爭議

　　載貨證券背面條款係指載貨證券背面所載之條款，一般包括名詞定義（definitions）、至上條款（clause paramount）、免責條款（defence and limits for the carrier）、自由條款（liberty clause，包括偏航deviation、甲板載貨optional stowage等）、貨方之責任（merchant's responsibility）、特殊貨（包括特種貨櫃及易腐敗之貨物special containers and perishable goods、甲板貨載stowage on deck、牲口及植物live animals and plants、危險品及違禁品dangerous goods and contraband、高價貨物valuable goods）之照料及處理、運送人的責任（responsibility of carrier）、通知條款（notification）、運費（freight）、火災條款（fire）、責任限制（limitation of liability）、留置權條款（lien）、共同海損（general average）、雙方過失碰撞責任條款（both-to-blame collision）、準據法及司法管轄條款（laws and jurisdiction）、仲裁條款（arbitration）、喜馬拉雅條款（Himalaya clause）及其他附加規定，譬如運送人費率表（applicable tariff）。

　　載貨證券背面條款之效力向有爭議，以載貨證券是否為單方意思表示為論點，而有無效說與有效說二種意見。主張無效說者，認為載貨證券為單方意思表示，故載貨證券背面條款無效。此說以最高法院64年台抗字第239號判例為代表，略謂：「載貨證券係由運送人或船長簽名之證券，難謂係當事人雙方簽訂書面之商務仲裁契約，自無依該證券之記載而主張適用商務仲裁條例第3條之餘地。」民國67年4月25日最高法院第四次民事庭庭推總會決議(二)及(三)亦採同樣見解，該決議(二)謂：「準據法問題：載貨證券附記『就貨運糾紛，應適用1936年美國海上貨物運送條例』之文句，乃單方所表示之意思，不能認係雙方當事人之約定，尚無涉外民事法律適用法第6條第1項之適用。」決議(三)謂：「仲裁條款問題：載貨證券係由運送人或船長單方簽名之證券，其有關仲裁條款之記載，尚不能認係仲裁契約，故亦無商務仲裁條例第3條之適用。」

　　主張有效說者，認為載貨證券並非單方意思表示，而係雙方當事人之約定，故載貨證券背面條款，原則上應為有效。此說以民國72年5月司法院司法業務研究會第3期座談會之研究意見為依據。該項研究意見認為：「惟載貨

證券係運送契約之證明文件，殆已爲海商法學者不刊之論，良以載貨證券依（舊）海商法第97條（現行法§53）規定，雖僅係運送人或船長於貨物裝載後，因託運人請求而發給者，託運人並未在其上簽名，惟託運人收受之後，若發覺載貨證券上所附記之文句，爲其所不同意，儘可要求運送人或船長更正，甚或要求取回貨物，苟不予聞問，甚或轉讓他人，自非單純之沉默可比，此就（舊）海商法第105條（現行法§61）之反面解釋，載貨證券記載條款、條件或約定，非係免除運送人或船舶所有人對於因過失或海商法規定應履行之義務而不履行者，其條款、條件、約定，仍屬有效，即可明瞭。是以載貨證券於運送人或船長簽發後，並交由託運人收受時，其所附記之文句，已不再係單方所表示之意思，而應認係雙方當事人之約定。準此以論，載貨證券附記：『就貨運糾紛應適用美國法』之文句，且經託運人收受，如猶謂非雙方當事人就準據法之約定，自嫌牽強。惟當事人自治原則之適用，於雙方當事人約定準據法時，必須在形式上及實質上立於平等之地位始可，苟一方從屬於他方，並非平等，則無此項原則之適用，本件研討結論以載貨證券所載條款多爲定型，當事人之他方無詳細考慮其內容之餘地，認含有附合契約之性質，雖非無見，惟定型化契約並非均爲附合契約，研討結論將之混爲一談，尚有未當，抑載貨證券所載條款，如含有附合契約性質，則（舊）海商法第105條（現行法§61）之規定，不啻成爲具文，亦非該條法意所在。故本件載貨證券內記載應適用1936年美國海上貨物運送法，如不能證明其爲附合契約，應以美國海上貨物運送法爲準據法。」

三、載貨證券背面條款效力之再思

　　關於無效說中所引最高法院64年度台抗字第239號判例及67年4月25日最高法院第四次民事庭庭推總會決議(二)、(三)之見解，有其特殊時空背景之考慮，值得探討。按彼時本法尚未規範準據法及仲裁條款之法律關係，故運送人多於載貨證券背面記載於國外仲裁或以外國法爲準據法，徒然剝奪國人就近在我國尋求法律救濟途徑之機會，並使運送人利用國人遠赴國外求償之不利益，遂行其逃避所應負之運送責任。因此上述最高法院64年度判例及67年民事庭庭推總會決議係以此類條款未公平、合理對待本國貨方爲論斷基礎，遂產生載貨證券乃單方意思表示，載於其上之準據法及仲裁條款無效之

見解。以當時特殊時空背景觀之，是項見解實亦有其不得已之苦衷。惟其以「載貨證券為單方意思表示」作為推論基礎，仍嫌速斷，值得商榷。

　　吾人認為不能以載貨證券為單方意思表示而遽認其背面條款為無效。進而言之，除有違背本法第61條及其他強行法規定之情形外，應肯定載貨證券背面條款為有效。理由如下：

（一）由本法第 61 條規定而論

　　本法第61條規定：「以件貨運送為目的之運送契約或載貨證券記載條款、條件或約定，以減輕或免除運送人或船舶所有人，對於因過失或本章規定應履行之義務而不履行，致有貨物毀損、滅失或遲到之責任者，其條款、條件或約定不生效力。」故依反面解釋，載貨證券上條款、條件及約定未具有該條規定之情形者，應認為有效。若以「載貨證券為單方意思表示」為由，否定載貨證券背面條款之效力，則第61條之規定不啻成為具文。

　　同樣情形發生於海牙規則、海牙威斯比規則及漢堡規則。按海牙規則及海牙威斯比規則係為統一載貨證券規則之國際公約；而漢堡規則適用之範圍雖擴及至傭船契約以外之所有運送契約，但仍包括載貨證券。是以不論海牙規則、海牙威斯比規則或漢堡規則均對涉及載貨證券之運送上權義予以規範，載貨證券背面條款是否有效，應分別依前者第3條第8項[2]及後者第23條第1項之規定[3]（均類似本法§61規定）論定，而非遽以「載貨證券為單方意思表示」為由，否定載貨證券背面條款之效力，否則上述各該條款之規定即喪失意義。

---

[2]　該項規定為：「運送契約內任何條款、條件或約定，免除運送人或船舶因疏忽、過失違反本條所規定運送人或船舶之義務或不履行所生對於貨物或與之有關之滅失或損害之責任者，或減輕本公約規定原應負之責任者，該條款、條件或約定不生效力。保險契約利益歸屬於運送人或類似之條款，應視為免除運送人責任之條款。」

[3]　該項規定為：「如運送契約、載貨證券或其他表徵運送契約之文件內之特約條款，直接或間接違反本公約之規定者，該項特約條款不生效力。該無效之特約條款並不影響原契約或文件內其他條款之效力。將貨物保險受益權轉讓於運送人之條款或其他類似之條款，無效。」

（二）由載貨證券債權效力而論

本法第74條第1項規定：「載貨證券之發給人，對於依載貨證券所記載應為之行為，均應負責。」依第60條準用民法第627條之規定，載貨證券填發後，運送人與載貨證券持有人間，關於運送事項，依載貨證券之記載，此均為載貨證券債權效力之規定。因此若謂「載貨證券為單方意思表示，故其背面條款無效」，則運送人及載貨證券持有人即無從依載貨證券之記載主張其權利或履行其應負之義務，實係昧於載貨證券債權效力之見解。

（三）由附合契約而論

或有謂：「載貨證券雖係運送契約之證明，惟含有附合契約性質。附合契約，其內容皆由當事人之一方預為確定，他方當事人惟得依其既定內容為加入。其條款多為定型，當事人之他方無詳細考慮其內容之餘地。其中各點是否有真正之意思合致，大有問題，適用當事人自治原則定準據法時，雙方當事人無論在形式上或實質上均應立於平等之地位。在此附合契約中定其準據法，應屬無效[4]。」

惟按定型化契約當事人之一方，以定型化條款訂立契約時，相對人如欲與其締結契約，只能接受該定型化約款，不得請求增刪修改者，始能稱之為「附合契約」。惟查載貨證券簽發後，託運人若發現載貨證券所載條款為其所不同意者，仍可要求運送人或船長另行訂定運送契約，或改用背面未載有條款的簡式載貨證券（short form bill of lading），甚或取回貨物。由此觀之，載貨證券雖為定型化契約，託運人並非附從於載貨證券約款而締結契約，故載貨證券無法稱之為附合契約。倘以載貨證券為附合契約，故謂其背面條款應為無效，實係昧於載貨證券實務運作之見解。

（四）由定型化契約之公平性而論

或有謂：「當事人意思自主原則之適用，僅限於雙方當事人約定準據法時，立於平等之地位方可；若有一方從屬於他方，並非平等時，則無該項原

---

[4]　民國72年5月2日司法院司法業務研究會第3期研討結論。

則之適用。而載貨證券所載條款乃爲典型之定型化契約，爲企業經營者一方所擬定，他方當事人並無詳細討論斟酌其內容之餘地，即雙方當事人立於不平等之地位，故應屬無效[5]。」

　　惟按定型化契約雖常有不公平而不利於相對人之內容，但定型化契約並非皆爲不平等、不公平契約，此觀之消費者保護法第12條第1項規定：「定型化契約中之條款違反誠信原則，對消費者顯失公平者，無效。」及民法第247條之1規定：「依照當事人一方預定用於同類契約之條款而訂定之契約，爲下列各款之約定，按其情形顯失公平者，該部分約定無效……」自明。此外，海商法第61條、民法第609、649、659、366條等規定，對於定型化契約均有適用餘地，足證定型化契約並非皆爲不公平契約。是以就載貨證券而言，不得以其爲定型化契約而遽認背面條款無效。

（五）由國際立法例而論

　　載貨證券係由運送人或船長於貨物裝載後，因託運人之請求而發給（§53）。按載貨證券由運送人或船長簽名，並無託運人之簽名，不僅爲海運慣例，且爲法律所明定（§54I），此證諸中外皆然，但絕無立法例以「載貨證券爲單方意思表示」爲由，否定載貨證券背面條款之效力，倘本法仍抱殘守缺固步自封，認爲「載貨證券爲單方意思表示」，不但在國際海運上成爲奇談異數，且將使外國航商視爲畏途，對本國運送人亦不利，所造成之負面影響不可謂不大。

（六）由載貨證券之所有背面條款而論

　　如以「載貨證券爲單方意思表示」爲由否定載貨證券背面條款者，則不僅載於其上之仲裁條款、準據法條款無效，其他如運送人給予託運人優惠待遇之條款、通知條款、特殊貨之處理及運費率表等所有載貨證券背面條款亦均應爲無效，果如此，海上運送足以癱瘓矣！

---

[5] 林益山，載貨證券背面條款在國際私法上之效力，月旦法學雜誌，第52期，第17頁，民國88年。

　　綜上所論，吾人認爲載貨證券背面條款是否有效，應以其是否違背海商法第61條及其他強行法規規定爲論斷，不能以載貨證券爲單方意思表示而遽認其背面條款爲無效。

第十七章　引置條款

重點解說

一、引置條款之意義

　　傭船運送時，亦有載貨證券之簽發者，前已論及。於傭船契約與載貨證券併存時，載貨證券上常有：「as per charterparty」條款出現，一般稱之為引置條款（incorporation clause），係指以引置方式使傭船契約之特定條款，成為載貨證券內容之一部分，如同逐字記載於載貨證券之上。譬如「all the terms, conditions, clauses and exceptions as per charterparty」（所有條款、條件、約定及免責規定，均依傭船契約之相關記載），及「all the terms, conditions, liberties and exceptions of the charterparty are herein incorporated.」（傭船契約上所有之條款、條件、自由條款及免責規定，均經引置成為本載貨證券之一部分）等，均為常見之引置條款。

　　UCP 600第22條第1項第1款規定：「載貨證券，不論其名稱為何，表明其係依照傭船契約者，須顯示下列各點：……」足見航運與貿易實務上均已接受引置條款之規定。

二、引置條款出現之原因

傭船契約規範船舶所有人與傭船人間之法律關係；而載貨證券規範船舶所有人與受貨人間之法律關係。傭船契約簽發載貨證券者，該載貨證券載有引置條款之原因包括：

（一）就船舶所有人而言

為確保載貨證券條款與傭船契約條款不因記載有出入，致使船舶所有人負較重責任，引置條款自有存在之必要。

（二）就傭船人而言

與傭船契約相較，載貨證券條款倘使船舶所有人負較重責任，船舶所有人仍會向傭船人求償，使傭船人亦無法免責。故就傭船人而言，引置條款可解決此問題，自有其存在之價值。

（三）就載貨證券作業簡單化而言

如能加入引置條款，可免除當事人間就傭船契約何種條款應置入載貨證券進行磋商，故可節省時間與精力。

三、有效引置條款之要件

由於受貨人與船舶所有人間之權義關係規範於載貨證券，因此受貨人是否受傭船契約條款之拘束，即涉及到載貨證券引置條款之效力問題。關於引置條款是否有效，以傭船契約上之仲裁條款被引置之情形為例，英、美法院採取不同標準。英國採取較嚴格標準，以保護載貨證券持有人，因此有效之引置條款，須符合下列二基本要件[1]：

---

[1] 英國之見解最早可溯及Hamilton v. Mackie (1889) 5T.L.R. 677. 依次為Thomas & Co. Ltd. v. Portsea (1912) A.C.1; The Annefield (1971) P.168; The Njegos (1936) P.90.

(一) 用語須明確

引置條款應明確指出傭船契約某項條款被引置至載貨證券。是以僅用籠統字眼，如「all conditions and exceptions to be as per charterparty」，不能有效地將傭船契約之仲裁條款引置至載貨證券。

(二) 特殊條款須逐字記載於載貨證券

對於諸如仲裁條款等特殊條款，必須逐字載明於載貨證券之上。

惟美國法院則採取較寬鬆之標準，認為「conditions and exceptions as per charterparty」之文句已足以將傭船契約上之仲裁條款引置至載貨證券[2]。

台灣高等法院暨所屬法院87年11月之法律座談會意見：「……如載貨證券僅記載『引用傭船契約之約定』，而傭船契約中雖有仲裁條款之約定，仍難認有仲裁合意。」[3]此項見解與英國見解類似。

為統一上述紛歧之見解，聯合國貿易暨發展委員會（UNCTAD）乃提出數項原則[4]，作為具體合理解決上述爭議之方案。本文參考UNCTAD所提供之原則，提出下列各點，期能成為決定引置條款效力之標準：

1.被引置之條款，不得牴觸海商法強制禁止之規定。

2.被引置之條款，不得牴觸載貨證券原有條款之規定。

3.傭船運送下簽發載貨證券者，應將傭船契約提供載貨證券持有人參考。

4.因買賣而轉讓載貨證券時，傭船契約亦應依Incoterms之規定[5]，併送載貨證券持有人參考。

5.引置條款用語須明確，譬如載明「傭船契約之仲裁條款，引置於載貨

---

[2] Son Shipping Co. v. De Fosse & Tanghe, 199 F. 2d 687; Lowry & Co. v. S.S. LeMoyne Diberrille, (1966) 253 F. Supp. 396; Kurt Orban v. Clymenia, 1971 A.M.C. 778.

[3] 參見台灣台中地方法院94年度海商字第7號民事裁定。

[4] Bills of lading–Report by the secretariat of UNCTAD, 1970, p. 53.

[5] 詳請參考Incoterms 2000賣方之義務A8「賣方應提供交貨證明、運送單據或等同的電子資訊」。

證券」或「傭船契約之仲裁條款，對載貨證券持有人有拘束力」類似字樣。

6.在裝載港有延滯費產生者，應載明於載貨證券上，俾載貨證券持有人預知延滯費支付之義務。

7.裝卸載總期間業已約定者，應將裝載所使用期間載明於載貨證券，俾載貨證券持有人得以計算卸載期間，以免超過裝卸載總期間，致須支付延滯費。

8.有空載運費者[6]，應載明於載貨證券，俾載貨證券持有人預知是項支付之義務。

9.上述應載明之事項未載明者，運送人不得對抗善意載貨證券持有人。

---

[6] 空載運費於件貨及傭船運送中均會發生。件貨運送時，託運人已向運送人預定艙位，且簽訂運輸契約者，如託運人不能供應約定貨載，或臨時取消託運，運送人為彌補艙位空置的損失向託運人所收取的運費稱之為空載運費，係懲罰託運人違反運送契約的一種違約金。但託運人未與船方簽訂運送契約者，無須支付空載運費。傭船運送時，若傭船契約中有該條款，則當貨方因供貨不足或其他原因未能裝足約定數量時，亦應依照約定支付空載運費。

第十八章　認賠書

重點解說

一、認賠書之意義及其種類

　　認賠書（letter of indemnity, L/I）亦有稱為免責函、擔保賠償書、保結書者，係指一方向他方承諾，承擔其因一定作為或不作為致生之損害賠償責任及費用之支出。認賠書通常於下列三種場合適用之[1]：

（一）為取得清潔載貨證券

　　運送人於簽發載貨證券前，若發現貨物有瑕疵或託運人通知之貨物名稱、數量或其包裝之種類、個數或標誌，運送人確知或疑其不相符合或無法核對時，運送人得不予載明或載明該項瑕疵。惟上述作法均會使託運人取得不潔載貨證券無法順利押匯或託收。因此運送人可在載貨證券上貨物名稱、件數或重量之前，記載said to be、said to weight或said to contain等類似字樣，俾順利押匯及託收，惟此舉使運送人日後對第三人有損害賠償之虞，因此實

---

[1] 詳參中華徵信所，國際貿易金融大辭典，民國86年增修訂初版三刷。

務上乃由託運人向運送人出具認賠書，並於認賠書上，向運送人擔保如因簽發清潔載貨證券致生糾紛時，均由託運人負責主動或授權運送人代為參與和解訴訟，並償還運送人及其使用人、受僱人、備船人及其代理人所受之損害與費用。

（二）為請求押匯銀行受理有瑕疵之單證

在信用狀交易中，受益人（通常為賣方）所提示之單證[2]雖有瑕疵，但僅屬輕微瑕疵，諒不致造成買方拒付者，受益人為求順利押匯，得向押匯銀行出具認賠書請求其受理押匯，並於認賠書上向押匯銀行承諾，如因受理此項單證致生之損害，由受益人償還之。

（三）為請求無單放貨

貨物已抵達目的港而受貨人尚未取得載貨證券者，為能及時提取貨物，受貨人請求開狀銀行等簽發無單放貨之認賠書，俾向船方換發小提單（delivery order, D/O）後進行提貨，並於該認賠書中向運送人擔保如因無單放貨致生之損害，由受貨人或願為其擔保之銀行、保險公司負賠償責任。雖然實務上此種擔保提貨書常稱為保證書（letter of guarantee），但因易與真正之保證函混淆，所以並非恰當之用語。

本章僅就前述第1類之認賠書，討論其相關法律問題。

二、認賠書之性質

最高法院59年度台上字第655號判決認為，認賠書係屬民法上保證契約之一種。此項見解值得斟酌，蓋保證契約必須以主債務存在為前提，但認賠書存在於貨方與運送人間，並無主債務之存在，何有保證可言。吾人認為認賠書應屬擔保契約，由託運人向運送人承諾，承擔運送人因簽發清潔載貨證券所致生之損害賠償責任及費用之支出。

---

[2]　此處之單證係指為證明貨物已交運、貨物已保險或貨物品質、數量之單證，包括載貨證券、保險單、商業發票、包裝單以及檢驗證書等。

三、本法第55條之保證與認賠書

本法第55條第1項規定：「託運人對於交運貨物之名稱、數量，或其包裝之種類、個數及標誌之通知，應向運送人保證其正確無訛，其因通知不正確所發生或所致之一切毀損、滅失及費用，由託運人負賠償責任。」託運人上述之擔保責任，雖與第一類認賠書所生之法律關係雷同，但認賠書仍有其存在之必要[3]，理由如下：

1. 第55條第1項係參酌海牙規則及海牙威斯比規則第3條第5項之規定：「託運人應視為已向運送人保證其所提供之標誌、個數、數量或重量在裝運時之正確。託運人並應賠償運送人因是項提供細目之不正確所致或所生之一切損失、損害及費用。運送人此項請求賠償權利，不得用以限制運送人依運送契約對託運人以外之其他人所負之責任及義務。」故第55條第1項之「應向運送人保證其正確無訛」，參照上述之規定，應解釋為「視為向運送人保證其正確無訛」。是以第55條第1項託運人之擔保責任，係屬法定，託運人無須另與運送人訂定擔保契約。惟是項法定擔保並未要求託運人提供實質的人或物之擔保；認賠書得另以具體方式提供運送人實質之擔保，對運送人自較為有利。

2. 第55條第1項託運人擔保之內容為交運貨物之名稱、數量，或其包裝之種類、個數及標誌之通知，並未包括貨物之「品質」、「性質」；認賠書則包含貨物之「品質」與「性質」之擔保，對運送人較為有利。

3. 第55條第1項係對通知不正確所發生或所致之一切毀損滅失及費用，由託運人對運送人負賠償責任；認賠書則惠及運送人及其使用人、受僱人、代理人、備船人及其代理人。

4. 第55條第1項係對毀損滅失及費用，負損失填補責任；認賠書則除填補損失外，託運人並有主動或授權運送人代為參與和解訴訟之義務，對運送人較為有利。

---

[3] 惟學者仍有認為由於此種「法定擔保責任」之規定，使載貨證券認賠書之簽發並無創設託運人擔保責任之法律效果，見施智謀，第247頁。

四、認賠書之效力

　　鑑於海牙規則及海牙威斯比規則並無認賠書之規定，因此國際商會第283號出版物「清潔載貨證券問題」（The problem of clean bills of lading）中嘗謂：「認賠書之提供……乃危險之舉。……如能儘可能不採，較為妥當。」惟由於運送人與託運人對貨物之品質，常難以達成一致之協議，致託運人無法取得清潔載貨證券押匯，或貨物無法如期完成裝載。認賠書之使用可解決上述問題，使國際貿易及海上運送得以順利進行，從而貿易與航運上因認賠書而簽發清潔載貨證券之情形，屢見不鮮且無從避免。因此漢堡規則第17條第2至4項遂對認賠書之效力作如下之規定：

　　「1.任何擔保狀或協議書訂定，託運人對於運送人或其代理人所發載貨證券，就託運人所提供應記載於載貨證券上之事項，或貨物明顯之外表狀況未加註保留文句，所致之任何損失，均由託運人負責賠償者，此項擔保狀或協議書，對於包括受貨人在內之受讓該載貨證券之第三人不生效力，不得以之對抗該第三人。

　　2.上開擔保狀或協議書對於託運人仍屬有效。但運送人或代理其簽發載貨證券之人省略本條第2項所定之保留文句，係為意圖詐欺包括受貨人在內之信賴載貨證券記載而有所作為之第三人時，不在此限。於後者之情況，如省略之保留文句係關於託運人提供應記載於載貨證券之事項時，運送人不得依本條第1項向託運人請求賠償。

　　3.於本條第3項所定意圖詐欺之情況下，運送人對於包括受貨人在內之因其信賴載貨證券記載而有所作為之第三人所致之損失，應負賠償責任，且不得主張本公約所定限制責任之利益。」

　　最高法院81年度台上字第2114號判決謂：「免責函，除託運人與運送人間為有效外，對第三人（包括受貨人）是否有效，非無疑問。」此項見解，仍有討論空間，吾人認為，參酌漢堡規則前開之規定，認賠書之效力應分二點論述之：

（一）在運送人與託運人間

1.認賠書之出具無詐欺意圖者

認賠書之簽發，僅因託運人與運送人間對貨物之狀況有所爭執，意見未能一致，託運人為取得清潔載貨證券所為之權宜措施，不能遽而否認其效力。因此，認賠書在無詐欺意圖時，應認其對運送人與託運人為有效。

2.認賠書之出具有詐欺意圖者

認賠書之出具如係為意圖詐欺包括受貨人在內之信賴載貨證券記載而有所作為之第三人時，應認其為無效。倘於詐欺之構成上有難以認定之情事，亦應解為違反公序良俗（民§72）。如省略之保留文句係關於託運人提供應記載於載貨證券之事項時，運送人不得依第55條之規定向託運人請求賠償。

（二）運送人與第三人間

認賠書之出具，不論有無詐欺意圖，其效力皆不及於第三人。故對於包括受貨人在內之受讓該載貨證券之第三人，不生效力，不得以之對抗該第三人。於有詐欺意圖時，運送人對於包括受貨人在內之因其信賴載貨證券記載而有所作為之第三人所致之損失，並應負賠償責任，且不得主張單位責任限制之適用。

惟不論認賠書之無效與否，該清潔載貨證券本身，並不因之而無效，運送人仍應依本法第54、55條之規定，負文義責任。

第十九章　載貨證券之債權效力

討論重點

一、載貨證券之獨立性。
二、載貨證券之文義性。
三、「without prejudice to charterparty」條款之效力。

重點解說

載貨證券之債權效力可分載貨證券之獨立性及文義性二點。另於實務上，傭船運送簽發之載貨證券常有「without prejudice to the charterparty」條款，其效力如何亦應併予探討。茲分述如下：

一、載貨證券之獨立性

關於載貨證券之獨立性，可由件貨運送及傭船運送二方面論之：

（一）件貨運送

件貨運送中運送人與託運人之權利義務雖然主要規定於載貨證券，但運送人或船長簽發載貨證券前，已另有運送契約存在，無論該契約係採口頭方式，譬如電話；或為書面方式，譬如裝貨單shipping order, S/O，此時載貨證券僅為契約之證明，二者內容衝突時，自應以契約所規定者為準。

惟載貨證券轉讓他人後（本法§60I準用民§628），載貨證券持有者，僅擁有載貨證券，因此其與運送人間，關於運送事項，悉依載貨證券之記載（本法§60I準用民§627）。詳言之，海上貨物運送契約之當事人為運送人與託運人。載貨證券係運送人或船長於貨物裝載後，因託運人之請求，所發

給之貨物收受證券，在運送人與託運人之間，故僅為運送契約之書面證明，而非運送契約之本身。惟若載貨證券轉讓至第三人持有，則運送人與載貨證券持有人間，關於運送事項，依海商法第60條第1項準用民法第627條之規定，一依載貨證券之記載，其已具獨立性，不再依存於運送契約[1]。

為應注意者，如原託運人於轉讓載貨證券後，復輾轉取回載貨證券者，雖亦為載貨證券持有人，但因兼具託運人身分，故關於運送事項，仍應依運送契約之規定。

（二）傭船運送

傭船運送之傭船人欲轉賣貨物時，由於傭船契約並非可轉讓之物權證券，因此亦有載貨證券簽發之需求。船舶所有人與傭船人間之權義關係，依傭船契約之記載，載貨證券僅具契約證明之效力[2]。但傭船人以外之載貨證券持有者，因為僅有載貨證券為唯一規範權義之文件，因此其與船舶所有人之關係，僅依載貨證券之記載（§60Ⅱ）。如傭船人輾轉復取得載貨證券者，雖亦為載貨證券持有人，但因兼具傭船人身分，故關於運送事項，仍依傭船契約之規定[3]。

二、載貨證券之文義性

本法第74條第1項規定，載貨證券之發給人，對於依載貨證券所記載應為之行為，均應負責。因此運送人對載貨證券之記載，應負文義責任，但應區分情形如下：

（一）載貨證券在運送人與託運人間，及運送人與載貨證券非善意持有人（託運人以外）之間——表面證據主義

於此二種情況下，載貨證券所記載事項僅具推定效力，亦即僅推定託運人已將載貨證券所載之貨物交予運送人運送，故其間對載貨證券之文義有

---

[1] 最高法院88年度台上字第1569號判決。
[2] 最高法院69年度台上字290號判決。
[3] Carver, para. 5-038

爭執時，運送人仍得提出原始運送契約或其他證明文件，諸如理貨單（tally sheet）或大副收貨單（mate's receipt），以對抗託運人[4]。本法第54條第3項規定：「載貨證券依第1項第3款爲記載者，推定運送人依其記載爲運送。」此即海牙規則及海牙威斯比規則第3條第4項所採之表面證據主義：「此項載貨證券應作爲依照前項(一)(二)(三)款所記載之貨物已經運送人收受之表面證據。」

（二）載貨證券在運送人與載貨證券善意持有人（託運人以外）之間——文義責任主義

於此種情形下，運送人應依載貨證券記載之文義負責，縱使實際裝載之貨物與載貨證券所載者不同，運送人仍不得舉此反證推翻載貨證券之文義，此即海牙威斯比規則第3條第4項但書所採之文義責任主義：「但載貨證券已轉讓與善意第三人者，不得提出反證。」漢堡規則仿海牙威斯比規則第3條第4項原則及但書之規定，將載貨證券之證據效力及文義責任規定於第16條第3項，頗值參考：「除就本條第1項應記載之事已註記保留文句者外，a.載貨證券爲運送人已依證券之記載收受貨物之表面證據；或於發給裝船載貨證券之場合，則爲運送人已依證券記載裝載貨物之表面證據。b.載貨證券已轉讓於包括受貨人在內之善意並信賴其記載而有所作爲之第三人時，運送人不得提出反證以證明其記載不實。」

綜上所述，可知運送人實際未收受貨物卻簽發載貨證券者（空券），或載貨證券所載貨物與實際收受之貨物不符者，仍應分別情形依上述二點決定運送人之責任。

三、「without prejudice to charterparty」條款之效力

實務上常見之「without prejudice to charterparty」條款，譬如代號爲SHELLVOY5之計程傭船契約第33條規定：「The signing of bills of lading shall be without prejudice to this charter.」意指「傭船運送簽發載貨證券者，載貨證

---

[4]　司法院民事法律專題研究(二)海商法第5則。

券之條款不能改變傭船契約之內容。」惟此項條款並不具實質意義[5]。蓋依上所述，於船舶所有人與傭船人間，有關運送事項悉依傭船契約之記載，並不受該載貨證券是否有「without prejudice to the charterparty」條款記載之影響。至於傭船人以外之載貨證券持有人與船舶所有人間，有關運送事項應適用載貨證券上之規定，亦不致因該條款之加入而適用傭船契約之規定。

---

[5] Carver, para. 730。

第二十章　載貨證券之物權效力

討論重點

一、載貨證券物權效力之各項見解。
二、載貨證券物權效力之實務見解。

重點解說

一、載貨證券物權效力之各項見解

關於載貨證券之物權效力，有主張肯定與否定說者，其中肯定說又分為絕對與相對說二類。相對說者又有嚴正相對說及單純相對說之分。茲分述如下。

（一）絕對肯定說

此說認為本法第60條第1項規定：「民法第627條至第630條關於提單之規定，於載貨證券準用之。」又依民法第629條規定：「交付提單於有受領物品權利之人時，其交付就物品所有權移轉之關係，與物品之交付，有同一之效力。」是以交付載貨證券於有受領物品權利之人時，其交付發生物權移轉效力，足證載貨證券具有物權效力。貨載是否仍在運送人占有中，並非所問[1]。

（二）相對肯定說

相對肯定說又有嚴正相對說及單純相對說之分：

---

[1] 張特生，第169頁。

1.嚴正相對說

此說認為依民法第629條之規定，載貨證券之交付有受領物品權利之人時，該項交付仍不同於物品之交付，尚須履行民法第761條動產物權讓與之方式，故載貨證券之物權效力以運送人直接占有為前提[2]。

2.單純相對說

此說與嚴正相對說不同之處係載貨證券之物權效力，以運送人直接占有或間接占有為前提，倘運送人對貨載喪失直接占有或間接占有，縱將載貨證券交付他人，亦不生所有權移轉之物權效力[3]。

按相對肯定說中之嚴正相對說與單純相對說，二者之差別在於前者僅承認運送人直接占有貨載時，始生載貨證券之物權效力（即以載貨證券之交付視為所有權移轉之效力）；而後者認為運送人直接占有或間接占有貨載時，均有物權效力。衡諸海運實務，運送人間接占有貨載之情形亦事所常有，採嚴正相對說要求運送人須直接占有貨載之主張，不但有違海運實務，更破壞單證交易制度之便捷性，當純屬理論之推演而無實務存在之價值，不宜採納。

（三）否定說

此說認為載貨證券不具有物權效力，僅具債權效力，因此交付載貨證券，僅生貨載交付請求權之移轉效力[4]。

此說有悖於與相關法律規定，民法第629條規定：「交付提單於有受領物品權利之人時，其交付就物品所有權移轉之關係，與物品之交付，有同一之效力。」海商法第60條第1項復規定：「民法第627條至第630條關於提單之規定，於載貨證券準用之。」故載貨證券不論係在民法或海商法，均有物權之效力，當毋庸置疑。

2　同上。
3　施智謀，第253頁。
4　田中誠二，海商法詳論，第392頁，轉引自張特生，註1，第170頁。

二、載貨證券物權效力之實務見解

　　最高法院76年度台上字第771號判例對載貨證券之物權效力，採取單純相對肯定說：「交付載貨證券於有受領貨物權利之人時，其交付就貨物所有權移轉之關係，與貨物之交付，有同一之效力，固爲海商法第104條（即現行法第60條第1項）準用民法第629條所明定，惟此係就運送人尚未喪失其對貨載之占有（包括間接占有）之情形而言，倘貨載已遺失或被盜用，而不能回復其占有或已爲第三人善意受讓取得者，則載貨證券持有人縱將載貨證券移轉與他人，亦不發生貨物所有權移轉之物權效力，充其量僅發生損害賠償債權之讓與而已。」依上開判例之見解，此物權效力之發生，須以提單收受時，其運送物係在運送人占有中（包括間接占有）始合乎要件。

　　上述最高法院判例之見解值得肯定。然而其中部分論述尚有商榷餘地。該項判例認爲：「……倘貨載已遺失或被盜用，而不能回復其占有或已爲第三人善意受讓取得者，則載貨證券持有人縱將載貨證券移轉與他人，亦不發生貨物所有權移轉之物權效力，充其量僅發生損害賠償債權之讓與而已。」依此項見解，比單純相對說更進一步，即倘貨載已遺失或被盜用，但仍能回復其占有，則載貨證券仍能依物權證券移轉。然所謂能否回復占有，標準如何？係以知悉該物在何盜贓者手中爲準？抑或以該盜贓者願意返還爲準？適用上顯生困擾，且不免使載貨證券之物權效力陷於不確定狀態。吾人認爲，載貨證券不過是一張物權證書，不應有別於物權之原則。亦即，在貨物被盜或遺失之情況下，若無載貨證券，所有人固已不能再將動產移轉，即使有載貨證券，該載貨證券亦因權利人已經喪失貨物之占有，而成爲「空券」。若出讓者，明知該貨物已喪失占有，仍隱匿事實爲載貨證券之出讓行爲，除應負賠償責任外，甚且構成詐欺。出讓者若非明知，該載貨證券之移轉，亦不生物權移轉之效力，僅可能生債務不履行或侵權行爲之損害賠償問題。

第二十一章　適航性

重點解說

一、適航性之意義

　　提供具有適航性（seaworthy）船舶，是運送人及船舶所有人應負之基本義務，海牙規則及海牙威斯比規則第3條第1項及第4條第1項明文規定：

　　「第3條：運送人於發航前及發航時，應就下列事項為必要之注意：

1.使船舶有適航能力。

2.適當配置船舶之海員、設備、及供應。

3.使貨艙、冷藏室、及其他供載運貨物部分，適合並安全於受載、運送、及保存。

　　第4條：因船舶無適航能力所生或所致之滅失或毀損，除係由於運送人方面缺乏必要之注意，未依第3條第1項之規定，使船舶有適航能力，確使船舶配置適當之海員設備及供應，並使貨艙、冷藏室、及其他供載運貨物部分，適合並安全於受載、運送及保存者外，運送人或船舶均不負責任。因船舶無適航能力致有滅失或毀損時，運送人或其他人主張本條所規定之免責者，應就已為必要之注意負舉證之責。」

　　本法參照上述海牙規則及海牙威斯比規則之規定，於第62條規定船舶之

適航性：「運送人或船舶所有人於發航前及發航時，對於下列事項，應為必要之注意及措置：

1.使船舶有安全航行之能力。

2.配置船舶相當船員、設備及供應。

3.使貨艙、冷藏室及其他供載運貨物部分適合於受載、運送與保存。」

適航性是否存在，係屬事實問題，須就當時、當地、同種類、同航程之船舶定其標準[1]。因此適航性係針對下列數項情形認定：

1.特定貨載：譬如船舶於裝載易燃物時欠缺適當防燃、通風設備者，即欠缺適航性。

2.特定之航程：譬如航程長遠，但船體結構強度無法勝任者，欠缺適航性。

3.特定之海象：譬如風雨交加之冬季，船舶無適當防潮防風設備者，欠缺適航性。

4.特定之船舶：譬如貨櫃船未具有甲板載運貨櫃之能力者，欠缺適航性。

二、適航性之要件

為使船舶適合於特定貨載、特定航程及特定天氣，運送人須使船體、海員、設備、供應及供載運貨物部分均屬安全且適當。分述如下：

（一）船體安全

船舶應依船舶法（第三章）或國際相關規定作特別檢查、定期檢查、臨時檢查，使其具備適於航行之結構強度、船舶穩度、推進機器或工具及設備，以策航行安全。定期檢查延誤八個月之船舶，難謂其具有適航性[2]。

---

[1] 最高法院90年度台上字第2103號制決。
[2] 最高法院79年度台上字第865號判決。

（二）海員、設備及供應

船舶不但應有船員，且在形式上須遵守國際、國內航線船舶船員最低安全配額等規範，在實質上須符合船員服務規則中有關資格等之規定，並足能勝任該項航行。

船舶設備應依「船舶設備規則」之規定配備之，不但形式上應包括救生、消防及經主管機關公告應配備之設備等共16項，且於實質上該等配備應足堪使用，並應依規定檢查合格，將設備整理完妥，否則不得航行（船§23III）；違反者，由航政機關處船舶所有人、船長新台幣6,000元以上6萬元以下罰鍰，並命其禁止航行及限期改善；改善完成後，始得放行（船§92）。船舶除須具備應有之供應，如燃料、糧食、清水、藥品等，並應使該等設備足堪使用。船舶超載煤炭，致需減載始能安全航行者，亦為欠缺適航性。

（三）供載運貨物部分

船舶供載運貨物部分之通風、冷藏、冷凍、隔離、儲藏、固定等功能均應適合載運承載之貨物，而不致危及航行安全。

三、適航性之注意事項

適航性是託運人請求貨物損害賠償最常主張之訴求，因此適用上應注意下列幾點：

（一）具備適航性係相對性義務

適航性之具備，在立法例上雖有採絕對性義務，使運送人負擔保責任者，然而多數立法例，包括本法，認為船舶之結構強度、穩度、機器、工具及設備等均屬極為精密之配合，因此運送人固應使船舶具有適航性，但只須對適航性之具備已為必要之注意及措置即可，尚無就適航性負絕對注意及處置之義務。因此運送人已為必要之注意及措置者，縱未發現船舶欠缺適航性，仍可因無過失而免責，運送人並不擔保船舶之適航性。

船舶所有人為運送人時，始須就船舶之適航性負責，若僅為船舶所有人

而非運送人時，即無須直接對傭船人及託運人負責[3]。

（二）適航性以可對抗航行通常可預見之危險為已足

適航性乃指船舶有能力使貨載足以對抗航行「通常」可能遇見之危險而言。運送人無須使該船舶具有對抗「任何」危險之安全航行能力。因不可抗力、不可預期之惡劣天氣或意外事故致生貨載損害者，運送人或船舶所有人不負賠償責任（§69）。

（三）適航性於「貨物開始裝載時至發航時」即須具備

第62條所稱「發航前及發航時」係指「船舶開始裝載時至發航時之期間」[4]，因此適航性之義務始於「貨物開始裝載時至發航時」之期間內，船舶於此期間內即須具有適航性，但並非表示船舶「航行中」運送人即無需使船舶保持適航性，運送人既在「貨物開始裝載至發航時」有義務使船舶具有適航性，就必須在「航行中」繼續維持船舶之適航性。船舶航行中欠缺適航性之事實，如可歸因於「發航前及發航時」無適航性者，運送人不得據以免除欠缺適航性之責任。運送人僅於下列情形中，無須就適航性負責：

1. 欠缺適航性係於發航後一突發事實所致者：第62條第2項所稱「船舶於發航後因突失航行能力所致之毀損滅失，運送人不負賠償責任。」即此之謂。
2. 運送人對於適航性「於發航前及發航時，已爲必要之注意及處置者」。

此觀之第62條第1項規定自明。

但於計時傭船運送時，船舶之適航性義務始於傭船期間開始時至發航時之期間內[5]。在計程傭船運送時，船舶所有人必須於傭船運送發航時，提供具有適航性之船舶。

---

[3]　最高法院91年度台上字第859號判決。

[4]　Maxine Footwear Co.Ltd. v. Canadian Merchant Marine, Ltd. (1959) All E.R.740, Star Line, (1905) 1K.B.697

[5]　Hong Kong Fir Shipping Co. Ltd. V. Kawasaki Kisen Kaisha Ltd. (1962) All E.R.474.

（四）適航性之具備採航程主義

對於適航性，採「擔保責任」之立法例者，多要求船舶於每一航段，自貨物開始裝載時至發航時，均應提供具備適航性之船舶。本法既採海牙規則之「過失責任」，運送人僅須於契約所定之航程，自貨物開始裝載時至發航時，提供具備適航性之船舶即可。所稱「航程」，係指運送契約所定裝載港至卸載港之航程。因此船舶發航前具有適航性，但航程中停靠中間港者，縱於該中間港發航前未具備適航性，並無第62條之適用。此外，為適應船舶在中途港補充燃料（bunkers）之實際需要與習慣，於航程發航時，縱燃料僅敷航行至中途港之需要者，仍認其在船舶之供應上具有適航性[6]。

（五）適航性依個案事實認定

船舶是否具備適航性，依個案事實認定，非僅以船舶本身狀況而定，尚與其供應、配備、貨載搭載狀況及預定航程中之海上危險有密切關係[7]。因此是否擁有最新型器械設備，並非認定適航性之標準；前次航程具有適航性，尚難謂後次航程亦具有適航性；雖依法定期檢查，亦難謂船舶具有適航性。

（六）海事行政法之要求不得與海商法之規範混為一談

「海商法」規範之適航性與「海事行政法」要求之定期檢查，係不相同之概念，故不得以船舶已依海事行政法有關規定為周年定期檢查，取得結構、配備安全及具有國際通訊載重能力之證明文件，即謂船舶具有適航性。

申言之，船舶有無適航性，係屬事實問題，應以船舶在發航前及發航時，符合第62條規定為必要，且須就當時、當地、同種類、同航程之船舶定其標準。至於航政主管機關之定期檢查，僅屬航政之行政手續，不得因船舶曾依法定期檢查，經船級檢驗合格，即謂船舶具適航性，運送人仍應於發航前及發航時注意及維護其船舶之勘航能力[8]。

---

[6] The Makedonia (1962) 2 All E.R. 614.
[7] 最高法院76年台上第1858號判決。
[8] 最高法院84年度台上字第2761號判決；90年度台上字第2103號判決；88年度台上字第561號判決。

（七）欠缺適航性所致之損害不得主張免責

　　船舶發航前及發航時，使船舶具備適航性，為運送人之基本義務，不得約定免責，故為運送人之強制責任。在此期間內，船舶欠缺適航性致生損害者，縱有免責事由之發生（譬如§69），運送人仍不得主張免責[9]。但船舶發航後，因突失適航性所致之損害，運送人得主張免責（§62II）。

（八）欠缺適航性由主張者負舉證責任

　　貨物受到毀損滅失，並無法因之推定船舶即係欠缺適航性，託運人必須負舉證責任，證明貨物有毀損滅失，且肇因於船舶欠缺適航性[10]。但船舶於發航後因突失航行能力所致之毀損或滅失，運送人如欲免除賠償責任，則應負舉證責任（§62III），證明係發航後突失航行能力，貨物開始裝載時至發航時，船舶仍具有適航性。

（九）履行輔助人之過失致欠缺適航性時之責任

　　運送人之代理人、受僱人及其他使用人因過失致船舶欠缺適航性者，運送人應行負責。因此，船長、船員或受僱之專門技術人員，如船舶維修人員、調整羅盤人員等人，因過失致船舶欠缺適航性時，運送人負損害賠償責任。但造船廠、驗船協會等獨立履行輔助者之過失，運送人不負責任，惟運送人對是項工作之完成及驗收與有過失者，仍須負責。

（十）發航後突失適航性之責任

　　船舶於發航後因突失航行能力所致之毀損或滅失，運送人不負賠償責任（§62II）。

　　須注意者有下列二點：

　　1.發航後之突失航行能力，不得係因發航前欠缺適航性所致者，此由「突失」二字及同條第一項堪航義務的時間限於「發航前及發航時」

9　同註3。

10　最高法院40年度台上字第1306號判決；79年度台上字第2057號判決。

觀之，當可得知。

2.此項規定並非指運送人不負任何賠償責任，而僅係「不就適航性之欠缺負強制責任」。因此，運送人是否負賠償責任，尚須視損害原因而定，亦即因免責事由所造成者，運送人不負賠償責任；因責任事由造成者（例如第63條關於貨物之照管義務），運送人仍負賠償責任。

（十一）託運人拒絕交運貨物之權利

船舶欠缺適航性者，託運人得拒絕交運貨物，如是項瑕疵之存在使船舶不能達運送契約之目的時，託運人得解除契約（§42）。

（十二）裝卸載分工時之適航性義務

運送人得就裝卸載相關事項應由何人負責乙點，與託運人協議。傭船運送時，採F.I.O.[11]條件者，由貨方從事裝卸載；採F.I.O.S.T.[12]條件者，裝卸、堆積及平艙均由貨方負擔；採gross terms[13]條件者，裝卸、堆積由船舶所有人負擔。件貨運送時，採berth terms[14]者，裝卸貨由運送人負責。惟不論裝卸載由何人負責，運送人均應提供裝卸載之機具，以盡適航性之義務。

（十三）適航性為運送人強制責任

適航性為運送人強制責任之一，運送人或船舶所有人不得以特約減輕或免除（§61），故於載貨證券上記載「A certificate of a surveyor is to be conclusive evidence of due diligence to make the ship seaworthy」（公證人之證明書，係對船舶適航性已為必要注意之決定性的證據）者[15]，該條款無效。

---

[11] F.I.O.為傭船契約裝卸條件之一種，係指free in and out，亦即free from taking in and out cargo，在此條件下裝卸貨由貨方負責。

[12] F.I.O.S.T.為傭船契約裝卸條件之一種，係指free in/out/stowed/trimming，在此條件下，貨物的裝卸、堆積及平艙均由貨方負責，費用包括在運費之內。

[13] gross terms即總括條件。傭船運送採用總括條款者，意指航行所需一切費用由船舶所有人負擔，包括船舶轉運、港埠費、港灣稅捐、全部裝卸堆積平艙及倉庫運至船邊的費用。

[14] berth terms為定期船條件，係指裝卸貨均由船方負責。

[15] The Australia Star (1940) 67 Ll.L. Rep. 110.

第二十二章　貨物之照管義務

重點解說

　　對貨物盡照管義務，係運送人之基本義務之一。海牙規則及海牙威斯比規則第2條及第3條第2項均就此為規定：「第2條：除第6條規定之情形外，在每一海上貨物運送契約下，運送人就貨物之裝載、搬移、堆存、運送、保管、看守、及卸載所負之責任與義務，與享受之權利及免責，應依後開之規定。」「第3條第2項：除第4條另有規定外，運送人應適當並注意於裝載、搬移、堆存、運送、保管、看守、及貨物之卸載。」

　　本法承襲前開規定於第63條規定，運送人對於承運貨物之裝載、卸載、搬移、堆存、保管、運送及看守，應為必要之注意及處置。本條與第62條同為運送人之基本義務及強制責任事項。

一、運送人對貨物之照管義務

　　運送人對貨物之照管義務，可討論者有下列數點：

（一）貨物之照管義務係相對性義務

　　運送人對貨物之注意處置並非絕對性義務。運送人對貨物之處理已為必要之注意及處置者，縱使貨物仍有毀損滅失，運送人仍可因無過失而免責，

運送人無須對貨物之毀損滅失負不可抗力之責任。

（二）運送人對貨物應盡善良管理人之注意義務

運送人對於貨物照管義務應負之過失責任，觀之第63條條文規定：「應為必要之注意及處置」，其應盡善良管理人之注意，甚為明顯，若其欠缺此項注意，則有抽象的過失，即應就此項過失負損害賠償責任。則可歸責於運送人與否，自應以運送人是否盡善良管理人之注意為準，亦即運送人有抽象的過失或具體的過失，致運送物有毀損或滅失時，即應負賠償責任[1]。

（三）運送人依裝卸載分工之內容盡照管義務

運送人得就裝卸載相關事項應由何人負責乙點，與託運人協議。傭船運送時，採F.I.O.條件者，由貨方從事裝卸載；採F.I.O.S.T.條件者，裝卸、堆積及平艙均由貨方負擔；件貨運送時，採berth terms者，裝卸貨由運送人負責。一旦經協議由運送人負責裝卸貨、堆積等工作時，運送人應就該部分履行必要之注意與處置之義務。

二、適航性與貨物照管義務之區別

運送人應提供具有適航性之船舶，使貨艙、冷藏室及其他供載運貨物部分適合於受載、運送與保存。運送人亦須對承運貨物之裝載、卸載、搬移、堆存、保管、運送及看守，為必要之注意及處置。上述二項義務均涉及對貨物之受載、運送與保存，其適用上區別之標準在於「是否危及船舶安全」[2]。因此對貨物之受載、運送與保存，欠缺必要注意及處置者，譬如超載煤炭、致船舶無法安全航行；又譬如運送油品，貯油糟未予栓緊，致船舶無法安全航行者，皆為第62條適航性義務之違反。反之，對貨物之受載、運送與保存，欠缺必要之注意及處置，僅對貨載造成損害，而尚未危及船舶安全航行者，為欠缺對貨物處理應盡之義務，而非欠缺適航性，譬如巧克力與起士置

---

[1]　72年5月2日司法院第三期司法業務研究會。
[2]　Elder, Dempster v.Paterson Zochonis (1924) All E.R. 135

於同一艙內，致巧克力走味者，船舶仍具有適航性，故應屬第63條貨物照管義務之違反。

三、貨物照管義務存在期間

第63條之貨載照管義務，其存在期間為貨物裝載後、卸載前之在船期間。但並非「在船期間以外之期間，運送人對貨物無照管義務」，詳言之：

（一）貨物在船期間

運送人對貨物之照管義務，乃基本義務，不得以特約減輕或免責，故為運送人之強制責任，而有第61條規定之適用。運送人對貨物未盡照管義務致生損害者，不能主張第69條之免責事項。海牙規則第3條第2項規定：「『除第4條另有規定外』，運送人應適當並慎重地裝載、搬移、運送、保管、看守及卸載貨物」，雖係指於得適用第4條「運送人之權利及免責」規定之情形時，應優先適用第4條免責之規定。但本法第63條係參照美國COGSA第3條第2項之規定，該項規定並無「除第4條另有規定外」之文字，故在解釋上不宜從海牙規則之規定。換言之，運送人對貨物未盡照管義務致生損害者，不能主張第69條之免責事項。

（二）貨物待運與待交期間

運送人仍須對貨物盡照管之義務，但不負強制責任。運送人有第69條免責規定之適用，亦得以特約減輕或免除責任，而無第61條規定之適用。惟故意或重大過失之責任，仍不得預先免除（民§222）。

第二十三章
違禁物、不實申報物、危險貨物及未報明貨物之運送

討論重點

一、違禁物與不實申報物。
二、危險貨物。
三、未經報明之貨物。

重點解說

　　違禁物、不實申報物、未經報明之貨物及危險貨物之運送均有毀損船舶、貨載，或危害船舶上人員健康、航行安全之虞，本法特別於第64及65條規範之。第64條規定：「運送人知悉貨物為違禁物或不實申報物者，應拒絕載運。其貨物之性質足以毀損船舶或危害船舶上人員健康者亦同。但為航運或商業習慣所許者，不在此限。（§64Ⅰ）運送人知悉貨物之性質具易燃性、易爆性或危險性並同意裝運後，若此貨物對於船舶或貨載有危險之虞時，運送人得隨時將其起岸、毀棄或使之無害，運送人除由於共同海損者外，不負賠償責任。（§64Ⅱ）」第65條規定：「運送人或船長發現未經報明之貨物，得在裝載港將其起岸，或使支付同一航程同種貨物應付最高額之運費，如有損害並得請求賠償。（§65Ⅰ）前項貨物在航行中發見時，如係違禁物或其性質足以發生損害者，船長得投棄之。（§65Ⅱ）」

　　第64條係規定「已報明之貨物」但具下列性質者：①違禁物，或②不實申報物，或③危險性之貨物。第65條則係規定「未經報明之貨物」，是否具

有上述違禁物、危險物之性質，在所不問。分述如下：

一、違禁物與不實申報物

違禁物包括禁止輸出入、通過之貨物及戰時禁制品，其內容依當時法令之規定。不實申報物係指對貨物之名稱、數量，或其包裝之種類、個數及標誌為不實之申報。違禁物及不實申報物之運送責任如下：

1. 不論對違禁物或不實申報物，運送人均應拒絕載運（§64Ⅰ）。
2. 託運人對於交運貨物之名稱、數量，或其包裝之種類、個數及標誌，因通知不正確所發生或所致之一切毀損、滅失及費用，由託運人負賠償責任（§55Ⅰ）。
3. 運送人不得以前項託運人應負賠償責任之事由，對抗託運人以外之載貨證券持有人（§55Ⅱ）。
4. 運送人苟同意違禁物或不實申報物之載運，亦不免除託運人對運送人及第三人之責任[1]。
5. 託運人不得以貨物遭沒收為由，拒絕支付運費[2]。
6. 違禁物未經報明者，運送人或船長由於事先未曾得知，無法事前拒絕載運，但既於裝載後發現，則得在裝載港將其起岸；如在航行中發現者，船長得投棄之，或使支付同一航程同種貨物應付最高額之運費，如有損害並得請求賠償（§65Ⅰ）。

---

[1] 參酌德國商法第564條之規定：「關於貨物種類狀態之通知不確實，傭船人或託運人負過失責任時，對於海上運送人及第512條第1項規定之第三人，因通知不確實所致之損害，負賠償責任。傭船人或託運人對於戰時禁制品，或禁止輸出、輸入、通過之貨物，違法裝載時，尤其違反關於警察、租稅或海關法令者，適用前項之規定。傭船人或託運人縱得船長同意所為之行為，亦不免除本人對第三人所負之責任。傭船人或託運人不得以貨物沒收，引為拒絕支付運費之理由。貨物有危及船舶或其貨載時，船長得將貨物起岸。遇有危險急迫情形時，並得拋棄之。」
[2] 同上。

二、危險貨物

危險貨物，依1974年海上人命安全國際公約[3]（International Conven-tion for the Safety of Life at Sea, 1974）第6條之規定，包括下列九項：

1.爆炸物。

2.壓縮、液化或受壓溶解之氣體。

3.易燃液體。

4.易燃固體、易於自燃之物質、遇水放出易燃氣體之物質。

5.氧化劑、有機過氧化物。

6.毒性物質、傳染性物質。

7.放射性物質。

8.腐蝕性物質。

9.其他危險物質。

為維護商港及其他船舶之安全，入港船舶裝載危險物品者，應先申請商港管理機關指定停泊地點後，方得入港（商港§30Ⅰ）。

船舶在港區裝卸危險物品，應經商港管理機關之許可。商港管理機關對具有高度危險性之危險物品，應責令貨物所有人備妥裝運工具，於危險物品卸船後立即運離港區。其餘危險物品未能立即運離者，應指定危險品堆置場所，妥為存放（商港§30Ⅱ）。

裝載危險物品之船舶，應依照規定，日間懸掛紅旗，夜間懸掛紅燈於最顯明易見之處（商港§30Ⅲ）。

由於危險物品影響航行、貨載、人員及港埠碼頭之安全甚鉅，因此交通部另定船舶危險品裝載規則，規範危險品裝載運送應行注意事項。其重點包括：

1.客船載客限額超過二十五人，或按其全長每三公尺載客限額超過一人者，應避免裝載特別危險性質之危險品，俾發生意外事件時，乘客得以迅速撤離（規則§45）。

2.危險品裝船或卸船，或為其他裝卸時，船長或其職務代理人，必須在

3　該公約現已有1978及1988年議定書。

場（規則§48）。

3.危險品裝船時，船長應確認其容器、包裝及標籤符合規定，並與託運危險品申請書所記載之事項相符。船長認為其容器、包裝或標籤不符規定時，得會同公證人將包裝拆解，予以檢查（規則§49）。

4.裝載危險品之船舶備有危險品管理守則者，船長應將其所記載事項，通告該船所有船員及作業人員共同遵守（規則§50）。

5.船長應注意裝載於船舶之危險品不致發生災害。船長為避免危險品對人命、船舶或其他貨物之危害，於必要時得廢棄裝載於船舶之危險品（規則§51）。

6.船舶載運危險品，應儘可能載於甲板上（規則§53Ⅰ）。

除上述規定外，危險品之運送責任如下：

1.運送人對危險品應拒絕載運（§64Ⅰ前）。但為航運或商業習慣所許者，不在此限（§64Ⅰ但），仍得載運之，運送人不得於載貨證券中約定減輕或免除法定運送責任[4]。

2.託運人應將貨物之危險性質及必要時所應採取之預防措施，告知運送人[5]。

3.託運人未為上述告知或告知不正確者，應對運送人因此所受之損害負賠償責任。運送人並得隨時將其起岸、毀棄或使之無害而不負賠償責任[6]。

---

[4] 最高法院65年度台上字第2053號判決。

[5] 參酌漢堡規則第13條規定：「1.託運人應於危險貨物上，以適當方法加記號或標籤，以標示其危險。2.託運人交付危險貨物於運送人或實際運送人時，應將該貨物之危險性質及必要時應採之防範措施，告知運送人。如託運人怠於為此項告知，而運送人或實際運送人無從由其他方法獲悉該貨物之危險性質時：a.託運人對於運送人或實際運送人因運送該貨物所受之一切損失，應負賠償責任，並且b.運送人得視情況需要，隨時將該貨物卸載、銷毀或作消除其危險性之處分，而不予補償。3.任何人如明知貨物之危險性質而仍於運送途中加以管領者，不得援引本條第2項之規定。4.如本條第2項b款之規定不適用或不得援引，而危險貨物對於生命或財產構成實際危害時，得視情況需要，將其卸載、銷毀或作消除其危險性之處分，不予補償，但共同海損之分擔義務或運送人應依第5條規定負其責任者，不在此限。」

[6] 同上。

4.運送人知悉貨物之性質具易燃性、易爆性或危險性並同意裝運後，若此貨物對於船舶或貨載有危險之虞時，運送人得隨時將其起岸、毀棄或使之無害，運送人除由於共同海損者外，不負賠償責任。

運送人雖依法有權採行起岸、毀損或使之無害方法，但究應選擇上述何種方式仍應視當時情況是否急迫危險而定。倘當時並無急迫危險，運送人仍不得捨「起岸」方式而輕率採行「毀棄」或「使之無害」之方式，期能避免對該貨載造成不必要之損害。

本款之適用不限於「對船舶或貨載有危險之虞」之貨物，亦應包括「對人員健康」有危險之虞的貨物。

第64條第2項末段規定：「除由於共同海損者外，不負賠償責任。」由文義觀之，似指運送人不負賠償責任，但如有共同海損時，運送人始負賠償責任。惟此段用語實係誤譯下列海牙威斯比規則之原文所致：「without liability on the part of the carrier except to general average, if any.」蓋於共同海損場合，運送人所負擔者僅為「共同海損分擔責任」而非損害賠償責任。因此第64條第2項末段宜修正為「運送人不負賠償責任，但有共同海損時，仍應負損害分擔之責任」。

5.貨物雖非1974年海上人命安全國際公約第6條規定之危險品，但其性質足以毀損船舶或危害船舶上人員健康者，亦適用上述之規定（§64Ⅰ）。

貨物性質不限於足以「毀損船舶或危害船舶上人員健康」，亦包括「毀損貨載」。

6.危險貨物未經報明者，除有第65條之適用外，亦可類推適用第64條第2項之規定，運送人得隨時將其起岸、毀棄或使之無害，運送人不負賠償責任，但不影響共同海損之分擔。託運人對直接或間接所致之損害及費用負賠償責任[7]。

---

[7]　參酌海牙威斯比規則第4條第6項規定：「貨物具有易燃性、易爆性、或危險性，如運送人、船長或運送人之代理人知悉其性質或特質即不同意予以裝運者，得於卸載前任何時間，在任何地點，予以起岸，或予以毀滅，或使之變為無害，而不負賠償責任。所有因此項貨物之裝運直接或間接所生或所致之損害及費用，託運人並負賠

三、未報明之貨物

　　未報明之貨物係指未經船長或運送人知曉而裝載入船者，亦即偷運貨物。關於未報明之貨物責任如下：

1. 運送人或船長發見未經報明之貨物，得在裝載港將其起岸，或使支付同一航程同種貨物應付最高額之運費，如有損害並得請求賠償（§65Ⅰ）。

2. 前項貨物在航行中發見時，如係違禁物或其性質足以發生損害者，船長得投棄之（§65Ⅱ）。

3. 貨物未經船長或運送人之同意而裝載者，運送人或船舶所有人，對於其貨物之毀損或滅失，不負責任（§72）。倘貨物之毀損或滅失，係由於船長或運送人故意或重大過失所致者，仍無法免除運送人或船舶所有人之責任。

　　償之責。若此類貨物，其性質係經知悉，經同意予以裝載運者，對於船舶或其貨載有危險時，運送人仍得於任何地點予以起陸，或予以毀滅，或使變為無害，運送人除係由於共同海損者外，亦不負賠償責任。」

第二十四章　託運人之義務與責任

🖊 重點解說

　　託運人之義務與責任，由事項而言，包括運費及其他費用之給付義務、解除傭船契約時之義務與責任、交運貨物之通知義務與責任、危險貨物之處理義務、對未經報明物之責任及其他等。由責任型態而言，以過失責任為原則。分述如下：

一、運費及其他費用之給付義務

　　託運人應依其與運送人之約定，給付運費。運費可分為預付運費及到付運費，前者固應由託運人負給付運費責任；後者則由受貨人向運送人給付。

　　載貨證券未記載運費由受貨人支付者，推定受貨人無支付運費之義務。但該載貨證券已轉讓於包括受貨人在內之善意第三人時，運送人不得提出反

證而爲相反之主張[1]。

託運人所須額外支付之其他費用，包括延滯費、延誤費、特殊貨物（如超重或危險物）處理費、貨幣貶值附加費、燃料附加費或行經戰區附加費等。

貨運承攬人、報關行、經紀人均係代表貨方處理貨物交運事宜者；運送人在各地之代理行（agent）始爲代理運送人處理事物之人。因此除非運費及費用實際由運送人或運送人之代理人收訖，否則貨方仍未履行繳付之義務。例如陽明海運公司載貨證券第19條第4項規定：「Payment of ocean Freight and charges to a freight forwarder, broker or anyone other than the Carrier,or its authorized agent, shall not be deemed payment to the Carrier and shall be made at payer's sole risk.」（向承攬運送人、經紀人，或運送人以外之人，或其授權之代理人給付之運費及費用，不得視爲付給運送人）。

二、解除傭船契約時之義務與責任

以船舶之全部供運送時，託運人於發航前得解除契約。但應支付運費三分之一，其已裝載貨物之全部或一部者，並應負擔因裝卸所增加之費用（§43 I）。前項如爲往返航程之約定者，託運人於返程發航前要求終止契約時，應支付運費三分之二（§43 II）。

以船舶之一部供運送時，託運人於發航前，非支付其運費之全部，不得解除契約。如託運人已裝載貨物之全部或一部者，並應負擔因裝卸所增加之費用及賠償加於其他貨載之損害（§44 I）。前項情形，託運人皆爲契約之解除者，各託運人僅負第43條所規定之責任（§44 II）。

---

[1] 參考漢堡規則第19條第4項規定：「載貨證券未依第15條第1項k款記載運費事宜，或有關運費由受貨人負擔之指示，或未記載裝載港之延滯費由受貨人負擔者，可為推定受貨人無須支付該項運費或延滯費之表面證據。如載貨證券欠缺上開事項之記載，而已轉讓於包括受貨人在內之善意並信賴其記載而有所作爲之第三人時，運送人不得提出反證而爲相反之主張。」

三、交運貨物之通知義務與責任

託運人對於交運貨物之名稱、數量，或其包裝之種類、個數及標誌之通知，應向運送人保證其正確無訛，其因通知不正確所發生或所致之一切毀損、滅失及費用，由託運人負賠償責任（§55Ⅰ）。運送人不得以前項託運人應負賠償責任之事由，對抗託運人以外之載貨證券持有人（§55Ⅱ）。基於載貨證券之文義性，運送人對載貨證券善意持有人負文義責任，故運送人不得以託運人應負賠償責任之事由，對抗託運人以外之載貨證券善意持有人。第55條所稱「應向運送人保證其正確無訛」，並非令託運人另與運送人訂定擔保契約，而係指「視爲對運送人擔保該記載正確無訛[2]」。

四、危險貨物之處理義務

本法雖未明文規範託運人對危險貨物之處理義務，惟鑑於危險貨物對船舶、貨載、人命及航行安全影響重大，因此宜參酌漢堡規則之規定[3]，託運人對於危險貨物，應以適當之方式標示，並將其危險性質及預防危險發生之措施以書面通知運送人。託運人怠於爲上述行爲或標示通知錯誤者，託運人對於運送人因此所受之損害，負賠償責任。

五、對未經報明貨物之責任

運送人或船長發見未經報明之貨物，得在裝載港將其起岸，或使支付同

---

[2]　參考海牙威斯比規則第3條第5項規定：「託運人應視爲已向運送人保證其所提供之標誌、個數、數量或重量在裝運時之正確。託運人並應賠償運送人因是項提供細目之不正確所致或所生之一切損失、損害及費用。運送人此項請求賠償權利，不得用以限制運送人依運送契約對託運人以外之其他人所負之責任及義務。」

[3]　參考漢堡規則第13條第1、2項規定：「1.託運人應於危險貨物上，以適當方法加記號或標籤，以標示其危險。2.託運人交付危險貨物於運送人或實際運送人時，應將該貨物之危險性質及必要時應採之防範措施，告知運送人。如託運人怠於爲此項告知，而運送人或實際運送人無從由其他方法獲悉該貨物之危險性質時：a.託運人對於運送人或實際運送人因運送該貨物所受之一切損失，應負賠償責任，並且b.運送人得視情況需要，隨時將該貨物卸載、銷毀或作消除其危險性之處分，而不予補償。」

一航程同種貨物應付最高額之運費，如有損害並得請求賠償（§65 I）。

六、其他

託運人之責任除上述各項外，尚包括下述各項：

（一）就期間而言

運送人強制責任期間外之期間，運送人得與託運人協商責任之歸屬及減輕或免除運送人責任之事項，因此託運人於此段期間仍須依其約定負責。

（二）就事由而言

運送人約定免責（本書第二十九章）或法定免責（本書第三十章）之事項，託運人仍須自負其責。

七、過失責任之負擔

除前述擔保責任外，託運人原則上負過失責任。換言之，託運人或其代理人、受僱人有過失者，應負損害賠償責任；託運人或其代理人、受僱人無過失者，不負責任。因此本法第57條規定：「運送人或船舶所有人所受之損害，非由於託運人或其代理人受僱人之過失所致者，託運人不負賠償責任。」並由託運人舉證其並無過失，始可免責。

第二十五章　偏　航

重點解說

偏航（deviation）係指運送人偏離原定之航行路線，但仍願回到原定目的港者。

偏航對託運人造成如下之不利：

1.貨載易遭致不可預測之毀損滅失；

2.導致貨載給付遲延，受貨人喪失轉賣、高價出售之商機；

3.導致原責任保險及貨物保險契約之危險增加。

因此除正當理由外，運送人不得偏航。海牙規則及海牙威斯比規則第4條第4項規定：「為救助或企圖救助海上人命或財產之偏航，或任何合理之偏航，不得視為本公約或運送契約之違反，因此所致之任何滅失或毀損，運送人不負責任。」漢堡規則並未對偏航為特別規定，因此僅能適用第5條第6項的籠統規定：「除共同海損外，運送人對於因救助海上人命或合理地救助財產所採措施致生之滅失、毀損或交付遲延，不負責任。」

本法參照海牙規則及海牙威斯比規則之規定，將偏航之法律關係規定於第71條：「為救助或意圖救助海上人命、財產，或因其他正當理由偏航者，

不得認為違反運送契約，其因而發生毀損或滅失時，船舶所有人或運送人不負賠償責任。」

一、偏航之內容

偏航包括下列數種情形：

1. 離開運送契約明定之航道；
2. 契約未規定航道者，離開航運習慣上之航道；
3. 無航運習慣上之航道者，偏航係指離開最安全、直接之航道；
4. 運送契約載明數卸載港者，船舶得航行所有或其中任何港口，但如無相反之慣例或正當理由，應按運送契約上明定之次序航行，否則即為偏航；
5. 運送契約載明某地區之若干卸載港而未明示港名者，如無相反之慣例或正當理由，船舶應按地理之次序航行所有港口，否則即為偏航。

英美習慣法上偏航包括之範圍甚廣。英國法院認為偏航除包括前述地理上偏航外，尚包括準偏航（quasi-deviation），例如運送人未依約將貨物即時運往目的地，僅將其置於一旁疏於看管，而致貨物被竊者，及運送人未將貨物妥善貯放而致貨物毀損者等。美國法院認為偏航除包括上述地理上偏航外，尚包括非地理上偏航（non-geographical deviation），譬如超載、試航時載運貨物、未依約定於前次航程卸載、發航遲延、運送契約明定全程水運而運送人卻以火車運送者、以運送契約所定船舶以外之他船舶運送者、甲板載貨而無當事人同意或航運習慣許可者，及將貨載運回至發航港者等。

上述將偏航擴大包括準偏航或非地理偏航之觀念，僅為英美習慣法上之見解，海牙規則、海牙威斯比規則及漢堡規則均未採用。我國海商法亦不宜將偏航範圍擴大至準偏航或非地理偏航。

二、偏航與變更航程之區別

偏航係指船舶由出發港啟航後，偏離原定之航道，但仍未放棄駛往原目的港之初衷者。偏航可分為正當（justfiable）與不正當之偏航，不正當偏航「發生後」，所致之毀損滅失，保險人不負賠償責任，但對偏航「發生前」

及「正當之偏航」所致之毀損滅失，保險人仍負賠償責任[1]。

變更航程（change of voyage）係指船舶自出發港啓航後，變更原定航程，且不願駛往原目的港者。變更航程應屬民法違反契約之問題，並無正當、不正當之區別，對於變更航程致生之貨物損害，運送人或船舶所有人除因事變、不可抗力外（§69），須負賠償責任。變更航程之「決定」已明白顯示時，保險契約即行終止。至於變更航程是否「實際」發生，要非所問。

三、正當偏航之意義

倘因偏航而有貨損發生時，應檢視(1)貨損是否與偏航有直接因果關係；(2)偏航之正當性。因此判斷偏航究爲正當、不正當，顯有其重要性。

常見之正當偏航，包括因港口擁擠、碼頭罷工、機械故障而緊急前往附近港口修繕、救助或意圖救助海上人命或財物等原因而偏航。偏航是否正當，係依「危險狀態是否存在」決定，至於造成危險狀態之「原因」爲何，則非所問。因此縱因發航前發航時欠缺適航性而偏航至他港修繕者，仍屬正當偏航[2]。惟偏航是否正當仍須依個案事實而定，運送人於考慮運送契約規定及所有當事人利益後所作適當且必要之偏航，始稱之正當偏航。本法第71條雖規定救助或意圖救助海上人命、財產或其他正當理由，均可成立合理偏航，但其偏航行爲亦須符合「適當且必要」之要件，因此船舶救助觸礁之他船人員、財產，苟已知悉鄰近港口有充分的拖帶船舶可供使用，惟爲賺取拖帶費用，仍將之拖帶至鄰近港口修繕者，該船雖爲救助海上人命、財產而偏航，仍因從事不必要之拖帶行爲，致無法稱之爲正當偏航[3]。

爲裝卸貨物或乘客而偏航者，是否即爲不正當之偏航，亦不可一概而論，如因乘客心肌梗塞等急性病發作或乘客爲逃犯且須緊急逮捕者、或貨物

---

[1] 參考英國1906年海上保險法（Marine Insurance Act, 1906）第46條第1項規定：「船舶無正當理由，偏離保單所定之航道者，保險人自不合理偏航發生後，即解除責任。船舶於損失發生前，是否重回航道，在所不問。」
[2] Kish v. Taylor (1912) A.C.604.但因欠缺適航性所致之毀損滅失，運送人仍應負損害賠償責任。
[3] J. Wilson, p.18. Scaramanga. v. Stamp (1880), 5 C.P.D.285.

無法於進行罷工之目的港卸載者，運送人之偏航均應認為正當之偏航，但裝卸貨物或乘客係為賺取運費、票價，或雖未圖利運送人，但係便利貨主裝卸載、旅客上下船者，亦應認為不正當偏航。

四、偏航之效果

正當偏航者，不得認為違反運送契約，其致生之毀損或滅失，船舶所有人或運送人不負賠償責任（§71）。

不正當偏航者，即為違反運送契約，因而發生毀損或滅失者，船舶所有人或運送人負賠償責任。由於航路是託運人評估貨物風險、抵達時間、運費給付之標準，船舶偏航後，原運送契約之基礎受到嚴重之改變，因此運送人不得適用第69條免責、第70條第2項單位責任限制及第56條第2項1年起訴期間規定。

第71條雖僅規範「毀損或滅失」，但「遲到」亦宜類推適用之，俾求周延。

五、偏航自由條款之效果

傭船契約或載貨證券上常見偏航自由條款，賦與運送人偏航之權利。偏航自由條款之效力，須視其是否符合合理偏航之要求而定。本法第71條規定正當偏航包括救助或意圖救助海上人命財產或其他正當理由。因此，偏航自由條款如規定「The vessel has liberty to call at any port or ports <u>in any order,for any purpose.</u>[4]」即已超越合理偏航範圍，並使運送人對於不合理偏航因此所致貨物毀損、滅失及遲到不負賠償責任，依第61條之規定，應為無效[5]。

偏航自由條款之內容無論如何變化，在解釋上均不得違反航行之主要目的。因此「The vessel has liberty to call at any port or ports whatsoever in any order <u>in or out of the route or in a contrary direction to or beyond the port of</u>

---

[4] 底線為作者自加，俾提醒注意。

[5] 美國法院亦採此見解，但英國法院則認為自由條款僅係對航線範圍作界定，並未減輕或免除運送人責任，應認為有效。參見Carver, para.1185.

destination<u></u>⁶」之規定，應不生效力。但偏航自由條款亦常於上述條款末加入後段「and also to deviate for the purpose of saving life and/or property」之規定，是類規定即屬第71條之正當偏航，應為有效。按法律行為一部分無效者，原應全部皆為無效，但依民法第111條之規定，除去前段規定，亦可成立者，後段仍為有效。

---

⁶　底線為作者自加，俾提醒注意。

第二十六章　甲板載運

討論重點

一、甲板載運之責任。
二、甲板載運自由條款之效力。
三、貨櫃置放甲板運送之效果。

重點解說

　　載運於甲板上之貨物（deck cargo），由於風吹、日晒、雨淋，折舊較快；遭遇大風浪時，易被沖刷；為求共同危險中全體財產之安全，常成為首先被投棄者不得享權利；如未依航運習慣裝載於甲板上之貨物經投棄者，不認為共同海損犧牲，但經撈救者但要盡義務，仍應分擔共同海損（§116），因此傳統之海上運送，原則上不採甲板載運方式。海牙規則及海牙威斯比規則第1條第3款將契約記明為甲板載運且實際裝載於甲板之貨物排除適用：「『貨物』包括物品、製造品、商品、及除牲口暨契約記明為甲板貨物且如此載運以外之各種物件。」

　　但貨物載運於甲板上者，較之艙內貨載，運費相對較為低廉。某些貨物如木材、危險貨物及貨櫃等亦因性質或習慣，多堆放於甲板上。因此漢堡規則第9條將①託運人同意；②基於特殊商業習慣；③依法令規定之甲板載貨列為適用範圍：「1.運送人僅得依其與託運人之約定，或特定之貿易習慣或法規之要求，將貨物裝載於甲板上；2.如運送人與託運人已有貨物應或得裝載於甲板之合意者，運送人須將此項合意記載於載貨證券或其他表徵運送契約之文件單據上。未為此項記載者，運送人須就當事人間有甲板裝載合意之存在，負舉證責任。運送人並不得援引此項合意以對抗包括受貨人在內之善意

取得載貨證券之第三人；3.貨物違反本條第一項之規定而裝載於甲板上，或運送人依本條第2項不能援引甲板裝載之合意者，雖有本公約第5條第1項之規定，運送人對於直接因甲板裝載所生之滅失、毀損或遲延交付，仍應負賠償責任；而其責任範圍則應斟酌個案情形，依本公約第6條或第8條規定決定之。4.貨物運送，違反船艙裝載之契約明示規定而為甲板裝載者，視為本公約第8條所謂之運送人之作為或不作為。」

　　本法仿漢堡規則之規定，將運送人有權甲板載運之情形限於：①經託運人之同意並載明於運送契約，或②航運種類或商業習慣所許者。故第73條規定：「運送人或船長如將貨物裝載於甲板上，致生毀損或滅失時，應負賠償責任。但經託運人之同意並載明於運送契約或航運種類或商業習慣所許者，不在此限。」

　　值得探討者，為下述三點：

一、甲板載運之責任

　　甲板載運分為有權與無權甲板載運。有權甲板載運係指1.經託運人同意並載明於運送契約；2.航運種類；3.商業習慣許可者。所稱「載明於運送契約」，只須於載貨證券上加蓋「stowed on deck」之印戳，或於載貨證券上以印刷條款表明甲板載運，即為已足。惟由於載明on deck之載貨證券，將被銀行拒絕押匯，因此於信用狀交易時，應先洽請買方於信用狀上加列「on deck shipment is allowed」字句[1]。

　　無權甲板載運係指無上述情形，運送人或船長仍將貨物裝載於甲板上者。本法第73條前段規定，運送人或船長如將貨物裝載於甲板上，致生毀損或滅失時，應負賠償責任，即為無權甲板載貨責任之規定，第73條後段規定：「但經託運人之同意並載明於運送契約，或航運種類或商業習慣所許者，不在此限。」係指運送人有權甲板載運時之責任。

　　最高法院71年度台上字第290號判例謂：「（舊）海商法第107條（現行法第63條）規定『運送人對於承運貨物之裝卸、搬移、堆存、保管、運送及

---

[1]　詳參第十三章「海運單據」之(七)「載貨證券之記載事項」。

看守，應為必要之注意及處置』，乃運送人之基本注意義務，『運送契約或載貨證券記載條款、條件或約定、以免除運送人或船舶所有人對於因過失或本章規定應履行之義務而不履行，致有貨物毀損滅失之責任者，其條款、條件或約定不生效力』，同（舊）法第105條（現行法第61條）亦有明文規定。是運送人或船長如將貨物裝載於甲板上，致生毀損或滅失時，依同（舊）法第117條（現行法第73條）前段規定，固應負賠償責任，即有該條但書規定經託運人之同意或航運種類或商業習慣所許之情形，而將貨物裝載於甲板，對於前開（舊）第107條（現行法第63條）所定基本注意義務，運送人仍應遵守，不得免除，如以契約約定，運送人對甲板裝載之貨物，不盡此項法定基本注意義務，仍不負賠償責任，依前開（舊）第105條（現行法61條）規定，應屬無效，法理甚明。」上述判例雖甚正確，惟仍有加以闡明之必要如下：

1. 第73條前段規定：「運送人或船長如將貨物裝載於甲板上，致生毀損或滅失時，應負賠償責任。」本條與第63條均係運送人對貨物之照管義務規範，惟第63條係採過失責任，本條前段所稱「應負賠償責任」則係指絕對的賠償責任，即對於因不可抗力而生之損害，亦應負責。蓋此之「應負賠償責任」如係指普通之「過失責任」，第63條原即有規定運送人注意責任，在一般之運送，運送人違反其注意責任義務者，即應負賠償責任，其於無權裝載於甲板而致貨物產生損害時，當然更應負賠償責任，自毋須另於第73條前段加以規定之必要。由此足證此之所謂「應負賠償責任」並非指「過失責任」，而實係指「絕對的賠償責任」。

2. 第73條後段規定：「但經託運人之同意並載明於運送契約，或航運種類或商業習慣所許者，不在此限。」係指運送人有權甲板載運時之責任，但「不在此限」並非指運送人對於貨物之毀損不負責任，僅係指運送人在有權甲板載運時，可免負同條上段規定之「絕對的賠償責任」。惟第63條所定基本照管義務，運送人仍應遵守，其於注意責任有欠缺時，仍應負過失賠償責任，非謂一經託運人同意或為商業習慣所許而裝載於甲板上，不問運送人保管貨物之注意責任是否欠缺，概可對貨物之毀損不負責任。如以契約約定，運送人對甲板裝載之貨物，不盡此項法定基本照管義務，仍不負賠償責任者，依第61條規

定，應屬無效[2]。

二、甲板載運自由條款之效果

運送契約常出現如下之甲板載運自由條款：「Steamer has liberty to carry goods on deck and shipowners will not be responsible for any loss, damage, or claim arising therefrom」（船舶有甲板載運之自由，運送人對因而造成之毀損、滅失或賠償請求，不負責任）上開條款前段為任意裝載（optional stowage）之規定，僅為表示運送人甲板載運之意圖，不能視為貨物實際載運於甲板上之同意，若實際運送時將貨物裝載甲板上而無託運人同意並載明者，仍為無權甲板載運，運送人應負絕對賠償責任。上開條款後段為運送人免責之規定，應為無效。蓋第63條對貨物照顧之照管義務，為運送人之基本照管義務，運送人縱為有權甲板載運，仍應遵守第63條之照管義務，不得免除。因此後段有第61條規定之適用，應為無效。

三、貨櫃置放甲板運送之效果

現代航運採用貨櫃運送者，已蔚為風氣，且多數之貨櫃係裝載於甲板上運送。貨櫃載運於甲板上，已得託運人同意並載明於運送契約者，固為有權甲板載運，此外貨櫃置放甲板上運送是否為「商業習慣或航運種類」所許，則應視該船舶之性質而定。茲分二種情形討論：

（一）為了載運貨櫃而設計之貨櫃船

貨櫃置於此類貨櫃船之甲板上載運，應屬「航運種類所許」[3]。但對於第63條所定貨物照管義務，運送人仍應遵守，不得免除。運送人保管貨物之注意義務有欠缺者，就貨物之毀損滅失應負賠償責任。

---

[2]　72年5月司法院司法業務研究會第3期研究意見。
[3]　The Mormacvega (1974) 1 Lloyd's Rep.296。

（二）並非為載運貨櫃而設計之船舶

　　貨櫃置於其甲板上載運，無法獲得適當之保護，亦不利船舶之安全，故不宜認係「航運種類所許」，應屬無權甲板運送。

第二十七章　交付遲延

✒ 重點解說

　　廣義的遲延，包括船舶到達裝載港遲延、船方裝卸載遲延、貨方裝卸載遲延、受貨人受領遲延及運送人交付遲延。其中船舶到達裝載港遲延及船方裝卸載遲延，可歸責於運送人者，託運人得依民法第254條之規定，定相當期限，催告運送人履行，如運送人於期限內不履行時，託運人得解除其契約。惟若依該運送契約之性質或當事人之意思表示，非於一定時期履行不能達到運送契約之目的者，倘運送人不按照時期履行，託運人依民法第255條，亦得不定相當期間催告，逕行解除運送契約。

　　至於貨方裝卸載遲延，依本法第52條第2項之規定，船舶所有人得請求延滯費或延誤費之請求。

　　關於受貨人受領遲延，依本法第51條之規定，運送人及船長得以受貨人之費用，將貨物寄存於港埠管理機關或合法經營之倉庫，並通知受貨人。如貨物有不能寄存於倉庫、有腐壞之虞、或顯見其價值不足抵償運費及其他相關之必要費用者，運送人亦得聲請法院裁定准予拍賣，於扣除運費或其他相

關之必要費用後提存其價金之餘額。至於交付遲延（delay in delivery）則為本章探討重心。

一、交付遲延之意義

海商法與民法均未就交付遲延規範其定義。既言「遲延」顯見係與「應交付期間」作一比較，「應交付期間」當指：

1.運送契約明定之期間。

2.契約無明定者，依習慣之期間。

3.無約定亦無習慣者，於相當之期間。相當期間，係指於斟酌各該運送之一切情況後，所決定之合理期間（參照民§632）。

超過上述應交付期間始交付者，即為交付遲延。

二、本法並未排除交付遲延之責任

海商法第74條第2項規定：「前項發給人，對於貨物之各連續運送人之行為，應負保證之責。但各連續運送人，僅對於自己航程中所生之毀損滅失及遲到負其責任」，至於「連續運送」以外之運送人是否應對遲到負責，海商法則付之闕如。按此並非立法者有意省略，僅係因海牙規則及海牙威斯比規則均未規範交付遲延，本法既繼受海牙規則及海牙威斯比規則，故亦未對交付遲延作周延之規範。惟交付遲延仍應依本法第五條適用民法第634條之規定：「運送人對於運送物之喪失、毀損或遲到，應負責任。但運送人能證明其喪失、毀損或遲到，係因不可抗力，或因運送物之性質，或因託運人或受貨人之過失而致者，不在此限。」是以本法第61條規定免責條款「以減輕或免除運送人或船舶所有人，對於因過失或本章規定應履行之義務而不履行，致有貨物毀損、滅失或『遲到』之責任者，該條款無效。」又第76條第1項前段規定「本節有關運送人因貨物滅失、毀損或『遲到』對託運人或其他第三人所得主張之抗辯及責任限制之規定，對運送人之代理人或受僱人亦得主張之。」亦均有遲到之規定。

因此，交付遲延亦應有本法免責規定之適用，否則以本法保護運送人之立法精神而論，運送人對貨載毀損、滅失所得主張之規定，如於交付遲延時不得適用，不但有失衡平，且於同一事故發生時，毀損、滅失及交付遲延如

須分別適用海商法及民法之規定，亦將使法律關係複雜化。復以運送人不得享有免責等規定者，多係因其須負強制責任[1]或有故意或重大過失者[2]。因此，實不宜遽認交付遲延不得適用上述條款。

三、交付遲延損害賠償之方法

運送物有喪失、毀損或遲到，其損害賠償方法，包括回復原狀（§213）及金錢賠償（民§214、§215）。然而最高法院多認為賠償權利人僅得請求金錢賠償，而不得請求回復原狀，譬如最高法院58年度台上字第3812號判例謂：「民法第638條第1項所謂：『運送物有喪失、毀損或遲到者，其損害賠償額，應依其應交付時目的地之價值計算之』，此與民法第213條第1項所謂法律另有規定相當，亦應以金錢為賠償」。74年度台上字第453號判決復謂：「按負損害賠償責任者，固應回復他方損害發生前之原狀，但法律另有規定者，應從其規定，此觀於民法第213條第1項規定自明。又民法第638條第1項規定『運送物有喪失、毀損或遲到者，其損害賠償額應依其應交付時目的地之價值計算之』，即為上揭之法律另有規定，從而上訴人為被上訴人運送物品而致該物品部分喪失，依上說明，被上訴人僅得向上訴人請求賠償損害價額，尚不得請求賠償同種類、品質、數量之物品。」

惟查民法第638條係關於損害賠償「範圍」之規定，而民法第213條第1項係關於損害賠償「方法」之規定，二者規定之事項既不相同，即無從謂「第638條第1項即為第213條第1項所稱之特別規定」。上述最高法院之判例與判決之謬誤即肇因於「民法第638條第1項即為民法第213條第1項所稱之特別規定。」

因此，吾人以為關於損害賠償「方法」究為回復原狀或金錢賠償，仍應依民法第213條以下之規定決定之[3]。設若運送物種類繁多、式樣各異，致運送人不能回復原狀或回復顯有重大困難者，運送人固得以金錢賠償託運人損

---

[1] 譬如欠缺適航性時，運送人不得主張第69條之免責。

[2] 譬如第70條第4項單位限制責任之排除適用。

[3] 詳請參閱詹森林，運送物喪失毀損時，賠償權利人得否請求運送人回復原狀，民事法理與判決研究，87年，第182頁以下。

害。但如有回復原狀之可能，運送人應回復他方損害發生前之原狀。職是之故，並無限制運送人之損害賠償方法為金錢賠償之必要。其損害賠償額，應依其「應交付時」「目的地」之價值計算之。運費及其他費用，因運送物之喪失、毀損無須支付者，應由前項賠償額中扣除之（民§638I、II），此為民法就運送物之滅失、毀損或遲到所特設之規定。依上開規定，託運人自不得按關於損害賠償之債的一般原則而為回復原狀之請求[4]。

四、交付遲延損害賠償之範圍

貨載交付遲延時，發生有毀損、滅失者，運送人應依毀損、滅失負責，僅於發生非實體之經濟上損失者，始有遲延之責任可言。

民法第638條係對於運送人損害賠償範圍之特別規定，該條第1項：「運送物有喪失、毀損或遲到者，其損害賠償額，應依其應交付時目的地之價值計算之。」第2項：「運費及其他費用，因運送物之喪失、毀損，無須支付者，應由前項賠償額中扣除之。」第3項：「運送物之喪失、毀損或遲到，係因運送人之故意或重大過失所致者，如有其他損害，託運人並得請求賠償。」由上開規定可知遲到者，由應交付時目的地之價額，扣除實際交付時目的地之價額，以其所得差額為賠償額，因而運送物雖遲到，若並未較應給付時跌價者，則運送人即不必賠償。

民法第638條第3項之「其他損害」，係指「所失利益」，按「所受損害及所失利益」本為一般損害賠償之範圍（民§216），此處將之列為第638條第3項，其前提為「運送人之故意或重大過失」，乃係對運送人之特別保護。託運人因交付遲延，如有客戶索賠、商譽受損、無法使用該貨物或其價值、喪失轉賣利益、因無法使用該貨物致他物亦無法使用者等屬於第638條之「其他損害」，仍應由託運人證明運送人有故意或重大過失，始能成立。倘無法證明，運送人僅就「所受損害」部分負損害賠償責任。

---

[4] 最高法院71年度台上字第2275號判決。

五、交付遲延損害賠償額之計算

交付遲延之賠償應依其應交付時目的地之市價[5]，而非發票價值來計算該貨物之價值。市價應依據商品交易所市價；如無商品交易所市價，應依當時市價；如無商品交易所市價，亦無當時市價，則應參考同性質與品質之其他貨物一般價值確定之[6]。不得逕以發票爲憑，作爲損害賠償計算之基礎[7]，亦不得以發票價格加10%作爲市價[8]。

六、交付遲延損害賠償額之限度

因遲到之損害賠償額，不得超過因其運送物全部喪失可得請求之賠償額（民§640），此係基於衡平原則所爲之規定。

此外，貨物遲未交付者，亦有可能在運送途中業已滅失，因此爲保護損害賠償請求權人之利益，不應使其無限期等待，漢堡規則第5條第3項即規定：「應交付期間屆滿後六十連續日內，貨物仍未依第4條規定交付者，對該貨物有損害賠償請求權之人得主張該貨物已滅失。」此項視爲全損之規定，與國際公路貨運送公約（International Convention Concerning the Carriage of Goods by Road, 1961, CMR）[9]第20條及國際鐵路貨運送公約（ Convention Concerning International Carriage of Goods by Rail, COTIF）[10]第40條規定意旨相同。CMR及COTIF公約並規定視爲全損之貨物失而復得者，貨主有權要求自費取回該貨，並退回前所取得之全損的損害賠償，但應扣除涉及之費用。貨方依遲延所得請求之損害賠償請求權仍得行使之。

上述立法例對交付遲延之規定較爲持平與周延，殊值參考。

---

[5] 最高法院10年度上字第108號判決。

[6] 參考海牙威斯比規則第4條第5項第2款規定：「賠償總金額應參照依據契約所定之時間與地點、卸載或應予卸載之時間與地點市價，計算貨物之價值。貨物之價值，應依據商品交易所市價；如無商品交易所市價，應依據當時市價；如無商品交易所市價，亦無當時市價，則應參考同性質與品質之其他貨物一般價值確定之。」

[7] 最高法院77年度台上字第1866號判決。

[8] 最高法院82年度台上字第1734號判決。

[9] CMR係歐洲17個國家於1956年簽署、1961年生效之國際公路貨物運送公約。

[10] COTIF係適用於歐洲及地中海地區之29個國家的國際鐵路貨物運送公約。

第二十八章　運送人責任期間

✏️ 重點解說

一、概說

　　「運送人責任期間」係指運送人應依本法規定負責之期間，其中又包括運送人「強制責任期間」與「非強制責任期間」。所稱「強制責任期間」，係指貨物之「在船期間」，運送人在該段期間內，不得以特約免除或減輕第三章之運送責任，否則即有本法第61條規定之適用，該項免除或減輕責任之約款無效。所稱「非強制責任期間」，係指貨物之待運與待交期間，運送人於此段期間，在不違反民法第222條之大前提下，得減輕或免除其責任[1]。

二、運送人之強制責任期間

　　依第63條規定：「運送人對於承運貨物之裝載、卸載、搬移、堆存、保管、運送及看守，應為必要之注意及處置。」運送人之強制責任期間，應僅及於貨物自裝載上船至卸載離船之期間內。按本條由原條文之「運送人對於

---

[1] 惟亦應注意消費者保護法第12條定型化契約及民法第247條之1附合契約等相關規定。

承運貨物之『裝卸』、搬移、堆存、保管、運送及看守，應爲必要之注意及處置。」改爲一讀草案之「運送人對於承運貨物之『裝載』、搬移、堆存、保管、運送、看守及『卸載』，應爲必要之注意及處置。」復又修改爲現行條文「運送人對於承運貨物之『裝載、卸載』、搬移、堆存、保管、運送及看守，應爲必要注意及處置。」其修正說明爲：「參照海牙威斯比規則第6條[2]作文字修正，使符合現行作業程序，即將『裝卸』修正爲『裝載』、『卸載』並分別依其順序排列之。」惟此項修正說明，係直接移植一讀草案時之修正說明內容，是否足以說明現行條文修正之理由，頗值商榷。復鑑於本法多條條文之修正說明均有謬誤（譬如第22、32、50、70、73及76條等），故本條實不宜由修正說明探知修法眞意，而必須由修法之大方向觀之。按此次修法原則上係參照海牙威斯比規則之規定，僅少數參照漢堡規則之規定（譬如第70條第3項後段、第78條等），第63條之規定實亦係參照海牙威斯比規則第3條第2項之規定：「除第4條另有規定外，運送人應適當並注意於裝載、搬移、堆存、運送、保管、看守、及貨物之卸載」。由海牙威斯比規則上開規定，再配合同條第8項[3]（類似本法第61條）及第1條第5款[4]之規定，可知海牙

---

[2] 海牙威斯比規則第6條規定：「上列各條雖有規定，運送人、船長或運送人之代理人，與託運人就任何特定之貨物，仍得任意訂立協議，就運送人對於是項貨物之責任及義務，及運送人關於是項貨物之權利及免責，或在不牴觸公共政策之範圍內關於運送人對適航性之責任，或運送人之受僱人或代理人對於海上運送物之裝載、搬運、堆存、運送、保管、看守及卸載應爲之照顧或注意等條款，另爲訂定；但以此種情形載貨證券未曾簽發或不予簽發，又協議之條款係列入一屬於不得轉讓文件並如此註明之收據者爲限。
依前項所訂立之協議應具有完全之法律效力。但本條不適用於通常貿易過程中所爲之普通商業性運送。本條僅適用於其他運送，因其運送財物之特性或情況，或完成運送所處之環境、條件或情勢，係有正當理由需爲特殊協議者。」

[3] 海牙威斯比規則第3條第8項規定：「運送契約內之條款、條件或約定，免除運送人或船舶因疏忽、過失違反本條所規定運送人或船舶之義務或不履行所生對於貨物或與之有關之滅失或損害之責任者，或減輕本公約規定原應負之責任者，該條款、條件或約定不生效力。保險契約利益歸屬於運送人或類似之條款應視爲免除運送人責任之條款。」

[4] 海牙威斯比規則第1條第5款規定：「『貨物之運送』包括自貨物裝載上船至貨物自船舶卸載之期間。」

威斯比規則之強制責任期間爲貨物裝載上船至卸載離船期間（即通稱之鉤對鉤原則）。明此大方向後，吾人可推知本法第63條之修正既係參照海牙威斯比規則之規定，當無悖離該規則鉤對鉤原則之意圖，因此，本法在解釋上即不可能產生「『港至港』（漢堡規則[5]）或『收受至交付』（超過漢堡規則）爲強制責任期間」之結論。

運送人之強制責任期間既如上述——自裝載上船至卸載離船之期間，則接下來要解決二問題：

（一）何以一讀草案文字排列順序與現行法不同？

吾人認爲一讀草案之文字排列順序「裝載……卸載」最能昭明本法參照海牙威斯比規則之精神，三讀時修正成現行文字順序之原因，諒係認舊法之下既已解釋爲鉤對鉤原則之適用，則若改爲一讀之順序，反有造成「上船前下船後之搬移、堆存、運送、保管及看守無須爲必要之注意與處置」誤解之可能，故不如恢復舊法之順序，僅將文字詳細規定爲「裝載、卸載」，以期明確，其本意實仍係維持「自貨物裝載上船至卸載離船期間爲強制責任期間」之制度。

（二）何以原第 93 條第 3 項被刪除？

如謂「自貨物裝載上船至卸載離船期間爲強制責任期間」，則何以原第93條第3項被刪除？按原第93條第3項規定「卸載之貨物離船時，運送人或船長解除其運送責任。」吾人認爲該項刪除之原因係卸載之貨物離船時，運送人或船長之運送責任，並不當然解除，因爲：

1. 如所解除者爲「運送人責任」，則運送人之海上、陸上責任均因貨物卸載離船而告解除，殊爲不當。
2. 如所解除者爲「海上運送責任」亦非妥當，蓋因陸上運送如係海上運送之附屬行爲時，運送人仍應對之負海上運送責任。

---

[5] 漢堡規則第4條第1項規定：「依本公約運送人對貨物應負責任之期間，包括自裝載港起，經運送全程，迄於卸載港爲止，運送人將貨物置於其實力支配之期間。」

因此原第93條第3項既無法維持原條文「解除其運送責任」，又無法規範為「解除其海上運送責任」，兩難之下，只好將之刪除，將此空間付諸解釋。

三、運送人之責任期間

運送人強制責任期間既如上述為「貨物裝載上船至卸載離船之期間」亦即「在船期間[6]」，然則運送人責任期間是否以此段期間為限？由下列之探討，可知運送人依本法規定負責之期間，限於貨物在「商港區域」內之期間，故與強制責任期間並不相同。按第76條規定：「本節有關運送人因貨物滅失、毀損或遲到對託運人或其他第三人所得主張之抗辯及責任限制之規定，對運送人之代理人或受僱人亦得主張之。但經證明貨物之滅失、毀損或遲到，係因代理人或受僱人故意或重大過失所致者，不在此限。前項之規定，對從事商港區域內之裝卸、搬運、保管、看守、儲存、理貨、穩固、墊艙者，亦適用之。」依此規定可知在「商港區域內」之獨立承攬人亦得主張運送人所得主張之抗辯及責任限制之規定，雖然本條規定在邏輯上並非必然導出「運送人於該區域內當然亦得主張抗辯及責任限制之規定」之結論，然而如不採是項見解，又有運送人與獨立承攬人權益不平衡之矛盾，故吾人認為運送人於商港區域內，亦應負本法之責任。但於「在船期間」以外，運送人得以免責約款減輕或免除其責任。至於貨物在商港區域外，因運送人應負責任事由致生之毀損滅失，仍應由運送人依民法相關規定負責，無待多言。

值得注意者，有下列四點：

1.所稱「商港區域」，依商港法第3條第4款之規定，係指「劃定商港界限以內之水域與為商港建設、開發及營運所必需之陸上地區」。又依同法第4條之規定，商港區域的劃定，由交通部會商內政部及有關機關後，報請行政院核定之。國內商港之商港區域的劃定，由各該省（市）政府報請交通部會商內政部及有關機關後核定之。

2.「商港區域」包括裝載及卸載之商港區域，倘涉及國外裝、卸者，其

---

[6] 柯澤東1，第90至92頁；柯澤東2，第147頁。

商港區域之界定，尚須依該外國相關法令之規定。

3.前述第76條有關喜馬拉雅條款之規定，雖可推演出「運送人在商港區域內亦應有本法之適用」的見解，但仍無法衍生出「在商港區域內爲運送人之強制責任期間」的結論。因爲運送人強制責任期間有本法第61條之適用，此種對運送人之限制禁止規定，不宜遽然擴張，以免有違發展航運之本旨。且本法修正時仍以海牙威斯比規則爲主要參照立法例，對於「在船期間爲強制責任期間」乙點，並無改變之意圖。其次，立法者於草擬第76條時係認爲「海上運送責任限制規定，不惟運送人當然適用，其代理人及受僱人亦得主張。爰依照1986年海牙威斯比規則第4條之1增訂本條規定：本節有關運送人因貨物滅失、毀損或遲到對託運人或其他第三人所得主張之抗辯及責任限制之規定，對運送人之代理人或受僱人亦得主張之。但經證明貨物之滅失、毀損或遲到，係因代理人或受僱人故意或重大過失所致者，不在此限。」惟嗣於立法院審查會及三讀時，將範圍擴大至「對從事商港區域內之裝卸、搬運、保管、看守、儲存、理貨、穩固、墊艙者，亦適用之。」其用意亦僅在使此等人對貨物之賠償責任不致大於運送人，並不涉及運送人之強制責任期間之問題。

4.運送人在商港區域所進行之陸上作業，譬如以拖車將貨櫃拖至貨櫃集散站放置，係附屬於海上運送，不宜因此時有陸上作業，而逕認屬於多式運送。

茲以圖28-1表示運送人之各種責任期間：

圖28-1　運送人責任期間簡圖

資料來源：依相關規定自行整理。

第二十九章
運送人或船舶所有人之約定免責

🔍 討論重點

一、本法第61條規定之適用。
二、民法第247條之1規定之適用空間。

✒ 重點解說

　　運送人或船舶所有人免責有廣狹二義，廣義者包括免除責任及限制責任；狹義者僅指免除責任。本章討論之範圍為廣義之免責。運送人或船舶所有人免責之規定有見諸法律規定者，有見諸契約或載貨證券者。前者稱之為運送人或船舶所有人之法定免責，如本法第62條第2項、第69條等規定，將於第三十章討論。後者稱之為運送人或船舶所有人之約定免責，由於其在實務上常起爭議，亦有於本章詳加討論之必要。

　　載貨證券係由運送人印製，運送人或船舶所有人基於契約自由原則，動輒於載貨證券上記載減輕或免除其責任之條款。其中較習見者為：

1.甲板載貨條款：運送人對裝載於甲板上之貨物，不負損害賠償責任。
2.偏航條款：運送人得自由偏航，並對遲延不負損害賠償責任。
3.運費保付條款：係指無論貨物是否運抵目的港，運送人均可收取運費。
4.自由轉船條款：賦與運送人將貨物自由轉船之權利。
5.保險利益轉讓運送人條款：即將保險契約利益歸屬於運送人之約定。
6.雙方過失碰撞條款：於互有過失碰撞時，本船對他船之賠償，得向本

船之貨主要求共同負擔之，致使貨主不能獲得損失全額之賠償。

由於此類條款甚多，除若干於本書相關章節討論外，其餘不及一一論述。本章僅就約定免責條款之效力予以研討。

一、本法第61條規定之適用

關於上述運送人或船舶所有人約定免責之條款，雖亦可由消費者保護法第12條定型化契約條款之規定探究其效力，惟該法為定型化契約條款效力之基本規定，海商法第61條既為特別規定，自應優先適用。

本法第61條規定：「以件貨運送為目的之運送契約或載貨證券記載條款、條件或約定，以減輕或免除運送人或船舶所有人，對於因過失或本章規定應履行之義務而不履行，致有貨物毀損、滅失或遲到之責任者，其條款、條件或約定不生效力。」因此，運送人或船舶所有人約定免責之效力，須視其是否有本法第61條規定之適用。

關於第61條之規定，可討論者如下：

（一）第61條僅適用於件貨運送契約及載貨證券

第61條適用之範圍為件貨運送契約及載貨證券，而不及於傭船契約。此係因傭船契約雙方當事人經濟條件及談判能力堪稱旗鼓相當，擁有自由競爭之條件，因此傭船契約尊崇契約自由原則，其上有關減輕或免除運送人或船舶所有人責任約定之記載，除顯失公平、不合誠信原則，致有民法第247條之1無效規定之適用外，原則上仍為有效，不受第61條之拘束。惟傭船契約下簽發載貨證券者，於運送人與載貨證券之第三持有人間，仍有第61條之適用，不待多言。

（二）第61條適用於直接及間接之違法行為

法諺有云：「禁止一行為者，係禁止以直接及間接方式從事該行為」，第61條不僅適用於直接的違法行為，自亦適用於間接的脫法行為。海牙規則第3條第8項（本法第61條承襲自該項）後段規定：「保險契約利益歸屬於運送人或類似之條款，應視為免除運送人責任之條款（故應為無效）。」即為間接脫法行為無效之例示。

（三）第 61 條之用字遣詞深受英美法之影響

第61條之「條款、條件或約定」在海牙規則及海牙威斯比規則第3條第8項中亦爲三個不同英文用字「clause, covenant, agreement」，此爲英美法採成文立法時，惟恐掛一漏萬致生「列舉即排斥」之效果，所採行之習慣作法使然。故雖似各有所指，但意義類似，於中文上當可以「條款」一詞取代。本條因逐字譯自海牙威斯比規則，所以仿其英文原文將三字併列。本法深受英美法及國際條約之影響，由此可見一斑。

（四）第 61 條規定之意旨與修正之建議

第61條規定係承襲海牙威斯比規則第3條第8項前段規定：「Any clause, covenant, or agreement in a contract of carriage relieving the carrier or the ship from liability for loss or damage to, or in connection with, goods arising from negligence,fault or failure in the duties and obligations provided in this article or lessening such liability otherwise than as provided in these Rules, shall be null and void and of no effect.」（運送契約之條款、條件或約定以免除運送人或船舶，對於因過失違反本條所規定運送人或船舶之義務或不履行此項義務致貨物之毀損滅失或與貨物有關之損失之責任，或以減輕本規則免責規定以外之前開責任，其條款、條件或約定不生效力。）其中所稱「本條所規定應履行之義務」，係指運送人最低之運送義務。申言之，本條係規定，運送契約之條款若免除或減輕運送人依公約應負之責任者，該條款無效。依此規定可知，其立法意旨係明定運送人之強制義務不得以特約減輕或免除，以維護運送人強制責任的完整性。

本法第61條規定：「以件貨運送爲目的之運送契約或載貨證券記載條款、條件或約定，以減輕或免除運送人或船舶所有人，對於因過失或本章規定應履行之義務而不履行，致有貨物毀損、滅失或遲到之責任者，其條款、條件或約定不生效力。」此項規定使用之文字「對於因過失或本章規定應履行之義務而不履行」，不但與海牙規則及海牙威斯比規則第3條第8項之立法

意旨相去甚遠，而且極易使人誤認爲本條禁止運送人或船舶所有人所爲者[1]，包括：

    1.約定免除其因「過失之侵權行爲」致生之貨物毀損、滅失或遲到之責任。

    2.約定免除其因「過失之債務不履行行爲」致生之貨物毀損、滅失或遲到之責任。

    3.約定免除其因過失違背本法「第三章規定應履行之義務」致生之貨物毀損滅失或遲到之責任。

上述三點中，僅第3點屬正確見解，蓋其禁止運送人或船舶所有人免除其因違背本法「第三章規定應履行之義務」致生之貨物毀損、滅失或遲到之責任，與海牙威斯比規則第3條第8項之規定相同，亦即不得以約定免除本法規定之強制性運送義務。

除第3點之外，上述三點中之第1、2點均有其謬誤之處。按第61條係承襲海牙威斯比規定第3條第8項之規定，故其立法目的係在維護運送人強制責任之完整性，業如前述，是以就上述1、2而言，運送人或船舶所有人約定免除其因「過失之侵權行爲」或「過失之債務不履行行爲」致生之責任者，倘該項責任並非本法第三章規定之強制責任，基於契約自由原則，應可預先免除，實無禁止之必要。倘該項責任即爲本法第三章規定之強制責任，是項約定應爲無效，則又與上述第3點規定重覆，違背法律措詞簡明化原則。

綜上所論，本法第61條之規定，顯然與海牙威斯比規則第3條第8項規定有所出入，諒係翻譯謬誤所致。倘能參考上述海牙威斯比規則第3條第8項前段規定，將本法第61條修正爲「以件貨運送爲目的之運送契約或載貨證券記載條款、條件或約定，以減輕或免除運送人或船舶所有人，對於因過失不履行本章規定應履行之義務，致有貨物毀損、滅失或遲到之責任者，其條款、條件或約定不生效力。」不但能達到本條規定之立法目的，且能避免如上述1、2點之錯誤產生。

---

[1]　黃柏夫，海商法免責約款禁止條款之適用範圍，航運與貿易，第1105期，第17至19頁。

（五）第61條適用之責任內容與事項

第61條適用之責任內容包括貨物之毀損、滅失及遲到，遲到係指交付遲延。適用之責任事項包括減輕及免除責任之條款、條件或約定，屬於廣義之免責。

運送人不得以免責條款約定減輕或免除之強制義務，包括下列各項：

1.貨物運達之通知（§50）。

2.裝卸期間計算（§52）。

3.載貨證券之簽發（§53）。

4.貨物受領效力及起訴期間（§56）。

5.載貨證券之行使（§58）。

6.船舶欠缺適航性致生之毀損滅失（§62）。

7.運送人免除堪航責任之舉證（§62 III）。

8.貨物之照管（§63）。

9.禁運或偷運貨物之處理（§64）。

10.單位限制責任（§70 II）。

11.不合理之偏航（§71）。

12.不合理之甲板運送（§73）。

13.連續運送之責任（§74 II）。

14.損害賠償之計算（民§638）。

二、民法第247條之1規定之適用空間

大量交易行為所涉及之契約為求達到效率化、統一化之目的，逐漸形成定型化契約。件貨運送契約、傭船契約或載貨證券均為定型化契約，其上所載之免責條款如有顯失公平、不合誠信原則者，除件貨運送契約、載貨證券可適用本法第61條之規定外，尚可適用民法第247條之1規定：「依照當事人一方預定用於同類契約之條款而訂定之契約，為下列各款之約定，按其情形顯失公平者，該部分約定無效：

1.免除或減輕預定契約條款之當事人之責任者。

2.加重他方當事人之責任者。

3.使他方當事人拋棄權利或限制其行使權利者。

4.其他於他方當事人有重大不利益者。」

惟關於「顯失公平」乙點，宜參考消費者保護法第12條第2項之規定：
「定型化契約中之條款有下列情形之一者，推定其顯失公平：

一、違反平等互惠原則者。

二、條款與其所排除不予適用之任意規定之立法意旨顯相矛盾者。

三、契約之主要權利或義務，因受條款之限制，致契約之目的難以達成
　　者。」

第三十章　運送人或船舶所有人之法定免責

✏ 重點解說

一、概說

　　十六世紀以降，為鼓勵航運發展，各國逐漸採取列舉式之運送人免責事由。此種潮流亦為海牙規則及海牙威斯比規則所採納，海牙規則及海牙威斯比規則第4條第2項規定：「因左列事由所生或所致之滅失或毀損，運送人或船舶均不負責任：(一)船長、海員、引水人，或運送人之受僱人於航行上或船舶管理上之行為、疏忽或過失；(二)失火。但係由運送人本人之故意或過失所致者，不在此限；(三)海上或其他可供航行水面上之危險或災難；(四)天災；(五)戰爭行為；(六)公共敵人之行為；(七)君主、統治者，或人民之拘捕或限制，或依法律程序之扣押；(八)檢疫限制；(九)託運人或貨物所有人或其代理人或代表人之行為或不行為；(十)罷工、封閉、停工、強制休工，不問其原因為何，亦無論其為全部性或為局部性；(十一)暴動及民變；(十二)救助或意圖救助海上人命或財產；(十三)因貨物之固有瑕疵、性質或缺點所生之體積或重量之消耗或其他滅失或毀損；(十四)包裝不固；(十五)標誌不足或不符；(十六)以相當注意所不能發見之隱有瑕疵；(十七)非因運送人本人之故意或過失，或非因其代理人或使用人之過失或疏忽，所生之其他事由。但主張免責者，運送人對於無實際過失或不知情，並其代理人使用人亦無過失或疏

忽，應負舉證之責。」

在上述各項免責事由中，最為人詬病者莫過於航行或船舶管理上之行為、疏忽或過失免責之規定，此項規定造成船舶所有人之管領貨物責任與船長、海員履行運送責任之分開，因此於適用時，法院必須將船舶適航性（類似本法第62條規定）與船舶之管理行為（類似本法第69條第1款規定）二者分辨清楚，並須將貨物之管領（類似本法第63條規定）與船舶之管理（類似本法第69條第1款規定）加以區別。更有甚者，在海牙規則及海牙威斯比規則下，運送人須證明其所僱用之人有過失，方能依該規則第4條第2項第1款之「受僱人航行或管理船舶之行為有過失」之規定主張免責（類似本法第69條第1款規定），因而於爭訟之場合，常可見到運送人竭力主張自己之船長、海員有過失，而託運人則力辯船長、海員極為優秀且無過失之令人忍俊不禁的場面。

1970年代初期，世界政治權力與航海型態發生巨烈演變，國際社會中逐漸展露頭角之開發中國家對制定新的海上貨物運送公約之呼聲高徹雲霄，遂有漢堡規則之誕生。

由表面觀之，漢堡規則將海牙規則及海牙威斯比規則第4條第2項所定17款免責事由全部予以刪除，惟事實上真正被刪除者僅「航行與船舶管理上之行為、疏忽與過失」乙項。至於其他如天災、戰爭、包裝不固等，本來即係運送人無法控制、無可歸咎之事項，在漢堡規則下，運送人就此等事由證明並無過失，當甚輕而易舉。所以總括而論，在漢堡規則下，運送人之免責事由為下列四項：

1. 運送人證明其本人、受僱人或代理人已採取一切合理措施以避免事故及其結果之發生者；
2. 因火災引起之損害，賠償請求權人無法證明係由於運送人或其受僱人、代理人之過失或疏忽所致者；
3. 動物之傷亡係因此類運送固有之危險所致者；
4. 損害係由於救助人命而採取之措施或因保全財產而採取之合理措施所致者。

就我國法而言，運送人對於運送物之喪失、毀損或遲到，應負責任，本係民法第634條所規定之原則，因此運送人僅於能證明其喪失、毀損或遲到，

係因不可抗力，或因運送物之性質，或因託運人或受貨人之過失而致者始能免責。惟海商法基於鼓勵航運發展之目的，乃參酌海牙規則及海牙威斯比規則第4條諸款等規定，而有各項運送人或船舶所有人法定免責之規定。其立法理由包括不可抗力、可歸責於託運人之事由、運送人無過失及「發展航運」政策之落實等原因。相關規定，則散見於第62、64、65、69、70、71及72等條。惟船舶欠缺適航性，運送人、船舶所有人如有過失者，不得主張第69條之免責，合先敘明。

二、運送人或船舶所有人法定免責事項

（一）不可抗力

不可抗力者，乃由於外界之力量，即出於自然或人為的強制力，而非人力所能抵抗者。本法規定運送人或船舶所有人無須對此類事項負責，包括：

1.海上或航路上之危險、災難或意外事故（§69 ②）

於適用時，應注意下列數點：

(1)本款係指「不可預料」之海上變故而言，如其事故之發生，係可預料、為航行上必然或可能發生者，即無適用之餘地。

(2)本款僅限於「海上或航路上」之危險、災難或意外事故，譬如海盜、因不可預料之海上濃霧致船舶觸礁、不可預料之海上狂風吹襲致與他船碰撞者等。至於在「陸地上或其他運輸方式」亦會發生之危險、災難，譬如大雨、雷擊、火災、鼠嚙，則無本款之適用。

2.天災（§69 ④）

天災純屬自然力所發生之變故，但其範疇較前述「海上危險」為廣，因「天災」不限於「不可預料」之自然力，縱為可預料之自然力致生無法防範之變故者，亦包括之。天災亦不限於「海上或航路上」之變故，因此大雨、雷擊等均為天災。惟運送人可預料先行防範損害而疏於防範者，無本款之適用。

3.戰爭行為（§69 ⑤）

戰爭行為包括因戰爭所發生之毀損滅失，非限於戰爭當時所致者。但

「因戰爭所發生之毀損滅失」限於「直接所致者」，並不包括「間接所致者」，譬如與回航之戰艦發生碰撞，即為「間接所致」，非屬因戰爭行為所致之毀損滅失。

運送人之船舶不以屬於交戰國為限，縱使中立船，如受戰爭直接所致之毀損滅失，亦有本款之適用。

「戰爭」亦包括內戰。此外，縱使尚未斷絕邦交，兩國間之敵對行為亦屬戰爭行為。

4.暴動（§69 ⑥）

係指三個以上之個人，為特定目的共同所為妨害或擾亂一國公共秩序，或危及人民生命財產安全之行為。但暴動程度昇高至不同派系宣戰程度者，則為內戰，屬於前款之戰爭範疇。

5.公共敵人之行為（§69 ⑦）

指運送人或船舶所有人所屬國之交戰敵國所為之行為。因此本款較前述「戰爭行為」之範疇為狹：「戰爭行為」可包括中立船舶因其他國家戰爭直接所致之毀損滅失；「公共敵人之行為」（Act of public enemies）則限於交戰國間之行為。

英國僅少數判決認為海盜係屬公共敵人，多數判決及學者均認為海盜應適用第69條第2款之海上危險[1]。

6.有權力者之拘捕、限制或依司法程序之扣押（§69 ⑧）

「有權力者之拘捕、限制」係指國家或政府對貨物、船舶、海員所為「司法程序扣押以外」之拘捕或限制，譬如扣留、禁運、封港、禁止卸載。「依司法程序之扣押」係指依司法程序對貨物或船舶等之查封。

7.檢疫限制（§69 ⑨）

凡入出國際港埠之船舶及其所載人員、物品，均應施行檢疫，以杜絕傳染病之發生、傳染與蔓延，其因而造成貨物之毀損、滅失者，運送人不負賠

---

[1] Carver, 9-188。

償責任。

8.罷工或其他勞動事故（§69 ⑩）

本款包括全部或部分之罷工、閉廠、停工、勞動限制等，原因為何在所不問。

（二）可歸責於託運人之事由

1.包裝不固（§69 ⑫）

係指貨物之包裝不足，致不耐運送過程中之正常的搬運等作業。貨物包裝有易見之瑕疵，而滅失毀損時，運送人如於接受該物時，不為保留仍簽發清潔載貨證券者，應負責任（民§635），無本款免責之適用。

2.標誌不足或不符（§69 ⑬）

本款並非指因標誌不足或不符致貨物喪失者，而係指由於標誌不足或不符造成無法辨識貨物，致未能對受貨人正確給付該貨物者。但貨物標誌未正確表明載貨證券上之物品名稱者，並無本款之適用。

3.因貨物之固有瑕疵、品質或特性所致之耗損或其他毀損滅失（§69 ⑭）

係指在運送過程中，生鮮貨物之腐壞、油品穀類之耗損、發酵、金屬貨物之生銹等情形，而非運送人之故意或過失所致者。散裝貨之自然耗損，即有本款之適用。

4.同意裝運之危險貨載對船舶及其上人員有危險之虞者（§64Ⅱ）

貨物之性質足以毀損船舶或危害船舶上人員健康者，並非不得載運，但運送人知悉貨物之性質具易燃性、易爆性或危險性並同意裝運後，若此貨物對於船舶或貨載有危險之虞時，運送人得隨時將其起岸、毀棄或使之無害，運送人除由於共同海損者外，不負賠償責任。

惟運送人不負賠償責任之前提為「運送人選擇起岸、毀棄或使之無害方法時，係以有急迫危險為考量依據」。換言之，運送人雖依法有權採行起岸、毀損或使之無害方法，但仍應合理選擇適當方式。所稱「合理選擇」，係指依當時情況是否有急迫危險為考量依據，唯於有急迫危險時，運送人始

得將該貨載毀損或使之無害，期能避免造成不必要之損害。本款之適用不限於「對船舶或貨載有危險之虞」之貨物，亦應包括「對人員健康」有危險之虞之貨物。

惟須加以說明者，條文用語「除由於共同海損外，不負損害賠償責任」。似指運送人不負賠償責任，但如有共同海損時，運送人始須負賠償責任。實係誤譯海牙威斯比規則第4條第6項末段之原文所致：「without liability on the part of the carrier except to general average, if any.」蓋於共同海損場合，運送人所負擔者僅為「共同海損分擔責任」而非損害賠償責任。因此第64條第2項末段宜修正為「運送人不負賠償責任。但有共同海損時，仍應負損害分擔之責任」。

5.未經報明之違禁物或危險物經投棄者（§65Ⅱ）

運送人或船長發現未經報明之貨物，得在裝載港將其起岸，或使支付同一航程同種貨物應付最高額之運費，如有損害並得請求賠償。前項貨物在航行中發現時，如係違禁物或其性質足以發生損害者，船長得投棄之，其所致之毀損滅失，運送人或船舶所有人不負賠償責任。

6.未經同意而裝載之貨物（§72）

貨物未經船長或運送人之同意而裝載者，運送人或船舶所有人，對於其貨物之毀損或滅失，不負責任。

7.故意虛報性質或價值之貨物（§70Ⅰ）

託運人於託運時故意虛報貨物之性質或價值，運送人或船舶所有人對於其貨物之毀損或滅失，不負賠償責任。

「虛報」乃指所報貨物之性質或價值與事實不符。故本條在適用上兼指「以低報高」及「以高報低」，前者貪圖較高損害賠償，後者希冀減輕運費負擔，均有違運送契約為誠信契約之本旨，況且託運人對於交運貨物之通知因誤報不正確所發生或所致之一切毀損、滅失及費用，尚且須負損害賠償責任（§55Ⅰ），舉輕以明重，託運人故意虛報之行為，運送人更無庸對貨物之毀損滅失負賠償責任。惟虛報並非由於故意僅係出諸過失者，無本項之適用。

8.貨物所有人、託運人或其代理人、代表人之行為或不行為（§69 ⑮）

係指除前述七項事由以外，貨物所有人、託運人或其代理人、代表人之行為或不行為所致之毀損滅失，譬如傭船人指示船長採用不正確之堆存方式，致貨物毀損滅失者。

（三）運送人無過失

1.非由於運送人本人之故意或過失所生之火災（§69 ③）

運送人僅對自己之故意或過失所生之火災負責，至於履行輔助人之故意過失所生之火災，運送人並無須負責。此項新規定推翻最高法院68年度台上字第196號判例「（舊）海商法第113條第3款以失火為運送人之免責事由，係指非由於運送人或其履行輔助人之過失所引起之火災而言。」之見解，運送人之責任明顯地較輕，且與海牙規則及海牙威斯比規則、美國COGSA、英國COGSA及德國海商法等國際立法例相符。

火災包括「自然之火」，譬如雷擊致生之火災，以及「人為之火」，譬如船員煙蒂致生火災。至於滅火造成之損害，譬如被滅火器撞及、被水濺溼等亦列入火災損失中，固不待言。惟火災係指實際上已燃燒（flame），若僅止於自身發熱者（spontaneous heat），不在此限。

火災免責係源於十九世紀之觀念，認為船舶所有人對航行中船舶欠缺管理控制力，因而無須對火災負責。但近年來電訊發達，船舶所有人又多為公司型態，資力雄厚，對船長海員之選任、訓練與掌握較之以往不可同日而語，苟以欠缺控制力為免責之理由，實難自圓其說。故漢堡規則第5條第4項第1款規定：「運送人須對下列事故負賠償責任：(一)貨物之滅失、毀損或遲延交付，經賠償請求權人證明係由於運送人或其受僱人或代理人之過失或疏忽而失火所致者，(二)此項貨物之滅失、毀損或遲延交付經賠償請求權人證明係由於運送人或其受僱人或代理人之過失或疏忽，怠於採取一切合理之措施，以撲滅火災及避免或減輕其後果所致者。」[2]漢堡規則上開規定與本法規

---

[2] 同條第2款係就火災原因之鑑定為規定：「船上失火致貨物受損時，應依賠償請求權人或運送人之請求，按照航運慣例，鑑定失火之原因及情況。此項鑑定報告之副本，並應依當事人之請求送交運送人及賠償請求權人。」

定極為不同：(1)漢堡規則規定舉證責任由賠償請求權人負擔，對貨方恐較不利。(2)由於運送人之履行輔助者之過失所致之火災，運送人亦須負責。(3)運送人或其受僱人、代理人有過失或怠於採取合理措施，以撲滅火災及避免或減輕其後果者，運送人均應負責。上開三點中第二、三點均對託運人有利，尤其第三點之規定，其目的在促使運送人加強對船上工作人員之選用、訓練，無形中課以運送人較重的督導責任。

本法修正雖係參酌海牙威斯比規則，而未從漢堡規則之規定，但上述漢堡規則保護貨方之新趨勢，仍值得吾人重視。

2.船舶雖經注意仍不能發現之隱有瑕疵（§69 ⑯）

對於「船舶」雖經充分注意仍不能發現之隱有瑕疵，運送人得依第62條適航性之規定免責；對於「貨物」雖經充分注意仍不能發現之隱有瑕疵，運送人得依69條第14款免責，則本款「船舶雖經注意仍不能發現之隱有瑕疵」適用之場合為何？甚啓疑竇。查本款係承襲海牙規則及海牙威斯比規則第4條第2項第16款規定：「經充分注意仍不能發現之隱有瑕疵」而來，該款因無「船舶」二字，故可適用於「適航性」及「貨物隱有瑕疵」以外之情形，譬如運送人所擁有之岸上裝卸機具，經充分注意而不能發現之隱有瑕疵致生貨物毀損者，運送人得以免責；又如雖經運送人注意仍不能發現「其他貨物」之隱有瑕疵，致生本件貨物毀損者，運送人仍可依本款主張免責[3]。

本款於繼受海牙規則及海牙威斯比規則前述規定時，加入「船舶」一詞，雖不免與第62條之規定重複，但仍於前述例子中，有其適用空間，當不致成為具文。惟正本清源之道，仍應回復所繼受之條文原貌「經充分注意仍不能發現之隱有瑕疵」，俾免與第62條重複，並與公約適用範圍一致。

（四）「發展航運」政策之落實

海商法對於「發展航運」政策之落實，遠勝於「公平正義」理念之實踐，因此下列規定乃應運而生：

---

[3] Carver, 9-202, Scrutton, p. 450.

1.船長、海員、引水人或運送人之受僱人，於航行或管理船舶之行為而有過失（§69①）

由於船舶載有貨物，因此本款之「管理船舶行為」常涉及第63條之「貨物照管」，但前者，運送人對於履行輔助人之過失得以免責，運送人僅對本人之實際過失負責；至於後者，運送人對本人之實際過失及履行輔助人之過失，均應負損害賠償責任，因此區別二者極為重要。英美判例上對於如何區別二者，雖輒生困擾，惟一般均認為「以維護貨物之利益為主要目的之行為」，屬於貨物照管，譬如海員堆存、保管貨物或維護冷藏設備有過失者；反之，「以維護船舶之利益為主要目的之行為」則屬於管理船舶之行為，譬如船長之過失致船舶觸礁貨物毀損者[4]。如一行為之「主要目的」係為維護船舶利益者，則縱使在實施過程中同時涉及貨物利益者，亦仍不失為船舶管理行為[5]，譬如海水入侵之際所採取之防範措施，其主要目的係維護船舶之安全，雖亦可維護貨物之安全，但仍屬船舶管理行為。

運送人本人於航行或管理船舶之行為有過失者，無本款免責之適用。本款所稱受僱人包括獨立承攬人之受僱人[6]，譬如民營裝卸公司之受僱人。

「管理船舶」行為之免責，其適用期間僅限於航行期間，此點與英國所主張「不限於航行期間者」不同，因此發航前裝載期間之管理船舶行為有過失者，應適用第62條適航性之規定，運送人原則上應負損害賠償責任。

2.救助或意圖救助海上人命或財產（§69⑪）

海上人命財產之保全，向來為海上法律所重視，故因救助或意圖救助海上人命或財產而生之貨物毀損滅失，運送人或船舶所有人得免責。本款應係指第102與103條之對人及對物之救助而不涉及偏航者，如涉及偏航，則應適用第71條之規定。

---

[4] Carver, 9-186.
[5] 同上，p. 153. The Samland (1925) 7 Fed. Rep (2d) 155.
[6] Scrutton, p. 446, n. 65.

3.合理偏航（§71）

為救助或意圖救助海上人命、財產，或因其他正當理由偏航者，不得認為違反運送契約，其因而發生毀損或滅失時，船舶所有人或運送人不負賠償責任。

4.船舶發航後突失航行能力（§62Ⅱ）

運送人或船舶所有人須於發航前及發航時使船舶具備適航性，船舶於發航後因突失航行能力所致之毀損或滅失，運送人不負賠償責任。

5.其他非因運送人或船舶所有人本人之故意或過失及非因其代理人、受僱人之過失所致者（§69 ⑰）

本款於適用上，運送人無須就貨物之毀損滅失「原因」負舉證責任，因此縱使毀損滅失原因不明，運送人如能證明本人無故意過失或其代理人、受僱人並無過失，即可免負損害賠償責任。

受僱人包括獨立承攬人之受僱人，譬如民營裝卸公司之受僱人。

運送人之代理人或受僱人之竊盜行為是否有本款之適用，尚須分別觀之：如代理人或受僱人於執行是項代理或僱用任務範圍內犯竊盜罪者，並無本款免責之適用，譬如卸載工人順手牽羊。惟如非於執行代理或僱用任務範圍內竊盜者，則仍有本款免責之適用，譬如卸載工人竊取船上防風閥之罩蓋，致使海水灌入毀損貨物。

本款以「其他……」字樣規定於同條16款之後，雖看似例示概括規定，惟查同條前16款之規定，彼此性質大相逕庭，故本款在解釋上亦無法遵守「例示事項之末，所加之概括文字，應與例示事項之性質相同（*ejusdem generis*）」之法理，易言之，本款應從寬解釋，只要運送人、船舶所有人本人無故意過失及其代理人、受僱人無過失者，即有本款之適用。

關於運送人之責任，海商法承襲海牙規則之精神，只需運送物有喪失毀損或遲到情事，經託運人或受貨人證明屬實，而運送人未能證明運送物之喪失毀損或遲到係因不可抗力或因運送物之性質或因託運人或受貨人過失所致者，則不問其喪失毀損或遲到之原因是否歸責於運送人之事由，運送人均應負法律上或契約上責任（參照49台上713判例）。如運送人主張無過失，需負

舉證責任，即所謂運送人過失之推定[7]。

　　因此，載貨證券若有下列記載：「除經託運人證明運送人有過失或欠缺適當注意義務者外，運送人不負損害賠償責任。」該記載無效[8]。

---

[7]　司法院第三期司法業務研究會民國72年5月2日。
[8]　Encyclopedia Britannica Inc. v. The Hong Kong Producer and Univeral Marine Corpn (1969).

第三十一章
運送人或船舶所有人之單位責任限制

討論重點

一、概說。
二、性質與價值之併載。
三、單位責任限制之金額。
四、單位責任限制之計算標準。
五、貨櫃運送之單位。
六、單位責任限制適用之例外。

重點解說

一、概說

運送物有喪失、毀損或遲到，運送人應負損害賠償責任者，依民法第638條第1項之規定，其損害賠償額應依其應交付時目的地之價值計算之。惟海商法基於對運送人及託運人之保護，乃循海牙威斯比規則第4條第5項等相關國際公約之規定，制定運送人單位責任限制之規定。

單位責任限制制度之立法目的主要為保護運送人。因此託運人未將貨物性質價值聲明並註明者，不得於貨損時漫天要價。性質及價值之併載不僅使運送人得以預估其責任，並可預先採取必要之注意措施、選擇適當之保險，以期預防及移轉風險。

就託運人而言，單位責任限制使運送人對託運人每件賠償額不得低於最低賠償數額，避免運送人利用其強勢之經濟地位，在載貨證券上減輕其賠償

數額，致使其賠償責任流於象徵性。此外，性質及價值之載明，亦可使運送人採取必要注意措施，而間接有利於託運人。

運送人單位責任限制規定於第70條第2項：「除貨物之性質及價值於裝載前，已經託運人聲明並註明於載貨證券者外，運送人或船舶所有人對於貨物之毀損滅失，其賠償責任，以每件特別提款權666.67單位或每公斤特別提款權二單位計算所得之金額，兩者較高者為限。」依此項之規定，可得結論如下：

1.貨物之性質及價值於裝載前已經託運人聲明並註明於載貨證券者

此種情形下，運送人或船舶所有人對於貨物之毀損滅失，其賠償責任，依海商法第5條規定適用民法第638條第1項之規定，依其應交付時目的地之價值，計算損害賠償額。

此為民法就運送物之滅失、毀損或遲到所特設之規定，託運人自不得按關於損害賠償之債之一般原則而為回復原狀之請求[1]。

所稱應交付時目的地之價值，係指到港貨物完好之市價而言，一般包括成本、保險、運費、關稅、管理費用及合理利潤在內[2]。

2.貨物之性質或價值於裝載前未經託運人聲明並註明於載貨證券者

此時，運送人或船舶所有人對於貨物之毀損滅失，其賠償責任，依第70條第2項之規定，以每件特別提款權666.67單位或每公斤特別提款權二單位計算所得之金額，兩者較高者為限，此即一般通稱之單位責任限制之適用。

本項規定在適用上，首先應依民法第638條之規定計算出損害賠償額。其次，對於得同時適用件數及重量之貨物，依本項分別計算出運送人之單位責任金額，並取其較高者為標準，俾與前開依民法第638條之規定計算出之金額，進行比較。設若依民法第638條之規定計算得出之金額，高於本項之規定者，始有單位責任限制之適用。致於依民法第638條之規定計算出之金額，低於本項之規定者，則僅依該較低金額賠償。亦即本項規定僅屬賠償之上限，

---

[1] 最高法院71年度台上字第2275號判例。
[2] 最高法院96年度台上字第1653號判決。

且可能涉及上述兩個層次之比較，並非謂運送人概需依本項規定之較高數額賠償。

二、性質與價值之併載

　　依第70條第2項之規定，排除運送人或船舶所有人單位責任限制適用之大前提為「貨物之性質及價值於裝載前，已經託運人聲明並註明於載貨證券者」，是以貨物之性質與價值應予併列，始足排除運送人之單位限制責任。僅記載貨物之價值而未記載其性質，或僅記載貨物之性質而依客觀情形可以計算其價值者，仍均有單位責任限制之適用。準此，最高法院採併予記載說（性質與價值須併載始可排除單位責任限制之適用）及擇一記載說（性質、價值擇一記載，即可排除單位責任限制之適用）之爭議，可告彌平。採擇一記載說之判決，譬如最高法院65年度台上字第1856號、73年度台上字第2441號、81年度台上字第697號等判決，均將失其參考性。

三、單位責任限制之金額

　　海牙規則單位責任限制之幣值採用英鎊或等值之其他貨幣[3]。海牙威斯比規則改採法郎[4]，一個法郎係指一個含有65.5毫克黃金、純度為千分之九百的單位。惟不論英鎊、法郎或其他貨幣，均無法避免因幣值劇烈變動所產生之不當影響，因此海牙威斯比規則於1979年SDR議定書（The SDR Protocol, 1979，以下簡稱1979年SDR議定書）將幣值修定為國際貨幣基金（IMF）之「特別提款權SDR」，並於第2條規定：「除非託運人於裝運前已將貨物之性質與價值聲明並載於載貨證券者，運送人或船舶對於貨物之滅失或損害責

---

[3]　海牙規則第4條第5項規定：「對於貨物或與其有關之滅失或毀損，運送人或船舶在任何情形所負之賠償責任，就每件或每單位，應不超過一百英鎊或等值之其他貨幣之金額。但貨物之性質及價值於裝運前已經託運人聲明，並記載於載貨證券者，不在此限。」

[4]　海牙威斯比規則第4條第5項第1款規定：「除非託運人於裝運前已將貨物之性質與價值聲明並載於載貨證券者，運送人或船舶對於貨物之滅失或損害責任，在任何情況下，應就每一件或每一單位，按不得超過相當10,000法郎之金幣，或貨物毛重每公斤，按不得超過相當31法郎之金額為限，擇其較高限額適用之。」

任，在任何情況下，應就每一件或每一單位，按不得超過666.67單位，或毀損滅失貨物毛重每公斤，按不得超過二單位為限，擇其較高限額適用之。」

本法第70條第2項仿上述1979年SDR議定書第2條之規定，將單位責任限制之金額規定為「……運送人或船舶所有人對於貨物之毀損滅失，其賠償責任，以每件特別提款權666.67單位或每公斤特別提款權二單位計算所得之金額，兩者較高者為限。」本項採用SDR為計算單位之規定，與1979年SDR議定書、漢堡規則等國際公約之規範相符，具有航運國際化之特色，且因SDR波動較小，可確保責任限制額之穩定，避免求償人因賠償限額受貨幣貶值而蒙受不利。

惟本項規定使用「單位」一詞，值得商榷。按本法第21條第4項亦採特別提款權，其用詞為「計算單位」。然而不論第21條之「計算單位」或本項之「單位」，二者均係指「unit of account」，即為價值衡量的一種貨幣單位，其主要功用為記帳，並非支付的工具或財富之儲存。因此「unit of account」宜統一譯為「記帳單位」而非「計算單位」或「單位」。

四、單位責任限制之計算標準

第70條第2項之單位責任限制金額之計算，係以件及公斤為單位。所稱件，係指貨物託運之包裝單位（§70III前）。每公斤之計算係以貨物「毛重」（gross weight）之公斤而非淨重（net weight）之公斤為計算基礎，此係參照1979年議定書規定之當然解釋。貨物毛重係指貨物之總重量，包括包裝重量。

綜觀第70條第2、3項可得知我國之規定係採「每件」及「每公斤」之雙軌制。從理論而言，此種規定有下列二項優點：

1. 不採用1979年議定書第4條第5項之單位（unit），可避免適用上之困擾。按「單位」一詞之解釋極為分歧，有認為應係指「運費單位」[5]，

---

[5] 美國COGSA第4條第5項第1款規定：「運送人或船舶對於貨物之毀損滅失，其賠償責任以每包不超過美金500為限，貨物非以包裝者，依照一般運費單位或以同價值之他種貨幣計算。」

即計算運費之標準，依貨物之體積或容量計算之。亦有認爲係指「裝船單位」[6]，即貨物裝船時所使用之單位，譬如一桶、一箱。此外尚有認爲係指「商業單位」者，亦即一般商業交易所採行之單位，譬如布料、毛衣以體積爲單位、五金以重量爲單位[7]。本法省略「單位」之規定，自可免除上述爭議之產生。

2. 「每件」及「每公斤」之雙軌制可彈性適用於不同之貨物：量輕價高之件貨，得以「件數」爲計算單位；重量較重之貨物或散裝貨，得以「公斤」爲計算單位，並以兩者較高者爲限，使貨方利益亦得兼顧，堪稱衡平。

惟從實務而言，本條僅採件（package）及公斤（kilogram）二種標準，有意省略1979年議定書第4條第5項之單位（unit）。本條第3項雖謂「前項所稱件數，係指貨物託運之包裝單位」，恐亦無法將「件」擴大解釋爲海牙規則及海牙威斯比規則第4條第5項、1979年議定書第2條之單位（unit）或漢堡規則第6條第1項之裝船單位（shipping unit）。因此實務上無法以「件」呈現亦非以「重量」計算之貨物，譬如木材、天然氣等，勢必要換算爲公斤重量，再行計算單位責任限制金額，恐徒增不必要之困擾。

五、貨櫃運送之單位

關於貨櫃運送之單位計算，素有貨櫃件數說、貨物件數說、裝櫃人說、載貨證券記載說等不同見解，自海牙威斯比規則後大致底定，該規則第4條第5項第3款規定：「爲固定貨物而使用貨櫃、貨架或類似之運送容器時，載貨證券內所列裝在此等運送容器內之件數或單位之數目，應視爲本章所指之件數或單位之數目，但如約定上述之運送容器爲件數或單位時，不在此限。」惟因仍有不周延之處，有賴漢堡規則第6條第2項補充，該項規定爲：「(1)使用貨櫃、貨架或類似運送容器固定貨物時，如於所簽發載貨證券或其他證明

---

[6] 漢堡規則第6條第1項第1款規定：「運送人依本公約第五條之規定，對於貨物滅失或毀損之損害賠償責任，限於每件或其他裝船單位相等於835個計算單位或滅失或毀損貨物毛重每斤相等於2.5計算單位所得之數額，並以其中數額較高者爲準。」

[7] Gulf Italia v. American Export Lines (1958) A.M.C. 439.

運送契約之文件內，載明有關裝載於該項運送容器內貨物之件數或其他裝船單位者，視爲該項貨物之件數或裝船單位。除上述情形外，裝載於該運送容器內之貨物，視爲一裝船單位；(2)運送容器滅失或毀損時，如該運送容器非運送人所有或非其所提供，該運送容器本身亦視爲一獨立之裝船單位。」

本法仿上述漢堡規則第6條第2項之規定，於第70條第3項後段規定：「其以貨櫃、墊板或其他方式併裝運送者，應以載貨證券所載其內之包裝單位爲件數。但載貨證券未經載明者，以併裝單位爲件數。其使用之貨櫃係由託運人提供者，貨櫃本身得作爲一件計算。」因此，倘貨櫃內有十包貨物，該十包貨物及貨櫃本身均受毀損者，則依此規定，可得知：

（一）載貨證券載明貨櫃內之件數者

不論係CY（由託運人裝櫃）或CFS（由運送人裝櫃），均以載貨證券所載明之件數爲件數。載貨證券記載爲「據告稱十件，運送人無從檢查」，或「託運人自行裝貨點數，運送人欠缺檢查工具」，依第54條第3項之規定，推定其件數爲十件。

（二）載貨證券未載明貨櫃內之件數者

以貨櫃整櫃爲一件。

（三）貨櫃係由託運人提供者

貨櫃本身得作爲一件計算。惟本項規定之大前提「其使用之貨櫃係由託運人提供者」，實有欠周延，宜修正爲「其使用之貨櫃非運送人所有或非其所提供者」，始稱妥當，且與所參照之漢堡規則一致。

六、單位責任限制適用之例外

單位責任限制適用之例外，計有下列二點：

1.貨物之性質及價值於裝載前，已經託運人聲明並載明於載貨證券者（§70Ⅱ前）。

2.因運送人或船舶所有人之故意或重大過失致生毀損或滅失者。

基於不保障惡意者之法理，海牙威斯比規則第4條第5項第5款規定：「如

經證明損害係由運送人出諸故意、或重大過失之行為或不行為所致者，運送人及運送船舶不得享受本款所規定責任限制之權益。」

　　雖然海牙威斯比規則上述規定僅限於發生「損害者」，然舉輕以明重，自應包括「滅失」之情形。故本法仿此規定，於第70條第4項規定：「由於運送人或船舶所有人之故意或重大過失所發生之毀損或滅失，運送人或船舶所有人不得主張第2項單位限制責任之利益。」此時運送人之賠償額應依本法第5條適用民法第638條第1項之規定：「運送物有喪失、毀損或遲到者，其損害賠償額，應依其應交付時目的地之價值計算之。」至於其損害賠償範圍，原則上僅及於所受損害，然依同條第3項之規定，運送物之喪失、毀損或遲到，係因運送人之故意或重大過失所致者，如有其他損害，託運人並得請求賠償。

第三十二章　貨櫃運送

✏ 重點解說

一、概說

　　貨櫃係長方形、巨大之裝載貨物的運輸容器，可將非標準化之小件貨物集裝入箱，故大陸海商法稱之為「集裝箱」。貨櫃具有耐久及強度高之特性，不但能重覆使用，並因利用特殊機械設備裝卸載及搬運，可提高工作效率，並減低貨物之竊盜、毀損與滅失，對船貨雙方及港埠碼頭有直接且顯著之正面效益。

　　就貨櫃之尺寸而言，常見之標準貨櫃，高度及寬度均為8呎，其長度為20呎者，稱為TEU（twenty-foot equivalent unit）；長度為40呎者稱為FEU（forty-foot equivalent unit），一個FEU等於二個TEU，航運實務上多以TEU為單位，計算貨櫃船之載運能量。

　　貨櫃運送涉及之法律問題包括：1.貨櫃之性質；2.貨櫃運送之適航性；3.貨櫃運送時對貨物之照管義務；4.貨櫃之甲板運送；5.貨櫃損害賠償之件數及6.空櫃運送等六點。其中第4.；5.二點，分別於第二十六章「甲板載運」及

第參拾壹章「運送人之單位責任限制」中論述，此處僅就貨櫃之性質、貨櫃運送之適航性、貨櫃運送之貨物照管義務及空櫃運送四點予以探析。

二、貨櫃之性質

關於貨櫃性質，向有下列各說[1]：

（一）包裝說

此說認為貨櫃係為保護運輸過程中貨物的包裝。

（二）船舶之部分說

此說主張貨櫃為船舶之部分，於其離開船舶時，則為船艙之延長。其主要依據為船舶法第24條第15款「海上運送之貨櫃及其固定設備，為本法所稱之船舶設備」及海商法第7條「除給養品外，凡於航行上及營業上必需之一切設備及屬具，皆視為船舶之一部分」之規定。

（三）託運物說

此說認為貨櫃為託運物。其主要論據為漢堡規則第6條第2項第2款規定：「運送容器滅失或毀損時，如該運送容器非運送人所有或非其所提供，該運送容器本身亦視作一獨立之裝船單位。」

（四）運輸容器

此說主張貨櫃僅為運輸容器。其主要依據為海牙威斯比規則第4條第5項第3款規定：「為固定貨物而使用貨櫃、貨架或類似之容器時，載貨證券內所列裝在此等容器內之件數或單位數目、應視為本項所指之件數或單位之數目，但約定上述之運送容器為件數或單位者，不在此限。」

吾人認為應以貨櫃係由何人提供而定其性質。貨櫃倘由運送人提供，則

---

[1] 以下各說，請參見李復甸，貨櫃運送之法律問題，收入於鄭玉波所編商事法論文選輯，第856頁，民國73年。

應採「船舶部分說」，否則應視爲「託運物」。至於「包裝說」，實爲嚴重背離現實之見解。蓋以貨櫃價值不菲，且可反覆使用之特性，遠非「包裝」概念所可含括。「運輸容器說」僅爲一種客觀事實之陳述，不具法律上意義，亦不足探。

三、貨櫃之適航性義務

可分爲貨櫃由運送人或非由運送人提供二方面討論：

（一）貨櫃由運送人提供者

貨櫃由運送人提供者，貨櫃即成爲船舶之部分。依第62條第1項第3款之規定：「運送人或船舶所有人於發航前及發航時，對於下列事項，應爲必要之注意及措置：使貨艙、冷藏室及其他供載運貨物部分適合於受載、運送與保存。」故運送人於發航前及發航時應負使該貨櫃具適航性之義務。

（二）貨櫃非由運送人提供者

貨櫃既非由運送人提供，運送人對該「貨櫃」是否適合於受載、運送與保存，自不負第62條之義務。但「船舶本身」仍須具有第62條之適航性，無待多言。

四、貨櫃運送時對貨物之照管義務

此可分別依CY貨及CFS貨兩種情形而論：

（一）CY 貨

CY貨（container yard cargo）係美國地區使用之名稱，於歐洲地區則習稱爲FCL貨（full container load cargo），係由託運人自行裝妥貨櫃送至貨櫃場，交予運送人。俟貨物運抵目的港，再由受貨人至該地貨櫃場，將貨櫃提出、運回並拆貨。CY貨雖係由託運人自行裝卸，裝櫃與拆櫃均與運送人無關，惟貨櫃既在船舶上，運送人仍應對貨物在貨櫃內之「保管」（譬如維持一定溫度、濕度）、「運送」及「看守」盡第63條之照管義務。但運送人如已盡上述「保管」、「運送」及「看守」義務，貨物仍有毀損滅失者，運送

人得依第69條第12款之「包裝不固」、第14款之「因貨物之固有瑕疵、品質或特性所致之耗損或其他毀損滅失」、第15款之「貨物所有人、託運人或其代理人、代表人之行為或不行為」或第17款之「其他非因運送人或船舶所有人本人之故意或過失及非因其代理人、受僱人之過失所致者」主張免責。若貨櫃非運送人所有，應視為「託運物」，運送人對貨櫃本身須盡第63條之照管義務。

（二）CFS 貨

CFS貨（container freight station cargo）係美國地區使用之名稱，於歐洲地區則習稱為LCL貨（less than container load cargo），係指託運人將貨物送至運送人之貨櫃集散站的零星貨物處理站，由該處人員將託運人之貨物併裝入貨櫃運送。俟貨物運抵目的港後，再由運送人將貨櫃交由集散站拆櫃卸貨。由於貨物之收貨、裝櫃、拆櫃以及送貨，均係由船方辦理，故運送人對貨物在貨櫃內之裝卸、搬移、堆存、保管、運送及看守，均應負起第63條之照管義務。

五、空櫃運送

貨方或承攬業者自備空貨櫃交由運送人運送者，運送人除收取運費外，如簽發載貨證券者，應視其為一般貨物，運送人對之應負第63條承運之照管義務。

第三十三章　連續運送

重點解說

一、概說

連續運送（through carriage，又稱聯營運送）係指二個以上的運送人，以相同（海運與海運）或不同之運送方式（海運與空運或海運與鐵公路運），相繼將貨物由一地運至他地之運送。惟貨物運抵目的港後，另行委託駁船卸貨者，並非連續運送[1]。連續運送可分為：

1.相繼運送（successive carriage）

即由數運送人以「相同」之運送方式，譬如海運與海運，就同一貨物先後為運送。相繼運送適用本法第74條第2項之規定。

2.多式運送（multimodal carriage，又稱多式聯運）

由多式運送營運人以至少兩種以上「不同」之運送方式，譬如海運與鐵

---

[1] 最高法院63年度台上字第1535號判決、64年台上字第2186號判決。

公路運或空運，將貨物由一地運至他地，託運人與多式運送營運人僅訂定一個單一貨物運送契約。多式運送適用本法第74條第2項及第75條之規定。

上述二種運送，可以簡圖33-1呈現：

連續運送
（through carriage）
　　相繼運送—相同運輸方式（如：海運→海運）
　　（successive carriage）

　　多式運送—不同運輸方式（如：陸運→海運→陸運）
　　（multimodal carriage）

圖33-1　連續運送分類圖

資料來源：依相關規定自行整理。

茲將以上兩種運送方式涉及之法律關係，分述如下。

二、相繼運送之法律關係

相繼運送之責任型態，由廣義言之，可包括：

1.由一個運送人承擔全部運送責任，惟運送中各部分另委託他人運送，受委託人分別承擔各自責任。
2.由數個運送人分別承擔各自之運送責任。
3.由數個運送人連帶承擔全部運送責任。
4.由數個運送人個別承擔全部運送責任。

民法第637條之相繼運送規定：「運送物由數運送人相繼運送者，除其中有能證明無第635條所規定之責任者外，對於運送物之喪失、毀損或遲到，應連帶負責。」類似上述第三種型態。

本法第74條規定：「載貨證券之發給人，對於依載貨證券所記載應為之行為，均應負責。前項發給人，對於貨物之各連續運送人之行為，應負保證之責。但各連續運送人，僅對於自己航程中所生之毀損滅失及遲到負其責任。」係採上述第一種型態。可討論者如下：

（一）載貨證券之發給人之責任

載貨證券之發給人對載貨證券所記載應為之行為，均應負責（§74 I），對於貨物之各連續運送人之行為，應負保證之責（§74 II前）。此處所稱「保證」並非指載貨證券之發給人負民法上之保證責任，而係指載貨證券之發給人既與託運人訂定運送契約並簽發載貨證券，即應就運送全程向託運人負責。

（二）其他連續運送人之責任

其他連續運送人僅對於自己航程中所生之毀損滅失及遲到負其責任（§74 II但），並不與載貨證券發給人負連帶責任。

三、多式運送之意義與國際立法

多式運送昔稱combined transport，現多稱為multimodal transport，惟於美國地區仍稱之為intermodal transport。國際貨物多式運送係以兩種以上不同之運送方式（海運、鐵公路運、空運），由多式運送營運人（multimodal transport operator, MTO）將貨物自一國內收受貨物之處運至另一國內之指定交付貨物之處的運送方式。由於貨櫃運送之興起，使實施戶對戶（door to door）的多式運送已蔚為風氣。因此，往昔國際貨物運送由託運人與個別運送人分別就不同運送階段，訂定運送契約之情形，在大量採用貨櫃運送之現代運輸中，已改變成為由託運人與一位負責統籌執行整體運送的多式運送營運人，簽定單一運送契約。

1980年聯合國貿易暨發展委員會（UNCTAD）制定通過「聯合國國際貨物多式運送公約」（United Nations Convention on International Multimodal Transport of Goods 1980，以下簡稱多式運送公約），規範多式運送中之多式運送單據、多式運送營運人之賠償責任、託運人之責任、索賠及訴訟等事項。惟因航運先進國家以該公約偏袒開發中國家利益而加以抵制，是以迄今尚未生效。

國際商會（ICC）於1973年制定「多式運送單證統一規則」（Uniform Rules for a Combined Transport Document, 1973），歷經修正，目前適用者為1992年ICC出版品NO.481之「UNCTAD/ICC多式運送單據統一規則」，成

爲各國制定多式運送載貨證券之藍本；國際商會之2007年信用狀統一慣例（Uniform Customs and Practice for Documentary Credits，以下簡稱UCP 600）第19條亦配合詳定多式運送單據之各項法律規定；國貿條規（ICC Official Rules for the Interpretation of Trade Terms，以下簡稱Incoterms）中之FCA、CPT及CIP均係爲配合多式運送所制定之貿易條件，惟均不具強制性。

由於多式運送公約尚未生效，且ICC制定之多式運送單據統一規則亦不具強制性，因此目前國際貨物多式運送在實務上係依當事人之約定，並按不同運輸方式適用已生效之有關國際公約（譬如海牙規則、華沙公約）或內國法律之規定。

聯合國國際貿易法委員會（UNCITRAL）近年所提出之「全部或一部爲海運之國際貨物運送公約草案」（Draft Convention on the Carriage of Goods Wholly or Partly by Sea），在未來雖然無法取代上述多式運送，但在涉及海運之多式運送中，仍將有其重要性，值得觀察與注意。

四、多式運送涉及之法律問題

多式運送涉及之法律問題甚廣，限於篇幅，以下僅就運送責任及國際貿易二點分述之：

（一）多式運送與運送責任

多式運送係由多式運送營運人統籌執行整體運送，並對全程運送負責，責任歸屬單純化，對託運人權益之保護較周延。

多式運送人之責任，主要有三種制度：

1.統一責任制（uniform liability system）

係指多式運送營運人就運送全程依多式運送契約規定之責任，就發生於多式運送責任期間之貨物毀損滅失，對貨方負擔損害賠償責任。至於毀損滅失發生之地點及涉及之運輸階段，則非所問，多式運送營運人均依同一的責任原則（過失原則、舉證責任轉換的過失原則或嚴格原則）承擔其責任。

2.網狀責任制（network liability system）

多式運送營運人就運送全程對貨主負責，但於各個運送階段所承擔之責

任，則依可資適用之公約或國內法之規定而定，譬如發生於海上運送階段者，適用海牙規則；發生於空運階段者，適用華沙公約等。至於發生階段無法確定者，則另以統括責任限制（over-all limit）規定多式運送營運人之責任，譬如規定「推定於海上運送階段發生，依海牙規則負責。」

3.變更統一責任制（modified uniform liability system）

亦稱變更網狀責任制度（modified network liability system），係上述統一責任制與網狀責任制相混合的責任制。在責任原則方面與統一責任制相同，而在賠償限額方面則與網狀責任制相同。申言之，由多式運送營運人就運送全程按同一責任內容對貨主承擔責任，但多式運送營運人在各運送階段所承擔的賠償限額不同。亦即貨物的滅失或毀損發生於某一運送階段者，而該運送階段可資適用的現行國際公約或國內法所規定的賠償限額，倘高於多式運送契約所規定的賠償限額，則多式運送營運人應依上開國際公約或國內法之規定賠償貨物的毀損滅失。

多式運送公約關於多式運送營運人之責任，係採上述第三種制度，規定於第19條：「貨物之毀損或滅失如發生於多式運送之某一特定階段，而對這一階段可適用之一種國際公約或強制性內國法所規定之賠償限額高於適用第18條第1項至第3項所得出之賠償限制時，則多式運送營運人對此種滅失或毀損之賠償限額，應依該公約或強制性內國法予以確定。」亦即多式運送營運人就運送全程依同一責任內容對貨主負損害賠償責任，此與統一責任制所主張者不謀而合。但多式運送營運人貨物毀損滅失發生於某一運送階段時，如其可資適用之公約或國內法所規定的賠償限額高於多式運送公約所定之賠償限制者，多式運送營運人應依前者之規定負賠償責任，此即具有網狀責任制色彩。如不知損害發生於何種運送階段者，多式運送營運人之賠償責任依多式運送公約之規定。

（二）多式運送與國際貿易

1.信用狀交易下之載貨證券

UCP 600第19條就多式運送載貨證券相關之問題規定如下[2]：

(1)多式運送之載貨證券只要符合第19條第1項應記載事項規定者，即可為銀行接受，不論其名稱為何。

(2)多式運送之載貨證券簽發人為運送人、船長或其代理人，並不包括多式運送之營運人。

(3)多式運送之載貨證券上，載明信用狀所敘明之發送地、接管地或裝運地及最終目的地，故屬待運載貨證券，與一般載貨證券（UCP 600第20條）必須為裝船載貨證券者不同。

2.國貿條規中之貿易條件

國貿條規（Incoterms）規範之貿易條件中最常使用之CFR、CIF及FOB均僅適用於海運方式之買賣，且均要求賣方將貨物裝載上船、取得裝船載貨證券，並由買方承擔貨物越過船舷後之風險。惟於多式運送時，賣方交貨點及買方承擔危險及費用的分界點均可能移至內陸或港口裝卸區。為因應多式運送所帶來的改變，Incoterms已於1990年版特別增加FCA、CPT及CIP三種貿易條件，並繼續延用至2000年國貿條規。FCA、CPT及CIP三種貿易條件中，賣方僅須將貨物交給第一運送人後，買方即須承擔貨物之危險及費用。因此，交貨地點及貨物之危險與費用之分界點均為第一運送人有效控制之地點，遂能配合多式運送之需求[3]。

五、本法對多式運送之規定

本法對多式運送分別規定於第74條第2項及第75條。第74條第2項規定：「前項發給人，對於貨物之各連續運送人之行為，應負保證之責。但各連續

---

[2]　多式運送載貨證券應記載事項，請參見第拾參章「海運單據」。

[3]　國貿條款中可適用於多式運送之貿易條件，除特別為多式運送制定之FCA、CPT及CIP三種貿易條件外，尚包括EXW、DDU、DDP。

運送人[4]，僅對於自己航程中所生之毀損滅失及遲到負其責任。」第75條規定：「連續運送同時涉及海上運送及其他方法之運送者，其海上運送部分適用本法之規定。貨物毀損滅失發生時間不明者，推定其發生於海上運送階段。」可討論者如下：

（一）本法之多式運送須包括海運

本法之多式運送，係指單一的多式運送營運人與託運人訂定一個單一貨物運送契約，由多式運送營運人以兩種以上不同運送方式，將貨物自收受地運至目的地交付受貨人之運送方式。

本法之多式運送必須包括海上運送，與前述ICC有關規範[5]中規定「只要涉及二種以上運送方式者，即稱為多式運送」者不同。

為履行單一方式運送契約，而進行依契約規定之「貨物接送」業務者，不得視為國際多式運送[6]。因此海運階段開始前及結束後之陸上接送貨物業務僅為附帶性質，不得與海運共同視為多式運送。

（二）多式運送契約為單一契約

雖然多式運送涉及二種以上不同運輸方式，但多式運送契約係指多式運送營運人憑以收取運費、承擔或促成履行國際多式運送之單一契約。因此，多式運送契約並非個別運送契約之總合。

（三）訂定多式運送契約者對運送全程負責

本人或委託他人以本人名義訂定多式運送契約者，稱為多式運送營運

---

[4]　「各連續運送人」係指載貨證券發給人以外之人；最高法院64年度台上字第252號判決。

[5]　多式運送單證統一規則第2條第1款規定：「『多式貨運』係指自承接貨物之一國某地至指定交貨之另一國某地之使用二種以上不同運輸方式貨運而言。」UCP第26條第1款規定：「如信用狀要求涵蓋至少兩種不同運送方式（多式運送）之運送單據，除信用狀另有規定外，銀行將接受下述性質之單據而不論其名稱為何……」

[6]　多式運送公約第1條第1項後段規定：「為履行單一方式運送契約而進行的該契約所規定的貨物接送業務，不得視為國際多式運送。」

人，由其負責該契約之履行或促成履行。多式運送營運人對自收受貨物以迄交付貨物之全程運送負責。

多式運送營運人係以本人身分與託運人訂定多式運送契約，既非託運人之代理或代表，亦非參與多式運送的營運人之代理或代表。但多式運送營運人訂定契約時，不限於親自爲之，亦得透過代表爲之。

多式運送營運人經營多式運送之型態可包括：

1.多式運送營運人即爲全程運送階段之實際運送人。

2.多式運送營運人承擔部分運送，其餘部分由其他運送人擔任。

3.多式運送營運人僅負擔運送業務之安排與促成履行，而未參與實際運送。

（四）各運送階段責任之訂定

就對外關係而言，多式運送營運人係負全程單一責任，多式運送營運人對運送全程負責，並收取全程運費；就內部關係而言，多式運送營運人得就各階段之運送，與各階段之運送人另定運送契約，規範其相互間之責任。各階段之運送人係多式運送營運人之履行輔助人，多式運送營運人就該階段運送人執行運送時之故意過失，依民法第224條之規定，與自己之故意過失負同一責任。

（五）事故發生階段確定者之責任

連續運送同時涉及海上運送及其他方法之運送者，其海上運送部分適用本法之規定（§75 I）。

貨物之毀損滅失確定發生於某一階段者，多式運送營運人之損害賠償責任與責任限額，悉依該階段之相關法律規定，譬如確定貨損發生於陸運階段，則多式運送營運人依公路法或民法相關規定負責。是以多式運送之盛行並不致推翻各階段傳統的運送公約或國內法體制。

（六）事故發生階段不確定者之責任

貨物毀損滅失發生時間不明者，推定其發生於海上運送階段（§75 II）。

（七）網狀責任制之採行

依第75條之規定，可知我國多式運送係採網狀責任。事故發生於可確定之運送階段者，適用各相關法律之規定。此種規定可避免與同階段同方式運送之責任規定相衝突。

網狀責任制爲多數海運實務所採行，譬如陽明海運公司之載貨證券、P&O Container之多式運送載貨證券[7]、國際商會核可之FBL FIATA多式運送載貨證券及波羅地海國際海事組織所制定之多式運送載貨證券COMBICONBILL均採用網狀責任制。本法之規定，頗能與實務契合。

（八）貨損發生於海上之推定

貨物毀損滅失發生時間不明者，推定其發生於海上階段（§75II）。由於海上運送人之責任通常較其他運送方式之責任爲輕，因此本法規定發生於海上階段之推定。但對貨方而言，過於嚴苛，因爲貨物係在運送人實力管領下，貨方又非海運實務專家，由貨方舉證貨物毀損滅失發生在非海上運送階段，其舉證成功之可能性較低，是以一般認爲第75條第2項之規定較利於運送人[8]。

但運送人是否果眞樂見貨物毀損滅失發生在海上運送階段之推定，仍難遽斷。按公路運送階段之責任依公路法第64條第1項之規定，汽車或電車運輸業遇有行車事故，致人、客傷害、死亡或財、物喪失者，應負通常事變責任，但自民國89年2月2日該條第2項增訂公布後，貨物毀損、滅失損害賠償之規定，除貨物之性質、價值於裝載前經託運人聲明並註明於運送契約者外，以每件不超過新台幣3,000元爲限[9]。此項規定與本法第70條規定相比較，對

---

[7] FBL FIATA係國際貨運承攬商聯盟所制定之多式運送載貨證券。

[8] 柯澤東，我國海商法修正述評，台灣本土法學雜誌，第10期，第223至224頁（民國89年5月）。

[9] 公路法第64條全文爲：「汽車或電車運輸業遇有行車事故，致人、客傷害、死亡或財、物損毀、喪失時，應負損害賠償責任。但經證明其事故發生係因不可抗力或因託運人或受貨人之過失所致者，不負損害賠償責任（第1項）。前項貨物毀損、滅失之損害賠償，除貨物之性質、價值於裝載前經託運人聲明，並註明於運送契約

運送人似更為有利,因此在個案中,於全盤考慮相關之免責、限制責任等規定後,運送人亦未嘗無可能寧願主張貨損發生於公路運送階段,以圖每件3,000元之單位限制責任的利益。

外,其賠償金額,以每件不超過新台幣3,000元為限(第2項)。人、客傷害、死亡之損害賠償辦法,由交通部另定之(第3項)。」

第三十四章
運送人之履行輔助人的責任
——喜馬拉雅條款

🔍 討論重點

一、喜馬拉雅條款之意義。
二、喜馬拉雅條款制定之理由。
三、國際公約之規定。
四、本法規定。

✏ 重點解說

一、喜馬拉雅條款之意義

喜馬拉雅條款（the Himalaya clause）[1]為載貨證券常見之印刷條款之一，主要係規定運送人之免責或限制責任規定，亦可適用於運送人之履行輔助人。運送人之履行輔助人包括獨立履行輔助人及從屬履行輔助人，二者均係為運送人完成特定工作，惟獨立履行輔助人不受運送人之指揮或監督而提供勞務，譬如修造船廠之工人、裝卸公司之裝卸工人；從屬履行輔助人則接受運送人之指揮或監督而提供勞務，譬如船長、海員。

喜馬拉雅條款可溯及1954年喜馬拉雅輪案件。由於坊間論著對其中涉

---

[1] Adler v. Dickson (1954)。英國早於1970年代稱之為「Adler v. Dickson條款」，於1981年後始改稱為「喜馬拉雅條款」。

及之法律問題，輒有誤解，故說明如下。喜馬拉雅輪之船側出入口舷梯滑動鬆脫，致使頭等艙乘客年邁寡婦Alder夫人失足跌落16英呎下之碼頭，腿部受傷。Alder夫人先向船舶所有人索賠，但因船票上免責條款之規定而徒勞無功，遂轉向Dickson船長請求損害賠償。法院認為依據契約當事人原則（privity of contract）[2]，非契約之當事人無法主張該契約上之權利，因此，船舶所有人與旅客訂定之運送契約，其上之免責條款，無法嘉惠非契約當事人之船長及海員。船長遂支付6,000英鎊之損害賠償，嗣後並由船舶所有人對其補償之。嗣後1962年Scruttons Ltd. v. Midland Silicones Ltd.[3]案亦採相同見解，使船舶所有人最終仍須負擔賠償責任，對船舶所有人及其履行輔助人造成極大困擾。英法院遂於1975年N.Z. Shipping Co. Ltd v. A. M. Satterthwaite Co. Ltd[4]案改變見解，認為如能符合下列四要件，履行輔助人可依代理之法理援用運送契約上之免責條款：1.運送契約載明運送人係為其自己並代理履行輔助人簽訂運送契約；2.上述之代理，業經履行輔助人之授權；3.運送契約載明履行輔助人亦受免責條款之保護；4.履行輔助人提供約因（consideration）[5]。由於履行輔助人可援用免責規定之條款，係受喜馬拉雅輪案件之影響而肇始，因而以「喜馬拉雅條款」稱之。

　　典型之喜馬拉雅條款以陽明海運公司載貨證券第4條為例：「In contracting for the following exemptions and limitation of, and exoneration from, liability, the Carrier is acting as agent and trustee for all other Persons named in this clause. It is understood and agreed that, other than the Carrier, no Person, firm or corporation or other legal entity whatsoever (including the Master, officers and crew of the Vessel, agents, Underlying Carriers, Sub-Contractors and/or any other

---

[2]　契約當事人原則係英美法上獨有之規範，係指只有契約之當事人始能主張該契約之權利或負擔該契約之義務。此項原則有甚多例外，諸如代理、準契約、信託等，詳參見G.H. Trietel, Law of Contract, 1995, pp.534-589.

[3]　(1962) A.C.446

[4]　(1975) A.C. 154

[5]　約因係英美法特有制度，指契約當事人間相互之對待給付。詳參註2 Trietel, pp.63-149.

independent contractors whatsoever utilized in the Carriag) is, or shall be deemed to be, liable with respect to the Goods as Carrier, bailee or otherwise. If, however, it shall be adjudged that any Person other than the Carrier is Carrier of bailee of the goods, or under responsibility with respect thereto, then all exemptions and limitations of, and exonerations from, liability provided by law or by the terms in this Bill of Lading shall be available to such Person. It is also agreed that each of the aforementioned Persons referred to in the preceding clause are intended beneficiaries, but nothing herein contained shall be construed to limit or relieve from liability to the Carrier for acts arising or resulting from their fault or negligent.」〔運送人係以本條款所載之所有他人之代理人及受託人之身分，簽定下述限制及免責之規定。茲經合意，除運送人外，不論任何人、商號、公司或其他任何法人（包括船舶之船長、船副及船員、代理人、連續運送人、次契約人和所有其他獨立契約履行輔助人）均不得視為以運送人、受託人或其他身分對貨物負責。但如運送人以外之任何他人被認定為貨物之運送人或受託人或對貨物須負責任，則法律或本載貨證券之所有限制責任及免責之規定對該人亦應適用。茲亦同意，上述之人為受益人，惟本載貨證券任何規定均不得被解為限制或免除上述之人因其過失或疏忽行為對運送人應負之責任。〕此種嘉惠運送人之履行輔助人的條款，後亦成為海牙威斯比規則及漢堡規則之成文規定。

二、喜馬拉雅條款制定之理由

喜馬拉雅條款之制定，主要係基於下列三項理由：

（一）衡平之考慮

運送人之履行輔助人的財力、地位雖不足與運送人抗衡，然其為運送人實際提供勞務、履行海運之各項任務，堪稱幕後英雄。惟一旦發生事故，運送人有海商法各項免責、限制責任規定之適用，履行輔助人因非運送契約之運送人，則無法援引是項規定，遂造成有資力負擔者得到保護，無資力卻勞苦功高者無法倖免之特殊現象。因此，基於衡平之考慮，運送人之履行輔助人實亦應享有運送人之免責、限制責任之利益。

（二）航運政策之貫徹

如上所述，運送人之履行輔助者既須對事故之發生負起無限責任，運送人基於衡平，多會對其予以補償，此舉卻不啻使運送人放棄法律對其所設之免責或限制責任保護，使得「減輕運送人責任俾發展航運」之目的難以貫徹。且一旦因履行輔助人負全責致須承擔較重責任時，運送人自會以調高運費方式來平衡其間之出入，因此縱使運送人之履行輔助者負完全責任，貨方亦未必完全有益無損。因此基於航運政策之考慮，亦應使運送人之履行輔助人得援用運送人得享之保護。

（三）航運競爭力之維護

運送人倘因補償履行輔助人以致須承擔較重之責任，勢必降低其在國際航運市場之競爭力，對該國航運發展殊為不利，是以一旦喜馬拉雅條款出現於某國之航運公司載貨證券上，其他國家之航運公司鮮有不跟進者。

三、國際公約之規定

基於前述理由，海牙威斯比規則遂將海運實務上之喜馬拉雅條款成文化，規定於第4條之1第2、3項：「(二)倘此項（損害賠償）訴訟係對運送人之受僱人或代理人（該受僱人或代理人並非獨立承攬人）提起者，該受僱人或代理人得適用本公約內運送人所得引用抗辯及責任限制之規定。(三)運送人及該等受僱人與代理人賠償金額之總和，不得超過本公約所規定之限額。」但為避免對惡意者之保護，又於第4條之1第4項規定：「但如經證明損害係由受僱人或代理人出諸造成損害之故意或輕率，且明知損害可能發生所為之行為或不行為者，該受僱人或代理人不得適用本條之規定。」

漢堡規則規範之喜馬拉雅條款，將履行輔助人的範圍由海牙威斯比規則之「從屬履行輔助人」擴張為「獨立履行輔助人與從屬履行輔助人」，但以「證明其行為係在僱傭契約範圍內」為限。是項規定見諸漢堡規則第7條第2、3項：「(二)前項訴訟，如係對運送人之受僱人或代理人提起時，該受僱人或代理人證明其行為係在僱傭契約範圍內時，亦得援引運送人依本公約所得主張之責任限制及抗辯。(三)除第8條之規定外，向運送人及本條第2項所

定之任何人求償之總額不得超過本公約所規定之責任限制額。」

四、本法規定

本法第76條規定：「本節有關運送人因貨物滅失、毀損或遲到對託運人或其他第三人所得主張之抗辯及責任限制之規定，對運送人之代理人或受僱人亦得主張之。但經證明貨物之滅失、毀損或遲到，係因代理人或受僱人故意或重大過失所致者，不在此限（第1項）。前項之規定，對從事商港區域內之裝卸、搬運、保管、看守、儲存、理貨、穩固、墊艙者，亦適用之（第2項）。」本條規定雖係參照海牙威斯比規則及漢堡規則上述之規定，惟於適用時宜注意下列數點：

（一）理貨、穩固 及墊艙之意義

理貨（tally）者，係指貨物裝、卸載時，由理貨人依裝貨單或進口艙單7所列貨物，於碼頭清點貨物之件數、丈量尺寸及重量並檢查貨物包裝及標誌。穩固（lashing）者，係指以繩、索、鍊、皮帶、皮條將貨物固定於船舶上，以避免其走位。墊艙（dunnage）者，係指船舶上以油布、尼龍等物料包墊船貨，以防貨物受損、磨擦、污染、變質、漏水等。

（二）履行輔助者得主張之抗辯及責任限制事由

履行輔助者得主張之抗辯及責任限制事由，包括：
1. 運送人對貨物損害賠償之責任，譬如民法第638、640條。
2. 運送人抗辯及責任限制事由，譬如第56條第1項關於貨物之損害通知、第56條第2項關於期間之規定、第61條關於免責特約（傭船契約）、第62條關於適航性之過失責任、第63條關於貨物處理之過失責任、第64條第2項關於危險物處分之免責、第65條第2項關於未經報明違禁物之免責、第69條關於不負賠償責任之事由、第70條第1項之不負賠償責任、第70條第2項單位責任限制、第71條之不負賠償責任、第72條關於未經同意裝載者之免責等規定。

（三）適用之主體包括從屬及獨立之履行輔助人

綜觀本條第1、2項之規定，可知本條適用於從屬履行輔助人，譬如船長、海員、運送人經營之倉庫看守人、運送人經營之貨櫃集散站搬運工人；以及獨立之履行輔助人，譬如非運送人經營之貨櫃集散站搬運工人。

因此就適用之主體而言，本條規定與漢堡規則較類似。

（四）適用之主體包括商港區域內海上及陸上履行輔助者

本條第2項規定之適用限於「商港區域」，所稱「商港區域」，依商港法第3條第4款之規定為：「指劃定商港界限以內之水域與為商港建設、開發及營運所必需之陸上地區。」換言之，商港區域包括「水域」及「陸上地區」，只要在「商港區域」內從事裝卸、搬運、保管、看守、儲存、理貨、穩固、墊艙工作者，均在其列。且所稱「儲存、穩固、墊艙」者，顯係包括對船上貨載之「儲存、穩固、墊艙」，故本條第2項可適用於海上（譬如海員）及陸上履行輔助者（譬如運送人所僱之貨車司機）。

本條第2項規定，一方面仿漢堡規則將獨立履行輔助人納入，他方面復恐過於浮泛，遂又設「商港區域」之限制。因此履行輔助人中僅限於在商港區域內處理相關事務者，始得依同條第1項主張運送人之抗辯及責任限制之規定。

（五）履行輔助者主張抗辯之例外

如經證明貨物之滅失、毀損或遲到，係因代理人或受僱人故意或重大過失所致者，運送人之代理人或受僱人不得主張運送人之抗辯及責任限制之規定（§76 I但），此係基於法律不保護惡意者之法理所設。

（六）本條第1項之「對運送人之代理人或受僱人亦得主張之」文句中，「對」字為贅字

第三十五章　準據法條款

重點解說

一、準據法條款之意義

　　由於各國法律規定之差異，對海上貨損索賠之當事人的權益影響甚鉅。因此傭船契約或載貨證券上常有準據法條款之約定，明定適用某特定公約或某國特定之法律，甚或排除適用其他法律之適用，期能確定船方與貨方權利義務依據之法律，以避免紛爭。譬如SHELLVOY 5[1]的計程傭船契約第43條第1項規定：「This charter shall be construed and the relations between the parties determined in accordance with laws of England.」（本傭船契約之解釋及當事人間之關係，悉依英國法律之規定。）

　　倘準據法條款規定適用海牙規則或海牙威斯比規則者，該條款稱之為「至上條款」或「派拉蒙條款」（paramount clause或clause paramount），譬如VISCONBILL[2]第2條規定：「This Bill of Lading shall be deemed to

---

[1] SHELLVOY 5為Shell公司1987年7月制定之計程傭船契約的代號（code name）。

[2] VISCONBILL係Liner Bill of Lading之代號，於1973年7月由波羅地海及國際海運聯盟（The Baltic and International Maritime Conference）制定。

incorporate the Rules generally known as the Hague-Visby Rules,namely those Rules which are contained in the Bill of Lading Convention 1924, as amended by the Protocol signed at Brussels on February 23rd, 1968, subject however to any enactment thereof which is compulsorily applicable.」（本載貨證券視爲引置海牙威斯比規則，該規則係於1968年2月23日修正1924年海牙規則。但有強制適用之法規者，不在此限。）因此至上條款亦稱爲狹義之準據法條款。

二、本法關於載貨證券準據法之規定

涉外民事法律適用法係有關準據法之一般規定，但因海上運送之特殊性，所以海商法針對應適用何國法律乙點，另有特別規定。

第77條規定：「載貨證券所載之裝載港或卸貨港爲中華民國港口者，其載貨證券所生之法律關係依涉外民事法律適用法所定應適用法律。但依本法中華民國受貨人或託運人保護較優者，應適用本法之規定。」

本條在適用上應先依涉外民事法律適用法第20條規定，決定應適用法律。應適用之法律爲本法者，即應適用本法相關規定；應適用之法律爲外國法者，須再檢視本法對於中華民國受貨人或託運人之規定，是否較優，如本法對於中華民國受貨人或託運人保護較優者，適用本法之規定。

按我國對涉外之海上運送糾紛之準據法的決定，素來委諸涉外民事法律適用法之規定，因此本條前段之規定，即係此一原則之重申，並無新意。至於本條但書之規定則極爲突兀特異，詳後述。

由於本法第77條前段規定依涉外民事法律適用法所定應適用之法律，因此準據法條款在本法之效力，析言如下：

1.傭船契約或件貨運送契約上之準據法條款

第77條係規範載貨證券所生法律關係之涉外事件法律適用，故傭船契約未簽發載貨證券而有準據法條款者，並無本條規定之適用，應依涉外民事法律適用法之規定，定其應適用之法律。但傭船契約簽發載貨證券者，則仍應有第77條之適用。

件貨運送契約無載貨證券之簽發者，並無本條規定之適用，然而其當事人談判能力無法與傭船人相提並論，是以有關準據法條款之效力仍應類推適

用第77條之規定，方稱妥適。

2.載貨證券上之準據法條款

此又可分二種情形言之：

(1)載貨證券所載之裝載港或卸貨港為中華民國港口者

載貨證券所載之裝載港或卸貨港為中華民國港口者，其載貨證券所生之法律關係，有本法第77條之適用，應依涉外民事法律適用法第6條第1項之規定，決定適用之法律：「法律行為發生債之關係者，其成立要件及效力，依當事人意思定其應適用之法律。」由於載貨證券條款即為當事人之合意[3]，因此依載貨證券準據法條款決定應適用之法律。應適用之法律為本法者，即應適用本法相關規定；應適用之法律為外國法者，須再檢視本法對於中華民國受貨人或託運人之規定，是否較優，如本法對於中華民國受貨人或託運人保護較優者適用本法之規定。

載貨證券所載之裝載港或卸貨港雖然是中華民國港口，但倘「非」載貨證券所生法律關係者，則無本法第77條之適用。

(2)載貨證券所載之裝載港及卸貨港均為中華民國以外港口者

此種情形，無本法第77條規定之適用，而應依涉外民事法律適用法之規定，決定應適用之法律。

三、本法規定之特色

本法第77條之規定具有如下特色：

（一）獨樹一幟之立法風格

本法之規定與國際公約及英美立法例均不相同，堪稱獨樹一幟。

按海牙規則對準據法之規定，採國際私法之契約地法原則，故於第10條規定：「本公約之規定應適用於在任何一締約國內簽發之載貨證券。」海牙

---

[3] 關於載貨證券上之條款為當事人合意乙點，請參閱第拾陸章「載貨證券條款之效力」。

威斯比規則第10條雖擴大適用範圍，但仍遵守契約地法之基本原則，而排除對卸貨港之適用，其條文如下：「無論船舶、運送人、受貨人，或其他有關人員之國籍爲何，本公約各條款於下列情形之一者，適用於兩國港口間貨運之每一載貨證券：

    1.載貨證券係在一締約國內簽發者，或

    2.運送係自一締約國內之港口出發者，或

    3.載貨證券內載明或由載貨證券證明之運送契約內記載，本公約之規定或任何批准本公約之內國立法，對於是項契約有約束力者。

締約國應將本公約各條款之規定，適用於上述載貨證券。

本條規定不限制締約國將本公約之規定，適用於上款所述以外之載貨證券。」

漢堡規則鑑於貨損索賠之原告多爲卸貨港之受貨人，故於第2條「適用範圍」內規定卸貨港位於締約國內者亦有公約之適用：

「本公約之規定，於兩國間之海上運送契約符合下列情形之一者，均適用之：

    1.海上運送契約之裝載港，係在一締約國之領土內者。

    2.海上運送契約之卸貨港，係在一締約國之領土內者。

    3.海上運送契約定有可選擇之數卸貨港，其中之一爲實際卸貨港，而該實際卸貨港係在一締約國之領土內者。

    4.載貨證券或其他證明海上運送契約之文件係於一締約國所簽發者。

    載貨證券或其他證明海上運送契約之文件訂定或任何國家之法律承認本公約有拘束該項契約之效力者。

    本公約之規定，不問船舶、運送人、實際運送人、託運人、受貨人或其他利害關係人之國籍，一律適用。

    本公約之規定，對於傭船契約不適用之。但依傭船契約所簽發之載貨證券，如該證券係規範運送人與載貨證券持有人間之關係，而非運送人與傭船人間之關係者，仍有本公約之適用。

    如契約訂定將來於雙方合意之期間內，爲一系列之貨物運送者，本公約適用於每次之運送。但如以傭船方式爲運送者，適用本條第3項之規定。」

英國1971海上貨物運送法（COGSA）繼受海牙威斯比規則，因此關於法

律之適用亦甚相似，依其第1條第3、6款及第10條之規定，英國COGSA適用於下列運送：

1. 裝載港位於英國者；
2. 運送係自一海牙威斯比規則締約國內之港口出發者；
3. 載貨證券於海牙威斯比規則締約國簽發者；
4. 載貨證券中所包含或得以證明之契約，其中規定海牙威斯比規則之規定或任何批准國家之內國立法，對是項契約有適用者；
5. 載貨證券中所包含或得以證明之契約，其中規定海牙威斯比規則之規定或任何批准國家之內國立法，對是項契約有適用者，其中規定該運送應適用海牙威斯比規則者；
6. 不可轉讓之海運證券中所包含或得以證明之契約，其中規定該運送應適用海牙威斯比規則者。

本法修正一讀通過之草案規定：「載貨證券所載之裝載港或卸貨港為中華民國港口者，其載貨證券所生之法律關係應適用本法之規定。」此種「即刻適用法原則」係參照美國1936年COGSA第13條之規定：「本法適用於國外貿易貨物由美國港口運出，或運入之一切海上運送契約。」

惟本法一讀草案之規定於二讀時，基於下列考慮而予以廢棄[4]：

1. 美國COGSA第13條之規定，係基於「使美國COGSA有適用之機會」的政策考慮，並未特別斟酌貨方之保護。
2. 本法對運送人、船舶所有人之責任規定，有免責、責任限制、單位責任限制、短期時效等優惠規定，恐對本國受貨人、託運人保護不周。

因此二讀時廢棄「即刻適用法原則」，改採國際私法原則處理，規定於

---

[4] 參見立法院公報第88卷第37期院會紀錄。惟其中所載廢棄一讀草案條文規定之理由或因手植錯誤，異常混沌迷離：「(一)本條將使第55條（舊§99）與第61條（舊§105）之規範形成具文；(二)適用本法（法庭地法）之結果，遠不如適用『忠實繼受海牙威斯比規則』國家之法律，對我國受貨人保護欠缺；(三)立法說明謂：『……對我國託運人、受貨人之保護未免不週……』，其假保護中外運送人而非內國受貨人或託運人，故應改為：『……，其載貨證券所生法律關係，依涉外民事法律適用法所足應用法律，但依本法中華民國受貨人或託運人保護較優者，應適用本法規定。』」本文此處係其主要意旨改寫而成。

第77條前段：「載貨證券所載之裝載港或卸貨港爲中華民國港口者，其載貨證券所生之法律關係依涉外民事法律適用法所定應適用法律。」此項規定，不但與海牙規則、海牙威斯比規則及漢堡規則不同，且與英美立法例亦大相逕庭。

三讀時立法者復認爲海商事件之爭訟，固可如前述依「涉外民事法律適用法」之規定，定其應適用之法律，惟在具體個案，因託運人、受貨人與運送人之國籍互異，依法律規定，往往須適用外國法律，爲保護我國託運人及受貨人，遂又於第77條加入下列但書：「但依本法中華民國受貨人或託運人保護較優者，應適用本法之規定。」此項保護本國受貨人、託運人之規定，在國際立法例中，亦堪稱獨樹一幟。

（二）不強調本國法適用之立法方式

前述各項公約或內國法規定，內容雖彼此不相同，然均具有一共同特徵，即增加公約或該本國法適用之機會。蓋因海商法爲特別法，雖與國際立法有統一趨勢，終究仍須配合本國之特殊海事政策，倘本國海商法無適用餘地，則所希冀實踐之海事政策亦不免落空，是以各國無不藉立法或司法方式擴大其本國海商法適用之機會。

本法第77條前段規定，於適用上須先依涉外民事法律適用法之規定，定其應適用之法律，因此適用本法之機會與前述公約或立法例相較，自大爲降低。此種立法方式實與國際立法趨勢迥然不同。

或謂涉外爭議本應以涉外民事法律適用法之規定爲依歸，然而吾人認爲「即刻適用法原則」即是對涉外「海商」事件法律適用之規定，具有1.可預見性及安定性；2.增加本法適用之機會；3.多數國家採用；4.簡易明確無選法適用之爭議等優點。反觀依涉外民事法律適用法決定準據法之適用者，不但1.無法增加本國法適用機會；2.造成當事人不可預測性及不安定性；且3.因涉外民事法律適用法，並未就海商事件之特性加以考慮，故並非最佳選擇。甚且其於適用上尚產生「究應適用該法第6條第1項、第2項或第3項規定」之爭

議[5]。

職是之故，第77條前段之規定，其立法技術實遠遜於一讀草案條文之規定。

（三）違反國民待遇之立法方式

第77條但書規定：「但依本法中華民國受貨人或託運人保護較優者，應適用本法之規定。」既明言以「中華民國受貨人或託運人」之保護為重心，即排斥以我國港口為裝載或卸載港之「外國受貨人或託運人」的適用。惟按海商法為商法之一環，在商言利，雖有保護本國利益之色彩存在，但其保護之方式終究不脫以符合公約為其範疇，譬如注重運送人利益之保護者，以海牙規則及海牙威斯比規則馬首是瞻；強調貨方權益之維護者，以漢堡規則為圭臬。類似本條但書白紙黑字明示保護「中華民國受貨人或託運人」之立法例，堪稱少見。

（四）「保護較優」認定因難

第77條但書之規定，於適用上依「主張有利於己之事實者負舉證責任」之原則，中華民國受貨人或託運人為期本法之適用，須負舉證之責。然而「依本法……保護較優」之舉證責任顯係相當沉重。首先就法律之範圍而言，由於本法第5條及第60條之規定，包括民法在內之其他法律均有保護孰優孰劣之比較必要。其次就法律之內容而言，所謂「保護較優」，究係程序上或實體上保護較優？如就實體而言，究係以期間之長短、船方賠償額之高低、優先受償位次或其他何者為標準[6]？此外，一部較優一部較劣者又如何？

---

[5] 有關適用涉外民事法律適用法第6條第1項、第2項或第3項之爭議，詳參見陳長、蘇崇哲，由實務觀點論載貨證券的準據法，第5頁至第7頁。發表於國立政治大學法學院財經法研究中心舉辦之財經法新趨勢研討會(五)，民國89年5月2日。

[6] 譬如「如以每件貨物單位責任限制賠償為例，若指向德國法，或美國法，則較優；若指向其他漢堡規則國家，則最優；若指向其他採海牙威士比規則國家，則與我國法相同。但若指向韓國等，則較不優。」見柯澤東，我國海商法修正評述，台灣本土法學雜誌，第10期，2000年5月，第223至224頁。

職是之故，負舉證責任之中華民國受貨人及託運人是否因而蒙利，實難逆料，倒是增加其負擔及困擾，應可預期。

(五)「保護較優」立法意旨與適用上之矛盾

第77條但書規定：「但依本法中華民國受貨人或託運人保護較優者，應適用本法之規定。」其立法意旨係爲保護我國受貨人或託運人。惟同條前段規定：「載貨證券所載之裝載港或卸貨港爲中華民國港口者，其載貨證券所生之法律關係依涉外民事法律適用法所定應適用法律。」依涉外民事法律適用法所定應適用之法律倘爲我國法，則外國法對中華民國受貨人或託運人保護縱使較優，亦不得適用外國法，無法貫徹保護我國受貨人或託運人之立法意旨。足見本條規定立意雖佳，立法技術有欠妥適。

第三十六章　管轄條款

重點解說

一、管轄條款之意義

　　管轄條款（jurisdiction clause），又稱訴訟條款（litigation clause）或選擇法庭條款（choice of forum clause），係指運送契約或載貨證券上約定發生運送糾紛時，應由何地法院管轄、或排除其他法院管轄，或由運送人決定管轄法院之條款。

　　實務上習見之管轄條款為下列二種：

1.由某地法院管轄並排除其他法院管轄或由運送人決定管轄法院者，譬如陽明海運公司載貨證券第26條規定：「Except as otherwise provided specifically herein any claim or dispute arising under this Bill of Lading shall be governed by the law of England and determined in the English courts sitting in the city of London to the exclusion of the jurisdiction of the courts of any other place. In the event this clause is inapplicable under local law then jurisdiction and choice of law shall lie in either the port of loading or port of discharge at carrier's option.」（除另有規定外，因本載貨證券所生之訴訟爭議，悉適用英國法律之規定並由倫敦之英國法院管轄。

依本地法律本條規定無法適用者，應由運送人決定依裝載港或卸載港之法院管轄及法律適用。）定期船載貨證券，一般較常採用此類管轄條款。

2.由運送人主要營業所之所在地法院管轄者，譬如代號為VISCONBILL之定期運送載貨證券第20條規定：「Any dispute arising under this bill of lading shall be decided in the country where the carrier has his principal place of business, and the law of such country shall apply except as provided elsewhere herein.」（因本載貨證券所生之爭議，由運送人主要營業所所在國之法院管轄，並適用該國之法律。但另有約定者，不在此限。）上述管轄條款使受貨人於行使損害賠償請求權前，必須先行確定運送人主要營業所之所在地，徒增受貨人之困擾，因此備受爭議。

二、本法對管轄之規定

管轄之界定，為法院進入實體案件審理之大前提，對案件結果具有舉足輕重之影響力[1]。本法對管轄之規定，見諸第78條第1項：「裝貨港或卸貨港為中華民國港口者之載貨證券所生之爭議，得由我國裝貨港或卸貨港或其他依法有管轄權之法院管轄。」本條擴大當事人對管轄法院之選擇權。裝貨港或卸貨港為中華民國港口者之載貨證券所生之爭議，縱使載貨證券已載明由外國法院管轄，訴訟上之原告仍得依上開規定，主張由我國裝貨港或卸貨港或其他依法有管轄權之法院管轄。

關於本項規定，可討論者如下：

（一）漢堡規則第 21 條規定之參酌

海牙規則及海牙威斯比規則並未規範訴訟管轄之問題，各國遂各依其訴訟法或國際訴訟管轄原則決定管轄法院。

本法第78條第1項係參酌漢堡規則第21條第1項第3款之規定，該條全文規

---

[1] 在The Tricolor (1933) A.M.C.919案中，Judge Learned Hand曾謂：「管轄條款之重要性遠超過運送契約上其他明示條款，甚且是訴訟結果的決定性因素。」

定如下：

「1.依本公約提起關於貨物運送之訴時，原告得選擇下列地點之所在
　　國，依其法律規定有管轄權之法院起訴：
　　(1)被告之主事務所地，如無主事務所者，其經常之居所地；或
　　(2)如契約係由被告之營業所、分店或代理商所訂立者，該契約簽訂
　　　地；或
　　(3)裝載港或卸貨港；或
　　(4)依運送契約為此目的（for that purpose）所指定之其他地點。
　2.(1)除前項規定外，依締約國之法律及國際法所適用之法則，已對運
　　　送貨物之船舶或同一所有人之其他船舶實施扣押之締約國任何港
　　　口或地點之法院，當事人均得向其提起訴訟。在此情況下，如被
　　　告提出聲請時，原告應選擇本條第一項所定管轄法院之一，將其
　　　訴訟移轉於該管轄法院裁判。但在訴訟移轉前，被告應提供相當
　　　之保證金以擔保將來可能判決應給付請求權人金額之支付。
　　(2)一切有關保證金是否相當之事項，均由船舶扣押地或扣押港口之
　　　法院裁定之。
　3.當事人不得於本條第1項或第2項規定以外之地點，就本公約所定貨
　　物運送事項，提起訴訟。惟本項規定並不影響締約國對於有關臨時
　　性或保全性措施之管轄權。
　4.(1)已依本條第1項或第2項之規定向有管轄權之法院起訴，或該法院
　　　已為判決者，除首次訴訟之管轄法院所為判決不能於更行起訴之
　　　國家內執行者外，不得更行起訴。
　　(2)就本條規定而言，為保全判決之強制執行而聲請法院採取之措
　　　施，不得認為新訴訟之提起。
　　(3)就本條規定而言，依本條第2項第1款之規定移轉訴訟於同一國家
　　　內之不同法院或移轉於一他國法院，均不得認為新訴訟之提起。
　5.當事人於海上貨物運送契約所引起之索賠糾紛發生後，以合意訂定
　　索賠人提起訴訟之地點者，該約定為有效，不適用本條前四項之規
　　定。」

（二）立法理由

自我國輸出貨物或貨物輸入我國之運送，涉及我國國民之法益，依民事訴訟法第12條之規定：「因契約涉訟者，如經當事人定有債務履行地，得由該履行地之法院管轄。」運送契約定有裝貨港、卸貨港以履行貨物交付之義務，均為契約履行地，故裝貨港、卸貨港所在地的法院本即有管轄權。惟因載貨證券屢見記載：「須受國外法院管轄」之「排他管轄」條款[2]，一方面剝奪我國人就近在我國尋求法律救濟途徑之機會，另一方面運送人可利用我國人須遠赴國外求償之不利益，以遂行其逃避其所應負運送責任之目的。為匡正此種因載貨證券上不公平、不合理之定型化約款所帶給託運人或載貨證券持有人之不利益，遂參照漢堡規則第21條第1項第3款之規定，於本法第78條第1項規定：「裝貨港或卸貨港為中華民國港口者之載貨證券所生之爭議，得由我國裝貨港或卸貨港或其他依法有管轄權之法院管轄。」以確保國人能有受本國法院管轄之機會。

（三）我國依法有管轄權之法院

我國依法有管轄權之法院包括：

1. 裝貨港或卸貨港為中華民國港口者之載貨證券所生之爭議，我國裝貨港或卸貨港之法院有管轄權。

2. 其他依法有管轄權之法院。譬如民事訴訟法第3條第1項規定：「對於在中華民國現無住所或住所不明之人，因財產權涉訟者，得由被告可扣押之財產或請求標的所在地之法院管轄。」第7條規定：「對於船舶所有人或利用船舶人，因船舶或航行涉訟者，得由船籍所在地之法院管轄。」第8條規定：「因船舶債權或以船舶擔保之債權涉訟者，得由船舶所在地之法院管轄。」

---

[2] 民事訴訟法第24條規定：「當事人得以合意定第一審管轄法院。但以關於由一定法律關係而生之訴訟為限。前項合意，應以文書證之。」

（四）第 78 條第 1 項之適用範圍

第78條第一項依其文義規定，僅適用於：1.裝貨港或卸貨港為中華民國港口，且2.載貨證券所生之爭議。因此傭船契約及件貨運送契約簽發載貨證券，符合上述要件者，皆有適用餘地。

（五）當事人於爭議發生後，另有合意者，應予尊重

當事人於爭議發生後，如另有管轄之合意，此項合意已非載貨證券管轄條款，則載貨證券上不合理、不公平之定型化約款對我國貨方不利益之處遇，已不復存在，基於當事人自治原則，自應對當事人嗣後之管轄合意，予以必要之尊重。

三、載貨證券排他管轄條款之效力

載貨證券管轄條款，就載貨證券所生之爭議，排除我國依法有管轄權之法院管轄者，即通稱之「排他管轄條款」，其效力可分下列情形討論之：

（一）裝貨港及卸貨港非我國港口者

由於此種情形，並無第78條第1項規定之適用，故該管轄條款之效力，端視其是否合理而定，合理者應屬有效。反之則因其間接減輕或免除運送人對於因過失不履行應履行之義務，致有毀損滅失或遲到之責任，依第61條之規定，應為無效。

管轄條款是否合理，須審視對貨方而言[3]：

1.花費是否過鉅？
2.證據之取得是否可能？
3.標的之勘驗是否可能？

---

[3] Indussa Corporation v. The Ranborg (1967) A.M.C.589，該案之管轄條款因有美國 COGSA 第3條第8項規定（類似本法第61條）之適用而無效。承審法官認為倘主張該管轄條款為有效，貨方必須為損害額僅2,600美金之案件遠赴4,200英哩外之他國，接受不同語言、迥異法律體系之審判，故該管轄條款應認為係減輕運送人責任之條款。

4.事實之調查是否可能？

5.對合意管轄地之語言及相關規定是否瞭解？

6.是否對所有當事人均屬公平、合理？譬如外國法律不承認合意管轄之制度或其判決我國不認其效力者（民訴§402），均對我國當事人權益保護不周。

（二）裝貨港或卸貨港為我國港口者

此種情形有第78條第1項之適用。其效力可分下列二點而論：

1.當事人並無意由我國依法有管轄權之法院管轄，且該條款符合前述合理原則者，該條款應屬有效。

2.當事人決定由我國法院管轄者，得由我國裝貨港或卸貨港或其他依法有管轄權之法院管轄，不受載貨證券內排他管轄條款之拘束。

第三十七章 仲裁條款

討論重點

一、仲裁條款之意義。
二、仲裁條款妨訴抗辯之效力。
三、本法對仲裁之規定。
四、仲裁條款無效之情形。
五、仲裁條款效力之獨立性。

重點解說

一、仲裁條款之意義

　　仲裁條款係指運送當事人約定,將來發生運送糾紛時應提交仲裁,不得未經仲裁逕行起訴。仲裁條款之內容包括:(1)交付仲裁的合意;(2)約定仲裁的範圍;(3)仲裁地;(4)仲裁機構;(5)仲裁人的選任辦法;(6)仲裁所適用的規則;(7)仲裁費的負擔方法等。譬如ASBATIME[1]計時傭船契約第17條規定:「Should any dispute arise between Owners and the Charterers, the matter in dispute shall be referred to three persons at New York, one to be appointed by each of the parties hereto, and the third by the two so chosen; their decision, or that of any two of them, shall be final and for the purpose of enforcing any award this agreement may be made a rule of the Court. The arbitrators shall be commercial

---

[1] ASBATIME係The Association of Ship Brokers & Agents (U.S.A) Inc (ASBA), New York所制定之計時傭船契約的代號。

men conversant with shipping matters.」（船舶所有人及傭船人間發生爭議者，應在紐約交付三人進行仲裁。雙方當事人各選一仲裁人，再由雙方選定之仲裁人共推第三仲裁人。該三人或其中二人之仲裁判斷，應為最終決定，就強制執行而言，與法院之判決具有同一效力，仲裁人應為專業人士並熟稔航運事務。）

　　仲裁條款常見於傭船契約中，相較之下，載貨證券上除引置（incorporate）傭船契約中之仲裁條款外，較少記載仲裁條款[2]。

二、仲裁條款妨訴抗辯之效力

　　最高法院64年台抗字第239號判例謂：「商務仲裁條例第3條雖明定『仲裁契約如一造不遵守而另行提起訴訟時，他造得據以請求法院駁回原告之訴』，惟必須先以書面依商務仲裁條例訂立仲裁契約，由當事人簽名，始為相當，否則不生效力。載貨證券係由運送人或船長簽名之證券，難謂係當事人雙方簽訂書面之商務仲裁契約，自無依該證券之記載而主張適用商務仲裁條例第3條之餘地。」類似見解亦見諸於最高法院67年度民事庭會議決議：「載貨證券係由運送人或船長單方簽名之證券，其有關仲裁條款之記載，尚不能認係仲裁契約，故亦無商務仲裁條例第3條之適用。」上述見解，係從載貨證券本質論斷，認為載貨證券係運送人或船長單方簽名之證券，與由雙方當事人簽名的仲裁契約要件不合，故載貨證券上之仲裁條款無法拘束當事人。此項見解引起甚大爭論，學者通說均持反對意見[3]。

　　仲裁法87年修正時，業已於第1條第4項增設「當事人間之證券」之規定：「當事人間之……證券……，足認有仲裁合意者，視為仲裁協議成立。」查其立法目的亦係在解決「載貨證券中仲裁條款有無妨訴抗辯」之問題，至於如何認定「當事人間之證券，足認有仲裁合意」，87年11月19日台灣高等法院暨所屬法院座談會之結論謂：「如載貨證券上記載本載貨證券所

---

[2]　Wilson, 327
[3]　代表性見解請參見柯澤東，論仲裁條款在海上貨物運送契約中之法律地位，海商法，1988年10月初版，第92頁。

生之爭議，應提付××仲裁機構仲裁者，應足認有仲裁合意。」最高法院92年度第7次民事庭會議，針對67年度第4次民事庭庭推總會議決議之複審決議，補充決議文謂：「載貨證券係由運送人或船長單方簽名之證券，其有關仲裁條款之記載，除足認有仲裁之合意外，尚不能認係仲裁契約。」綜上所論，載貨證券上有仲裁條款者，應足認有仲裁合意，其有關仲裁條款之記載，應視為有仲裁協議成立。

三、本法對仲裁之規定

本法就仲裁規定於第78條第2、3項：「前項（裝貨港或卸貨港為中華民國港口者之）載貨證券訂有仲裁條款者，經契約當事人同意後，得於我國進行仲裁，不受載貨證券內仲裁地或仲裁規則記載之拘束。前項規定視為當事人仲裁契約之一部。但當事人於爭議發生後另有書面合意者，不在此限。」

茲就本法上述二項之規定，討論如下：

（一）漢堡規則第 22 條之參酌

海牙規則及海牙威斯比規則均未明文規範仲裁條款，本法第78條第2、3項係分別參酌漢堡規則第22條第3項第1款第3目及第5、6項之規定：

「（第3項）索賠人得選擇下列地點之一，聲請仲裁：

1.座落於一國家之下列地點：

(1)相對人主事務所所在地，如無主事務所者，其經常之居所；

(2)如契約係由相對人之營業所、分店或代理商店所訂立者，該契約簽訂地；

(3)裝載港或卸貨港；

2.仲裁條款或協議為本項目的所指定之任何地點。

（第5項）本條第3項、第4項之規定，視為仲裁條款或協議之一部分。任何仲裁條款或協議與之牴觸者，無效。

（第6項）本條規定對於當事人依海上運送契約，提起索賠之訴後所定仲裁契約之效力，不生影響。」

（二）立法理由

　　仲裁法雖期藉第1條第4項等相關之規定，達到「推廣訴訟外解決爭議之替代方案，而恢復我國仲裁制度應有之功能」的目的，然基於現實考量，海運實務上之載貨證券甚少記載在我國仲裁，因此上述目的能否達到，甚爲可疑。相反地，從事進出口貿易之國人恐多將赴國外仲裁，致使花費過鉅、無法明瞭外國仲裁規定及語言、甚或約定之仲裁地與系爭事實之調查、證據之取得及標的之勘驗均無關連，徒然剝奪國人就近在我國尋求法律途逕救濟之機會，並使運送人可利用國人遠赴國外求償之不利益，遂行其逃避所應負之運送責任。因此不合理之仲裁條款常被法院認定爲免責條款，並以其違反海牙規則第3條第8項規定（類似本法第61條）認定爲無效[4]，實良有以也。

　　爲匡正上述因載貨證券上不公平、不合理仲裁條款造成國人之不利益，本法遂規定裝貨港或卸貨港爲中華民國港口之載貨證券定有仲裁條款者，不應排除當事人於我國進行仲裁之機會。爲求周延，並使是項規定視爲當事人仲裁契約之一部，俾免法院以仲裁判斷背離載貨證券仲裁條款之約定而撤銷該仲裁判斷。

　　惟如當事人於爭議發生後，另有書面合意解決爭議之方式或所應適用之法律規則者，則上述所稱載貨證券不合理、不公平之定型化約款致貨方不利益之處遇，已不復存在，基於當事人自治原則，自應對當事人間該等解決爭議之事後合意，予以必要之尊重[5]。

（三）得於我國進行仲裁之情形

　　貨物運送於下列三種情形時，得於我國進行仲裁：

1.傭船契約或件貨運送契約載明於我國進行仲裁者

2.載貨證券載明於我國進行仲裁者

　　依前述仲裁法第1條第4項規定及87年11月19日台灣高等法院暨所屬法院

---

[4]　The Amazonia [1989] 1 Lloyd's Rep. 403, Q.B.D.
[5]　立法院公報（初稿），第4屆第1會期，第70期（上），1999年6月23日出版，第248頁及第256頁。

座談會之結論，可知載貨證券既已載明於我國仲裁者，應認有於我國仲裁之協議。

3.載貨證券載明於國外仲裁，但合乎第78條規定者

載貨證券雖載明於國外仲裁，但合乎下列要件者，仍得於我國仲裁：

(1)因載貨證券所生之爭議者

(2)裝貨港或卸貨港為中華民國港口者

裝貨港或卸貨港為中華民國港口者（§78Ⅰ前），意謂進出口人為本國人，為保護本國人不致因載貨證券不公平、不合理仲裁條款而遭受不利益，應給予本國之當事人在我國進行仲裁之機會。

(3)經契約當事人同意（§78Ⅱ）

本國當事人雖有在我國進行仲裁之主觀意願，但終究與載貨證券記明外國仲裁之客觀事實不符，故應得契約當事人同意，始能於我國進行仲裁。

惟「於我國進行仲裁」之決定，常對當事人之一方有利、他方無利，如何「取得契約當事人同意」，恐成難題。

（四）於我國進行仲裁之同意，視為仲裁契約之一部

仲裁法第1條第3項規定，仲裁協議應以書面為之，是以第78條第3項規定同條第2項之同意，視為當事人仲裁契約之一部，以求周全，俾免法院以仲裁判斷背離載貨證券仲裁條款之約定，而撤銷該仲裁判斷。

在中華民國進行仲裁之合意，既被視為當事人仲裁契約之一部，則該仲裁契約中之其他規定若與之牴觸者（譬如排除於我國仲裁或排除我國仲裁法律之適用），應認為無效。

（五）第78條第2、3項適用範圍

依「明示其一排除其他」之法理，第78條第2、3項不適用於無載貨證券之件貨運送契約及傭船契約，惟後二者之仲裁條款仍有仲裁法之適用，不待多言。傭船契約之當事人之談判能力無分軒輊，故傭船契約絕少有不公平、不合理之條款，是以傭船契約上之仲裁條款無第78條第2、3項之適用。倘傭

船契約定有因該契約所生糾紛應提付仲裁之條款,而依傭船契約簽發之載貨證券,未特別註明該仲裁條款對載貨證券持有人亦有拘束力時,運送人不得以之對抗傭船人以外之善意載貨證券持有人[6]。此即引置條款之效力問題,詳請參考第拾柒章「引置條款」。

惟「件貨運送契約亦無第78條第2、3項之適用」,則值得斟酌。蓋件貨運送契約之當事人為運送人與託運人,託運人因係零星雜貨之貨方,其談判籌碼與運送人相較,顯甚微弱,故第61條將之列為免責約款禁止規定所欲保護之主體。依相同法理,第78條第2、3項在解釋上實亦應包括件貨運送契約上之仲裁條款,俾求周延。

(六) 當事人於爭議發生後另有書面合意者,應予尊重

為保護本國當事人,本條雖於第2項及第3項前段規定得於我國進行仲裁之情形,但當事人於爭議發生後,如另有書面合意者,此項合意已非載貨證券仲裁條款,則載貨證券上不合理、不公平之定型化約款對我國貨方不利益之處遇,已不復存在。基於當事人自治原則,自應對當事人間該等解決爭議之嗣後合意,予以必要之尊重。

惟本條第3項但書之規定極易產生誤解,該項規定全文為「前項規定視為當事人仲裁契約之一部。但當事人於爭議發生後另有書面合意者,不在此限。」由文字排列觀之,該項但書規定似謂「但當事人於爭議發生後,另有書面合意者,前項規定不視為當事人仲裁契約之一部。」但參照本條法時所繼受之漢堡規則第21條第5項及22條第6項之規定,當知「但當事人於爭議發生後另有書面合意者,不在此限。」實係指「當事人於爭議發生另有書面合意管轄或仲裁者,從其合意。」為免誤解,因此宜將第3項但書獨立為第4項,並將文字修正為:「當事人於爭議發生後另有書面合意管轄或仲裁者,從其合意。」

---

[6] 參見漢堡規則第22條第2項規定:「傭船契約定有因該契約所生糾紛應提付仲裁之條款者,而依傭船契約簽發之載貨證券,未特別註明該仲裁條款對載貨證券持有人亦有拘束力時,運送人不得以之對抗善意之載貨證券持有人。」

（七）當事人之意義

第78條第2、3項分別有「契約當事人」及「當事人」之規定，雖用字不同，但應均係指載貨證券之簽發人及依載貨證券索賠之人。

四、仲裁條款無效之情形

仲裁條款有下列情形之一者，應為無效：

1.爭議無法以仲裁解決者。

2.裝貨港或卸貨港為中華民國港口之載貨證券，載明因載貨證券所生之爭議，排除於我國仲裁者。

3.違反合理性原則者：仲裁條款是否合理，須審視下列各點[7]：

(1)花費是否過鉅？

(2)證據之取得是否可能？

(3)標的之勘驗是否可能？

(4)事實之調查是否可能？

(5)雙方當事人是否均不瞭解該國仲裁規則及語言？

(6)是否對所有當事人均屬合理公平？譬如規定「貨方未於三個月內交付仲裁，運送人解除其運送責任」，又如關於仲裁人之指定，仲裁條款賦予一方當事人特權者，其合理性均有待斟酌。

4.仲裁條款之目的係直接或間接載有其他免除或減輕運送人最低強制責任之規範者。（§61）

5.其他違反公序良俗、強行規定者。

故於傭船契約之情形，如載有應在外國仲裁之條款，依當事人自治之原則，固難認該仲裁條款之約定無拘束雙方之效力。惟若該約定有違上述公序良俗或合理性之原則，則是否有拘束雙方當事人之效力，應就個案情形而為論斷，不能一概而論。

---

[7] 參見台灣高等法院暨所屬法院67年度法律座談會研究意見。

五、仲裁條款效力之獨立性

當事人間之契約定有仲裁條款者,該條款之效力,應獨立認定;該契約縱不成立、無效或經撤銷、解除、終止,不影響仲裁條款之效力(仲裁§3)。

第三十八章　旅客運送

重點解說

　　旅客運送係指運送人以船舶運送旅客之法律關係，其所訂立之旅客運送契約係一諾成、雙務且有償之契約。

　　國際間為統一旅客運送之規範，制定1974年海上旅客及其行李運輸雅典公約（Athens Convention Relating to the Carriage of Passengers and Their Luggages by Sea, 1974，簡稱雅典公約）及其1976年議定書（Protocol of 1976 to the Athens Convention Relating to the Carriage of Passengers and Their Luggages by Sea, 1974）及1990年議定書（Protocol of 1990 to Amend the Athens Convention Relating to the Carriage of Passengers and Their Luggages by Sea, 1974）。本法有關旅客運送之規定，於民國51年修正時，因上述國際公約尚未制定，故未及參考，迨至民國88年修正時，又因旅客運送實務上多依船票之規定處理，而未予隻字修正，因此本法有關旅客運送之規定堪稱簡陋。

　　運送人以船舶運送旅客之規範，除本法第三章第奪節「旅客運送」外，準用同章第一節貨物運送之規定（§79）。此外依第5條之規定，民法債編之

旅客運送，亦得適用之。

海上旅客運送準用本法第38條之規定，可分爲以個別旅客之運送爲目的之搭客契約及以船舶之全部或一部供運送爲目的之傭船契約。搭客契約爲不要式契約，通常以船票證明其成立。傭船契約則須以書面爲之，且爲要式契約，應載明下列事項（§79準用§40）：

　　1.當事人姓名或名稱，及其住所、事務所或營業所。

　　2.船名及對船舶之說明。

　　3.旅客之人數。

　　4.契約期限或航程事項。

　　5.運費。

茲將本法及相關法規中，旅客運送人及旅客之權利義務規定析述如下：

一、運送人之權利

旅客運送中，運送人之權利有四：

（一）票價請求權

票價爲運送人運送之對價，一般採預付方式，訂購船票時即行給付。對於旅客供膳者，其膳費應包括於票價之內（§80）。旅客在船舶發航或航程中不依時登船，或船長依職權實行緊急處分迫令其離船者，運送人仍有權請求全部票價（§85）。旅客在航程中自願上陸時，運送人得請求全部票價，其因疾病上陸或死亡時，運送人僅按其已運送之航程請求票價（§87）。

旅客無票乘船、越級乘船或超程乘船者，運送人得請其補足票價或給付罰款。旅客拒不給付者，並得令其於適當地點離船（§79準用§65）。

（二）交託行李之留置權

運送人爲保全其票價及其他費用得受清償之必要，按其比例，對於運送物，有留置權（民§647Ⅰ）。按受貨人不清償運費及其他費用時，運送人爲保全其運費及其他費用得受清償之必要計，得於一定程度內，對於運送物行使留置權，以保護運送人之利益。

（三）交託行李拍賣權

1.為早日解除運送人保管行李之煩累及責任，並兼顧旅客之利益，旅客於行李到達後一個月內不取回行李時，運送人得定相當期間催告旅客取回，逾期不取回者，運送人得拍賣之。旅客所在不明者，得不經催告逕予拍賣（民§656Ⅰ）。

2.行李有易於腐壞之性質者，運送人得於到達後，經過二十四小時，拍賣之（民§656Ⅱ）。

3.運送人得就拍賣代價中，扣除拍賣費用、票價及其他費用，並應將其餘額交付於應得之人，如應得之人所在不明者，應為其利益提存之（民§652）。蓋以此種拍賣之情形，非運送人自己之過失所致，自不應受意外之損失，故許其有於拍賣代價中，扣除拍賣費用、票價及其他費用之權利。至如將其餘額占有之，則為不當之得利，運送人自應負交付於應得之人或代為提存之義務。

（四）損害賠償請求權

旅客之侵權行為致使運送人受有損害者，旅客應負損害賠償責任（民§184），並自運送人知有損害及賠償義務人時起，二年間不行使而消滅；自有侵權行為時起，逾十年者亦同（民§197Ⅰ）。

二、運送人之義務

海上旅客運送人之義務，有下列數點：

（一）提供具堪航能力之船舶

依第79條準用第62條之規定，旅客運送人於發航前及發航時，對於下列事項，應為必要之注意及措置：

1.使船舶有安全航行之能力。
2.配置船舶相當船員、設備及供應。
3.使客艙及其他供載運旅客部分適合於受載、運送與保存。（§62Ⅰ）

（二）安全運送旅客

運送人應安全地運送旅客，對旅客之安全運送義務，自上船時起，迄下船時止。

（三）不得超過旅客之定額

船舶載運旅客應依航政主管機關核定之乘客定額，不得超載（船§52 III）。

（四）備置包括旅客名冊之文書

船舶應備置包括旅客名冊之下列文書（船§9）：

1. 船舶國籍證書或臨時船舶國籍證書。
2. 船舶檢查證書或依有關國際公約應備之證書。
3. 船舶噸位證書。
4. 船員名冊。
5. 載有旅客者，其旅客名冊。
6. 訂有運送契約者，其運送契約及關於裝載貨物之文書。
7. 設備目錄。
8. 航海記事簿。
9. 法令所規定之其他文書。

（五）載客港口之限制

客船，除航政主管機關另有指定外，不得在證書規定以外之港口搭載乘客（船§52 III）。

（六）依約運送

運送人或船長應依船票所載，運送旅客至目的港。運送人或船長違反前項規定時，旅客得解除契約，如有損害，並得請求賠償（§83）。

（七）特殊狀況時之運送

船舶因不可抗力、不能進港或為船舶修繕時，運送人之義務如下：

1. 船舶因不可抗力不能繼續航行時，運送人或船長應設法將旅客運送至目的港（§88）。
2. 旅客之目的港如發生天災、戰亂、瘟疫，或其他特殊事故致船舶不能進港卸客者，運送人或船長得依旅客之意願，將其送至最近之港口或送返乘船港（§89）。
3. 運送人或船長在航行中爲船舶修繕時，應以同等級船舶完成其航程，旅客在候船期間並應無償供給膳宿（§90）。

（八）對交託行李之注意

運送人對於旅客所託運行李之照管義務，自運送人收受時起，迄交付時止。至於旅客隨身行李之照管義務，宜自上船時起，迄下船時止。

（九）返還行李

行李及時交付運送人者，應於旅客達到時返還之（民§655）。由此可知旅客雖有行李，若並未交付於運送人或未及時交付者，運送人均不負達到時返還之責。

三、運送人之責任

（一）旅客運送人之責任

旅客運送人對於旅客因運送所受之傷害及運送之遲到應負責任。但因旅客之過失，或其傷害係因不可抗力所致者，不在此限。運送之遲到係因不可抗力所致者，旅客運送人之責任，除另有交易習慣者外，以旅客因遲到而增加支出之必要費用爲限（民§654）。

本條立法意旨係認爲旅客運送人對於因不可抗力所致之運送遲延仍應負責，亦即不在免責之範圍內。鑑於旅客乃經濟上之弱勢，基於社會公益，有必要於法律上加以保護，故對於運送之遲到，係因不可抗力所致者，爲保護旅客，以免旅客於旅途中陷於困境，仍應由經濟上之強者即旅客運送人負責，以責任保險或價格機能分散其損失。

惟爲免旅客運送人責任過重，並期公允，旅客運送人之賠償責任，除另

有交易習慣者（據交通部函稱，國內運送實務，除航空旅客運送人對不可抗力之遲到有提供必要之餐飲或住宿外，陸、海運之旅客運送業則尚未有此商業習慣。）外，應以旅客因遲到而增加支出之必要費用為限，例如增加之膳宿、交通等費用。

運送人對於旅客人身傷亡之責任，不宜準用貨物之單位責任限制，應參照雅典公約1990年議定書第2條第2項之規定，每次運輸每名旅客之傷亡責任為175,000計算單位[1]。但旅客之傷亡係因運送人之故意或重大過失所致者，不在此限。

運送人對於旅客所未交託之行李，如因自己或其受僱人之過失，致有喪失或毀損者，仍負責任（民§658）。蓋運送人自己之過失，其應負責，固不待言，而其受僱人之過失，亦應視為運送人自己之過失，方足以昭事理之公允，而保行旅之安全。並宜參照雅典公約1990年議定書第2條第3項第1款之規定[2]，運送人每名旅客每次運輸之隨身行李賠償責任，不得超過1,800計算單位。

至於交託之行李，則應適用物品運送之規定，故運送人對於旅客所交託之行李，縱不另收運費，其權利義務，除本款另有規定外，適用關於物品運送之規定（§657）。並宜參照雅典公約1990年議定書第2條第3項第3款之規定[3]，運送人對每名旅客每次運輸之交託行李賠償責任，不得超過2,700計算單位。

---

[1] 雅典公約1990年議定書第2條第2項規定：「以下列條文取代公約第7條第1款：
(1)運送人對每位旅客之死亡或人身傷害的責任，在任何情況下對每次運送不得超過175,000個計算單位。如果依受理法院之法律，損害賠償額係以分期付款方式償付者，則支付的等值本金價值不得超過所述的限額。」

[2] 雅典公約1990年議定書第2條第3項第1款規定：「運送人對隨身行李毀損滅失之責任，於任何情況下對每位旅客每次運送不得超過1,800個計算單位。」

[3] 雅典公約1990年議定書第2條第3項第3款規定：「運送人對本項第1款及第2款規定以外之行李的毀損滅失，於任何情況下對每位旅客每次運送不得超過2,700個計算單位。」

（二）減免責任約款之效力

運送人交與旅客之票、收據或其他文件上，有免除或限制運送人責任之記載者，除能證明旅客對於其責任之免除或限制明示同意外，不生效力（民§659）。

按運送人為免除或限制其責任計，往往於交與旅客之票或其他文件上，記載免除或限制其責任之文句，以為諉卸之手段，託運人偶不注意，即受其欺，殊非保護運送安全之道。故本條規定運送人所交付之票或其他文件上，雖有免除或限制運送人責任之記載，仍應作為無效。然如能證明旅客對於此項免除或限制運送人責任之記載，確曾有明示之同意者，亦不妨認為有效，蓋法律不必加以嚴密之干涉也。

四、旅客之權利

旅客之權利，除下述幾點外，餘均為運送人之義務，不再贅述：

（一）運送人未依約運送時之解約權

運送人或船長應依船票所載，運送旅客至目的港。運送人或船長違反前項規定時，旅客得解除契約，如有損害，並得請求賠償（§83Ⅱ）。

（二）任意解約權

旅客於發航二十四小時前，得給付票價十分之二，解除契約（§84前）。

（三）不得已事由之解約權

旅客於發航前因死亡、疾病或其他基於本身不得已之事由，不能或拒絕乘船者，得解除契約，運送人得請求票價十分之一（§84後）。

（四）遲延發航之解約權

船舶不於預定之日發航者，旅客得解除契約（§86）。

（五）損害賠償請求權

因可歸責運送人之事由致旅客因運送所受之傷害或遲到，旅客有賠償請求權，惟此賠償請求權自運送終了，或應終了之時起，二年間不行使而消滅（民§623 II）。此項規定有異於物品運送賠償請求權一年消滅時效之規定，以保障旅客權益。

五、旅客之義務

（一）強制保險

旅客於實施意外保險之特定航線及地區，均應投保意外險，保險金額載入客票，視同契約，其保險費包括於票價內，並以保險金額為損害賠償之最高額。前項特定航線地區及保險金額，由交通部定之（§81）。旅客除前條保險外，自行另加保意外險者，其損害賠償依其約定。但應以書面為之（§82）。

（二）依指示離船

旅客於船舶抵達目的港後，應依船長之指示即行離船（§91）。

（三）給付票價

給付票價本係旅客之義務，縱於下列特殊情況下仍須給付票價。旅客在船舶發航或航程中不依時登船，或船長依職權實行緊急處分迫令其離船者，仍應給付全部票價（§85）。旅客在航程中自願上陸時，仍負擔全部票價，其因疾病上陸或死亡時，僅按其已運送之航程負擔票價（§87）。

（四）取回行李

旅客到達目的港後，應取回行李。旅客於行李到達後一個月內不取回行李時，運送人得定相當期間催告旅客取回，逾期不取回者，運送人得拍賣之。旅客所在不明者，得不經催告逕予拍賣（民§656 I）。

第三十九章　船舶拖帶

✏ 重點解說

　　船舶拖帶（towage）係指拖船（tug）將被拖帶船舶（tow），予以拖帶，以助其航行或完成一定之工作。譬如拖帶他船出入港灣、協助擱淺之船舶脫困出淺。

一、船舶拖帶之種類

　　船舶拖帶可分為：

1. 單一拖帶：即一艘拖船拖帶一艘以上之被拖船。
   由於近代船舶噸位較大，單一拖帶之困難度增加，下列共同及連接拖帶遂應運而生。
2. 共同拖帶：即二艘以上拖船共同拖帶一艘以上之被拖船。
3. 連接拖帶：即二艘以上拖船連續銜接拖帶一艘以上之被拖船。

二、船舶拖帶之性質與本法規定之再思

　　船舶拖帶之性質，理論上可分為承攬、僱傭、運送三種契約關係及無因管理。無因管理殊為少見；就運送而言，除往昔少數內河有以動力船舶拖帶

無動力船舶以運送貨物，屬運送契約外，若僅以拖船協助他船出入港灣或加強被拖船動力以助其航行者，實難謂有運送關係[1]。實務上，船舶拖帶仍以承攬、僱傭者爲習見，故英美法例均以承攬、僱傭關係處理船舶拖帶之法律問題[2]。本法將船舶拖帶與貨物運送、旅客運送併列入第三章「運送」章，顯係僅就罕見之運送性質的船舶拖帶爲規定，而置習見之承攬及僱傭性質之船舶拖帶於不顧，有欠允當[3]。

三、船舶拖帶之權利與義務

本法將船舶拖帶專列於第三章「運送」章之第三節，惟僅規定拖船對第三人所生之損害賠償責任，至於拖船與被拖船相互間之權義關係，則付之闕如，宜類推適用本法之貨物運送及民法等相關規定。譬如類推適用第62條，拖船人應提供「適拖性」之拖船；拖船費請求權亦視其契約之性質而有不同。如爲承攬契約者，則於完成契約所定拖船結果時發生；如爲僱傭契約者，則於約定之拖船勞務期間終了時發生；如爲運送契約，則得請求比例拖船費。

實務上拖船業多參照國際通用之拖船契約，以訂定船舶拖帶之權利義務，此類國際通用之拖船契約包括UKSTC[4]、TOWHIRE[5]及TOWCON[6]。

四、船舶拖帶之損害賠償責任

本法對船舶拖帶之規定僅列有兩條條文，規定因船舶拖帶而使第三人受有損害時，對第三人責任之歸屬，其主旨乃在保護第三人之利益。分述如下：

---

[1]　吳智，第170頁。
[2]　Chorley and Giles, chapter 23; Robert Grime, pp.306-313。
[3]　故學者有謂因船舶拖帶與供運送之船舶，常發生關係，為協助他船舶達運送之目的，故予列入運送章，以示完整。同註1。
[4]　UKSTC係英國拖帶及其他服務標準條件（UK Standard Conditions for Towage and Other Services），其1983年版本業於1986年修正，簡稱UKSTC 1986。
[5]　TOWHIRE係逐日僱傭拖船契約（daily hire towage agreement），於1985年訂定。
[6]　TOWCON此為總價承包拖船契約（lump sum towage agreement），於1985年訂定。

（一）單一拖帶之責任

單一拖帶對第三人所生之損害賠償責任，依第92條之規定：「拖船與被拖船如不屬於同一所有人時，其損害賠償之責任，應由拖船所有人負擔。但契約另有訂定者，不在此限。」故原則上不論爲拖船或被拖船之過失，均由拖船所有人負責。惟若當事人約定共同負責，或免除拖船責任者，從其約定。

（二）共同或連接拖帶之責任

由於船舶噸位日益龐大，共同或連接拖帶之情形屢見不鮮。本法第93條規範因此所生之損害：「共同或連接之拖船，因航行所生之損害，對被害人負連帶責任。但他拖船對於加害之拖船有求償權。」

因此共同或連接之拖船，因航行所生之損害，對被害人負連帶責任，此係保護受害之第三人利益的措置。故受害之第三人得向拖船之全體所有人或任一艘拖船所有人行使損害賠償請求權。至於拖船與拖船間之關係，則依但書之規定，他拖船之所有人於賠償後，對加害之拖船有求償權。

上述二條規定係船舶拖帶之外部關係，以便利受害之第三人行使其損害賠償請求權。至於各船舶內部間對該項損害賠償之分擔，有約定者，從其約定；無約定者，如僅被拖船或一拖船有過失時，應由該有過失之船舶負擔。倘他船舶已對被害人賠償損害，該他船舶得向有過失之船舶行使求償權。至於二艘以上船舶均有過失時，宜類推適用第97條之規定，由有過失之船舶各依其過失程度之比例負其責任，不能判定其過失之輕重時，各方平均負其責任。至於內部之求償，亦應採行此原則，方得其平。

第四十章 船舶碰撞

重點解說

由於風向、水文、地理、天象之變化，以及航行技術與通訊管道的差異，海上船舶碰撞時有所聞。為策航運安全，國際間戮力於船舶碰撞規則之統一化。由航運實務而言，有1972年海上避碰國際規則公約（Convention on the International Regulations for Preventing Collisions at Sea, 1972）及其1981年、1989年及1993年修正案；由刑事管轄權而言，有1952年統一船舶碰撞或其他事故中刑事管轄權規定公約（International Convention for the Unification of Certain Rules Relating to Penal Jurisdiction in Matters of Collision or Other Incidents of Navigation, 1952）；由民事管轄權而言，有1952年船舶碰撞民事管轄權規定國際公約（International Convention on Certain Rules Concerning Civil Jurisdiction in Matters of Collision, 1952）；由賠償責任而言，有1910年統一船舶碰撞責任規定國際公約（International Convention for the Unification of Certain Rules of Law with Respect to Collision between Vessels, 1910，以下簡

稱1910年碰撞公約）。本法第四章規定之船舶碰撞，主要係參考1910年碰撞公約之規定。

　　廣義之船舶碰撞係指船舶與其他船舶、運輸工具或除水以外之任何物體碰撞者，譬如船舶與漂流物、防波堤、碼頭、冰山等碰撞。惟本法第四章因參考1910年碰撞公約第1條之規定[1]，係採狹義之船舶碰撞，故船舶碰撞限於二艘以上船舶間之碰撞。

一、船舶碰撞適用上之特色

　　本法雖採狹義之船舶碰撞，亦即限於二艘以上船舶間之碰撞，但在適用上有如下三特色：

（一）擴大適用於非實際碰撞之情形

　　參酌1910年碰撞公約第13條之規定[2]，本法在解釋上應擴大適用於船舶因過失或不遵守規則，雖未實際發生碰撞，但造成致他船或任一船舶上的貨物或人員受有損害者。因此，甲船航行過速或違反航行規則致生與乙船碰撞之危險，乙船疾避沙洲致生損害者，或因大船掀起巨浪致小船因而毀損者[3]，雖未造成實際碰撞，均應適用本法第四章船舶碰撞之相關規定。

（二）擴大適用於非本法船舶

　　本法船舶限於在海上航行，或在與海相通之水面或水中航行之船舶（§1）。惟船舶碰撞時，船舶適用範圍擴大，不僅包括第1條規定以外之其他船舶，縱屬船舶法所稱之小船、軍事建制之艦艇、專用於公務之船舶（§3），亦均包括在內。此點與1910年碰撞公約排除軍艦與專用於公務之政

---

[1]　1910年碰撞公約第1條規定：「海船與海船間，或海船與內河航行之船舶間，發生碰撞時，不論碰撞發生於何種水域，其船舶或船上財物人身所受損害之賠償，應依下列規定處理之。」

[2]　同上，第13條規定：「船舶因某一操作之執行或不執行，或未遵守法規，致他船舶，或任一船舶上之貨物或人員，受有損害者，縱使碰撞並未實際發生，本公約對於是項損害之賠償適用之。」

[3]　甘其綬，第460頁。

府船舶之規定[4]，迥不相同。

　　船舶不以航行中爲限，縱在停泊或定著狀態中，亦應有本法第四章之適用[5]。

（三）擴大適用於各種水域之碰撞

　　本法第94條參考1910年碰撞公約第1條之規定[6]，更進而明確規定：「船舶之碰撞，不論發生於何地，皆依本章之規定處理之。」故船舶碰撞無論發生於公海、領海、內河、港灣或湖泊，均應適用本法第四章船舶碰撞之規定。

二、船舶碰撞之海事責任特色

　　船舶碰撞之海事責任，有如下之三特色：

（一）公法之介入

　　船舶碰撞之責任，除私法外，於公法上亦有規範，俾減少碰撞，提高航行安全。船舶碰撞涉及海事公法者，譬如：

1. 在商港區域內停泊或行駛之船舶，應依航行避碰及商港管理機關之規定（商港法§42）。違反此項規定者，處船舶所有人或船長2,000元以上20,000萬元以下之罰鍰，因而造成損害者，並依法賠償（商港法§47）。
2. 當值船員，應遵守航行避碰規定，並依規定鳴放音響或懸示信號（船員法§70）。違反情節較重之船員[7]依法處降級、收回船員服務手冊三個月至五年（船員法§80③）。
3. 船舶碰撞後，各碰撞船舶之船長於不甚危害其船舶、海員或旅客之範

---

[4]　1910年碰撞公約第11條規定：「本公約不適用於軍艦或專用於公務之政府船舶。」

[5]　參考1910年碰撞公約第2條第2項規定：「相撞船舶，或其中之任一船舶，於事故發生時，縱在停泊（或其他定著狀態）中者，本條規定仍適用之。」

[6]　前引註1。

[7]　船員法所稱之船員，依該法第2條第5款之規定，兼指船長與海員。

圍內，對於其他船舶、船員及旅客應盡力救助。各該船長除有不可抗力之情形外，在未確知繼續救助為無益前，應停留於發生災難之處所。各該船長應於可能範圍內，將其船名、船籍港、開來及開往之港口通知他船舶（船員法§74、海商§109）。違反之船員依法處降級、收回船員服務手冊三個月至五年（船員法§80④）。

違反前述救人義務者，並有刑法第294條違背義務之遺棄罪[8]之適用。

（二）天災歸物權人負擔

不可抗力造成之碰撞損害，由被害人自負之（§95）。蓋因不可抗力所造成之損害，並無可歸責對象，物之危險負擔一般均歸於物權人。

（三）注重人命保護

碰撞之各船舶有共同過失時，對於非因死亡或傷亡所生之損害，僅分別依過失程度之比例或平均負其責任，但造成人身傷亡時，有過失之船舶負連帶責任（§97）。因此就貨載損害與人身傷亡比較而言，本法船舶碰撞章較重人命之保護，各碰撞船舶所有人對第三人之責任為連帶債務，不得以過失程度之比例為由，拒絕第三人全部給付之請求，惟其內部仍依過失程度之比例負責。

三、船舶碰撞之海事責任內容

船舶碰撞損害之責任，因船舶碰撞涉及不可抗力、一方過失或共同過失而有不同，分述如下：

（一）因不可抗力而發生者

第95條規定：「碰撞係因不可抗力而發生者，被害人不得請求損害賠

---

[8] 刑法第294條規定：「對於無自救力之人，依法令或契約應扶助、養育或保護，而遺棄之，或不為其生存所必要之扶助、養育或保護者，處六月以上五年以下有期徒刑。因而致人於死者，處無期徒刑或七年以上有期徒刑，致重傷者，處三年以上十年以下有期徒刑。」

償。」惟碰撞原因不明時，法無明文規定，參考1910年碰撞公約第2條第1項規定[9]，吾人認為被害人亦不得請求損害賠償。

（二）因一船舶過失所致者

依第96條之規定，碰撞係因於一船舶之過失所致者，由該船舶負損害賠償責任。

（三）因各船舶共同過失所致者

碰撞之各船舶有共同過失時，對於物之毀損滅失，各依其過失程度之比例負其責任，不能判定其過失之輕重時，各方平均負其責任（§97Ⅰ）。至於對人之傷亡，基於對人命安全之保障，有過失之各船舶，對於因死亡或傷害所生之損害，應負連帶責任（§97Ⅱ）。因此非死亡或傷害所生之損害，僅依同條第1項之規定，分別依過失程度之比例或平均負其責任，此點與民法第185條第1項規定：「數人共同不法侵害他人之權利者，連帶負損害賠償責任。不能知其中孰為加害人者，亦同。」並不相同，本條可謂係民法第185條第1項之特別規定。

關於因共同過失所致船舶碰撞之責任，可討論者有如下三點：

1.財物損害責任之比例分擔

船舶碰撞，各船均有過失時，船舶或其貨載、或船員、旅客或船上其他人員之物品或其他財產所受之損害，究應如何負責？第97條雖無明文規範，但依1910年碰撞公約第4條第2項規定觀之：「對於船舶或其貨載，或對於船員、旅客，或其他船上人員之物件或其他財物所生之損害，由有過失之船舶依前項比例負擔之。雖對第三人亦不負多於此項比例之責任。」本法亦應如是解釋，即應由過失船舶依過失程度比例負責。

9　該項規定：「碰撞由於意外事故，不可抗力造成，或碰撞原因不明者，損害由被害人自負之。」

2.單一責任原則或交叉責任原則之適用

各船舶共同過失致船舶碰撞時，各依其過失程度之比例負其責任。為求簡便，由賠償較多額與賠償較少額互相抵銷，所得之差額，即為前者應支付後者之賠償額，此即單一責任原則（single liability principle）。譬如船舶碰撞後，甲船受損害500萬元，乙船受損害250萬元，二船均有一半之過失，故甲船原應賠償乙船125萬元，乙船原應賠償甲船250萬元。兩者抵銷後，實際上僅由乙船應支付甲船125萬元（250萬-125萬）之損害賠償額。自1882年The Khedive[10]案正式認可後，單一責任原則即廣為海運實務採用。

惟單一責任原則於涉及保險時，產生下列極不合理現象：設若甲乙兩船相撞後全損，於一般貨物保險時，各自之保險人得於給付保險金額後，代位行使被保險人對第三人之請求權（保險法§53）。若採單一責任原則，於上例中，僅有甲船保險人得對乙船行使125萬元之請求權，乙船保險人則無法向甲船請求。此外於責任保險時，依1983年Institute Time Clauses（Hulls）第8條「四分之三碰撞責任條款」之規定，保險人亦須對被保險船舶對他船造成之依法應支付且已支付之損害，予以3/4的填補[11]。因此，採單一責任原則時，乙船保險人須支付937,500元（125萬元×3/4），甲船保險人則無須負擔損害填補。單一責任原則對保險人所造成之不合理現象已昭然若揭。

因此，1983年之Institute Time Clauses（Hulls）第8條乃修正其內容，回復採用交叉責任原則（cross liability principle），即碰撞之各船舶分別依過失程度之比例或平均，向他方賠償，不予抵減。譬如甲船所受損害為500萬元，乙船所受損害為250萬元，甲乙過失程度分別為六與四，則甲應賠償乙150萬元（250萬元×6/10），乙應賠償甲200萬元（500萬元×4/10）。

但上述交叉責任原則之適用於船舶所有人責任限制之場合仍有例外，由於交叉責任原則造成船舶所有人責任限制之賠償給付益形繁複冗長，因此有「船舶所有人責任限制」之適用時，採金額主義之國家，譬如英國，仍係以

---

[10] The Khedive: Stoomvoaart Maatschappij Nederland v.P.&O.Co (1882) 7 App. Cas.

[11] 此即1983年Institute Time Clauses (Hulls)中第8條之Three-Fourths Collision Liability Clause之規定。責任保險雖僅就四分之三負責填補，但其餘四分之一，仍可由防護及補償協會（P&I）負責。

單一責任原則爲依據，是否有責任保險，並非所問[12]。

3.雙方過失碰撞條款之效力

　　由於美國並非1910年碰撞公約之締約國，不受該公約第4條第1、2項「依比例分擔責任」規定之限制，因此貨方得向對方船舶所有人請求全部之損害賠償，各船並得將上述支付貨方之賠償額併入本船之損害，再依過失比例向船舶所有人求償[13]。設若甲乙兩船碰撞雙方過失均爲50%，其損賠情形如下：

```
甲船貨損 ……………………………………  40萬
乙船貨損 ……………………………………  120萬
甲船舶所有人賠償乙船貨損 …………  120萬
乙船舶所有人賠償甲船貨損 …………  40萬
甲船舶所有人向乙船舶所有人索賠
　貨損責任 ……………………………  60萬　（120萬×50%）
乙船舶所有人向甲船舶所有人索賠
　貨損責任 ……………………………  20萬　（40萬×50%）
```

　　由上例可知，甲船貨主自乙船舶所有人獲得40萬元賠償，惟因乙船舶所有人再將該40萬元併入該船損失向甲船舶所有人依責任比例（50%）求償20萬元，因此甲船貨主一半之賠償金額實係間接來自甲船舶所有人（20萬）。同理乙船舶所有人亦間接賠償了乙船貨主60萬元。但因海牙規則及海牙威斯比規則第4條第2項第2款規定運送人對本船貨損之免責：「因左列事由所生或所致之滅失或損害，運送人或船舶均不負責任：船長、海員、引水人或運送人之受僱人於航行上或船舶管理上之行爲、疏忽或過失。」故甲、乙之船舶所有人依上述之賠償方式，無法實質享受到海牙規則及海牙威斯比規則免責之利益。爲彌補此項不利，「雙方過失碰撞條款」遂應運而生，規定貨方因

---

[12] Robert Grime, pp. 255-256, 396. Chorley and Gile, pp. 522-523.
[13] United States v. Reliable Transfer Co (1975) 2 Lloyd's Rep. 286.

上述情形所間接得自本船船舶所有人之賠償金額，應償還本船船舶所有人。

　　雙方過失碰撞條款（Both-to-Blame Collision Clause）爲載貨證券或傭船契約上所列之條款，規定船舶碰撞各船均有過失時，貨方由對方船舶所有人獲得之賠償金額，係直接或間接由本船船舶所有人支付者，貨方應將該項金額支付給本船之船舶所有人，以塡補本船船舶所有人之損失。以陽明海運載貨證券第21條爲例，雙方過失碰撞條款規定：「If the Vessel comes into collision with another Vessel as a result of the negligence of another Vessel and any act, neglect or default of the master, mariner, pilot or the servants of the owner of the Vessel and in the navigation or in the management of the Vessel, the Merchant shall indemnify the Carrier against all loss or liability which might incur directly or indirectly to the other or non-carrying Vessel or her owners insofar as such liability represents loss of or damage to his goods or any claim whatsoever of the Merchant paid or payable by the other or non-carrying Vessel or her owners to the Merchant and set-off recouped or recovered by the other or non-carrying Vessels or her owners as part of their claim against the carrying Vessel or the owner thereof. The foregoing provisions shall also apply where the owners, operators or those in charge of any Vessel or Vessels or objects other than, or in addition to , the colliding Vessel or objects are at fault in respect of a collision or contract.」（本船與他船發生碰撞係因他船之過失及本船之船長、海員、引水人或船舶所有人之受僱人在航行上或管理上之故意過失所致者，貨方承諾將支付運送人或以本船船舶所有人或光船租船人受託人自居之運送人，一筆足以補償運送人或本船船舶所有人或光船租船人對他船或非本船及其船舶所有人之請求，且已由他船或非本船及其船舶所有人支付或應支付之損失、損害或所有任何索賠，並沖銷已由他船或非本船或其船舶所有人或光船租船人回復之金額。關於船舶碰撞、接觸、擱淺或其他任何意外事故，如船舶所有人、營運人或管理任何船舶、物體以及碰撞船舶或物體之人與有過失者，上述規定亦有適用。）

　　美國法院認爲雙方過失碰撞條款違反其海上貨物運送法（COGSA）第3條第8項（類似本法第61條）之規定，故爲無效[14]。

---

[14] United States v. Atlantic Mutual Insurance Co (1952) 1 Lloyd's Rep.500.

本法第97條既已有比例或平均負責之規定，故雙方過失碰撞條款亦應認其違反第61條之規定而無效。

四、引水人過失所致之船舶碰撞

引水人係指在中華民國港埠、沿海、內河或湖泊執行領航業務之人（引水法§2Ⅰ）。換言之，引水人係不屬於船舶但引導船舶航行之人[15]。

船舶碰撞，本質上為侵權行為，依民法第188條之規定，僱用人原得舉證免責，然因引水人在領航之船舶上僅居於航行顧問之地位[16]，亦與一般僱傭不同，故第98條特別明定：「前二條責任，不因碰撞係由引水人之過失所致而免除。」俾免爭議。

五、船舶碰撞所生請求權之時效

船舶碰撞所生之請求權，包括船舶、貨載之損害賠償請求權、船員、旅客或船上其他人員之物品或其他財產損害賠償請求權、人身傷亡損害賠償請求權等。依第99條規定，因碰撞所生之請求權，自碰撞日起算，經過兩年不行使而消滅。

六、船舶碰撞之扣押

船舶在中華民國領海、內水、港口、河道內碰撞者，法院對於加害之船舶，得扣押之。碰撞不在中華民國領海、內水、港口、河道內，而被害者為中華民國船舶或國民，法院於加害之船舶進入中華民國領海後，得扣押之。（§100Ⅰ、§100Ⅱ）。此處之扣押係指保全程序之查封，包括假扣押

---

[15] 關於引水人之相關法律問題，詳見廖頌熙，引水制度相關法律問題研究，國立政治大學法律學研究所碩士論文，民國88年7月。

[16] 參見船員法第58條：「Ⅰ船舶之指揮，由船長負責；船長為執行職務，有命令與管理在船海員及在船上其他人員之權。Ⅱ船長為維護船舶安全，保障他人生命或身體，對於船上可能發生之危害，得為必要處置。」及引水法第32條：「引水人應招登船執行領航業務時，仍須尊重船長之指揮權。」

與假處分，依第100條第1、2項規定，被扣押之船舶得提供擔保，請求放行（§100Ⅲ）。此項擔保，於法院實務上通常為現金、銀行定期存單或公債等，但得由適當之銀行或保險人出具書面保證代之（§100Ⅳ）。所稱「適當之銀行或保險人」，係指經營保證業務、聲譽良好且財務結構健全之銀行或保險人。「出具書面保證」，係指出具擔保書，載明債務人不履行義務時，由其負責清償或併賠償一定金額。

七、船舶碰撞訴訟之管轄

關於船舶碰撞之管轄，民事訴訟法第7條、第8條、第15條第2項等條均有規定，本法第101條規定係民事訴訟法之特別法，故應優先適用：「關於碰撞之訴訟，得向下列法院起訴：

(一)被告之住所或營業所所在地之法院。

(二)碰撞發生地之法院。

(三)被告船舶船籍港之法院。

(四)船舶扣押地之法院。

(五)當事人合意地之法院。」

第四十一章　海難救助

重點解說

一、海難救助之意義

海難救助係指對在海上或與海相通之水面或水中處於危險之船舶、船舶上財物、貨物與旅客之運費及其他海上財物或人命施以救助之行為。凡於上述客體處於危險時，予以有效之助力，期使脫險者，均為救助行為[1]。因此處理船舶上危險物品使之無害、拖救、打撈等，固屬海難救助；幫助下錨、代為呼救、供給糧食、鎮壓叛變、奪回被擄之船舶等，亦均屬海難救助。

被救之人命或財產是否尚在船舶所有人有效之管理控制中，並非所問。因此對於尚在船舶所有人占有管領中之人、物施以救助，或對落水之人、物

---

[1] 甘其綬，第506頁。

予以撈救，均屬海難救助，並無區分「救助」與「撈救」之必要[2]。

所稱「危險」，必須爲客觀上實際可察覺之眞實危險，但不以立即或絕對發生爲必要[3]。施救時，船舶處於有危險之虞者，即足以稱之危險[4]，譬如颱風、海嘯、火災、爆炸、碰撞、燃料告罄等。

二、海難救助之立法

海難之發生，對人命、財產固有損失，對航道及海洋環境亦造成鉅大損害，是以各國無不立法積極鼓勵海難救助。國際間爲謀統一，乃制定1910年海上救助及撈救統一規定公約（International Convention for the Unification of Certain Rules of Law Respecting Assistance and Salvage at Sea, 1910，以下簡稱1910年救助公約）、1938年對水上飛機之海難救助與撈救及由水上飛機施救統一規定公約（International Convention for the Unification of Certain Rules Relating to Assistance and Salvage of Aircraft or by Aircraft at Sea, 1938）、修正1910年海上救助及撈救統一規定公約之1967年議定書（Protocol of 1967 to Amend the Convention for the Unification of Certain Rules of Law Relating to Assistance and Salvage at Sea）、1979年海上搜索與救助國際公約（International Convention on Maritime Search and Rescue, 1979）及1989年國際救助公約（International Convention on Salvage, 1989，以下簡稱1989年救助公約）等，期能增進航行安全，維護海洋環境。

我國法對海難救助之規定亦不遺餘力，除海商法第五章規定之海難救助外，尚有公法上之救助規定。依船員法之規定，船舶有急迫危險時，船長應盡力採取必要之措施，救助人命、船舶及貨載（船員法§73 I）。船長違反此項義務時，就自己所採措施負其責任（船員法§73 III）。船舶碰撞後，各碰撞船舶之船長於不甚危害其船舶、海員或旅客之範圍內，對於其他船舶、船員及旅客應盡力救助（船員法§74 I）。船長於不甚危害船舶、海員、

---

[2] 關於「救助」與「撈救」無區分之必要乙點，詳參閱張新平，海商法專題研究，第107至121頁。
[3] The Charlotte (1848) 3 Win Rob. 68。
[4] The Phantom (1866) LR 1 A&E 58。

旅客之範圍內，對於淹沒或其他危難之人，應盡力救助（船員法§75）。船員違反前述各項規定者，處降級、收回或撤銷其船員服務手冊（船員法§80）。此外，依陸海空軍刑法第115條之規定，當商船擱淺、觸礁、被盜劫或有其他危險，兵艦無故不為救援者，其長官處五年以下有期徒刑。

　　船舶所有人對於因救助工作所致權益侵害之損害賠償，負限制責任，但不包括因契約關係所生之損害賠償（§21 I ②）。

三、海難救助之性質

　　海難救助之性質可分為無因管理及基於契約者。本法第五章規定之海難救助係指無因管理性質之海難救助，因此除依本法第五章之規定外，尚可適用民法關於無因管理之規定。至於其他基於契約而生之海難救助，則視其為承攬、僱傭契約，適用各該契約之條款及民法相關規定。

　　勞依氏標準格式海難救助協議書（Lloyd's Standard Form of Salvage Agreement，簡稱LOF），為國際間廣為使用之海難救助契約，係為解決船舶海難救助中所生之費用爭議，於十九世紀末首創，其上條款業已標準化，於救助時，由救助船長送請被救助船長簽名即可。主要內容以「無效果，無報酬」為原則，雙方同意將救助費用交付勞依氏特約仲裁人仲裁，並由被救助人提供金額為擔保。此種協議書雖屬契約性質，但因僅約定提供擔保及交付仲裁之程序，對救助報酬並未為實質上之決定，因此與一般預訂契約書中已約定報酬金額之計算者，並不相同。LOF歷經修改，有LOF1972、1980、1990等版本，目前已有LOF2000之版本。

四、海難救助之施救者

　　施救者不以船舶或其船長、海員為限，且由陸上、空中進行施救者，亦均屬海難救助。施救者如為船舶，不宜以本法之船舶為限，俾能鼓勵救助，保護環境並促進航海安全。

五、海難救助之標的

海難救助之規定，於舊法時期參照1910年救助公約第1條之規定[5]，學者多有主張救助標的限於「船舶或船上所有財物」者[6]，此種狹隘之範圍，在本法參酌1989年救助公約修正後，實應予以重新界定。本文主張海難救助之標的包括船舶、船舶上財物、貨物與旅客之運費、其他海上財物以及人命。析述如下：

（一）船舶

1989年救助公約第1條第2款規定船舶範圍為「任何船舶、艇筏或任何可航行之構造物」，並於第3條為排除規定：「本公約不適用於已就位的從事海底礦物資源的勘探、開發或生產的固定式、浮動式平台或移動式近海鑽探裝置。」因此河船、小船、公務船、軍艦均得為救助之標的。本法之被救助船舶由於第3條之規定限制為本法之船舶，範圍極為狹隘，為鼓勵海難救助、促進航海安全，宜將非本法之船舶解釋為下述之「其他海上財物」，俾達擴大適用之目的。

（二）船舶上財物

船舶上財物包括貨載、行李等，但船員之私人用品及旅客行李中之日常生活用品，不認為海上財產，此係因為獲救之海上財產被視為基金（fund），具有經濟價值，被救助者得由此項基金提取一定數量作為救助報酬。個人物品及日常生活用品既欠缺經濟性，是以不足成為被救助財產。

（三）貨物及旅客之運費

貨物之運費可作為海難救助之標的者，限於尚未收取之到付運費（freight collect），不包括預付運費（freight prepaid），蓋預付之運費已包含

5　該條規定：「對於在危險中之海船，船上之任何財物、貨物運費及旅客運費之救助與撈救，以及海船與內河船舶相互間所為同性質之施救，不論其為救助或撈救，亦不論施救於何種水域，悉依左列之規定。」

6　施智謀，第287頁；楊仁壽，第439頁；吳智，第194頁。

於貨物價值中，非屬獨立之救助標的。在EXW、FCA、FAS、FOB等貿易條件，因爲均屬到付運費，運費既未付，則於施救後，貨物得以保全安抵目的港後，運費不致落空，自須負擔救助報酬。至於CFR、CIF、CPT、CIP等貿易條件，由於運費已付訖，包含於貨物價值中，非屬獨立之救助標的，故無分擔救助報酬可言。

　　旅客之運費係指旅客之船票收入（passage money），旅客安抵目的港始可收取到之船票收入，方可請求分擔救助報酬。

（四）其他海上財物

　　1989年救助公約第1條第1款及第3款規定：「1.救助作業係指對於可航行之水域或其他任何水域中處於危險的船舶或其他財產施行救助行爲或活動。……2.財產係指非永久性和非有意地連繫於海岸的財產，包括有風險的運費。」因此救助之標的除船舶、船舶上財物、貨物及旅客之運費外，亦包括其他海上財物，但此類財物應符合二個消極要件：1.非永久性，且2.非有意連繫於海岸。因此碼頭、燈塔、海底電纜及管道均非救助之標的，至於水上飛機、木筏、漁具、墜入海中之飛機，汽車、非本法之船舶或其他漂流物，則爲救助之標的。

（五）人命

　　海難救助之標的不以前述財物、運費等爲限，亦應包括人命。惟於人命救助時，有下列二點異於財物救助之處：1.船舶有盡力救助人命之義務（§102、§109）。違反者，依刑法第294條違背義務之遺棄罪[7]論處。2.對人之施救無報酬請求權，僅對於船舶、財物及防止或減輕環境損害之救助報酬金，有參加分配之權。

---

[7] 刑法第294條規定：「對於無自救力之人，依法令或契約應扶助、養育或保護，而遺棄之，或不爲其生存所必要之扶助、養育或保護者，處六月以上五年以下有期徒刑。因而致人於死者，處無期徒刑或七年以上有期徒刑，致重傷者，處三年以上十年以下有期徒刑。」

六、海難救助之報酬

(一) 海難救助報酬成立要件

對於船舶或船舶上財物施以救助而有效果者，得按其效果請求相當之報酬（§103 I）。此項報酬稱之救助報酬（salvage reward）。施救人之報酬請求權，自救助完成日起二年間不行使而消滅（§103 IV）。救助報酬成立要件如下：

1.無救助義務

施救人須無救助義務，即無法律之義務，亦未受委任，僅因見義勇為所提供之自願性救助服務（voluntary service），因此基於救助契約關係、有公法或私法上救助義務或純係為自保者所為之救助行為，不得請求報酬，但可合理地認為超過正常履行契約或義務之範圍者，不在此限[8]。茲分析如下：

(1)被救助船舶之船員

船員包括船長與海員（船員法§2 ③），由於其服務於船舶，依法應履行救助義務，故無報酬請求權可言。惟船員施行救助前，其僱傭契約已終止者，仍有報酬請求權[9]。

(2)被救助船舶之船舶所有人

船舶所有人對自己船舶、貨物等施行救助，純係自保行為，不得請求救助報酬。但屬於同一所有人之船舶救助，仍得請求報酬（§104 I），譬如A輪與B輪均屬於同一船舶所有人，A輪遭難，而由B輪施救有效果者，B輪得向A輪請求報酬。

---

[8]　參考1989年救助公約第17條規定：「在危險發生之前所簽署的契約，不得依本公約規定支付款項，除非所提供之服務被合理地認為已超出正常履行該契約之範圍。」

[9]　The Warrior (1862) Lush 476. 終止僱傭契約之情形包括：①僱用人終止僱傭契約，譬如船員故意損毀或竊取船舶設備、屬具或貨物者（船員法§20）；②船員終止僱傭契約，譬如僱用人不依契約給付薪津者（船員法§21）；③預告終止僱傭契約，譬如僱用人虧損或業務緊縮時（船員法§22）。

(3)被救助船舶之旅客

被救助船舶之旅客對於本船、貨載及人員遭遇海難時，有救助義務，故無報酬請求權可言。但如已超越自身利益之考慮者，譬如旅客雖有逃生機會，但仍留在船上參與救助或指揮船舶者[10]，仍可請求救助報酬。

(4)引水人

引水人並無救助義務，故引水人如能證明發生海難時，其所提供之引水服務業已轉為救助服務者，即有救助報酬請求權[11]。

(5)拖船所有人

拖船對於被拖船施以救助者得請求報酬。但以非為履行該拖船契約者為限（§104 II）。

(6)公法上有救助義務者

依陸海空軍刑法第115條之規定，當商船擱淺、觸礁或被盜劫或有其他危險，兵艦無故不為救援者，其長官處五年以上有期徒刑。兵艦對海難救助既屬公法上義務，故不得請求報酬。專供救難之用的公務船舶，不得請求報酬，當亦無疑義。惟非專供救難且無公法上救助義務之公務船，從事救助者，應有救助報酬請求權，以提高其救助意願。

2.救助標的限於物

第103條雖僅規定對於「船舶或船舶上財物」救助，始有報酬請求權，惟本法海難救助章既已參酌1989年救助公約規定予以修正，為鼓勵海難救助並保護人類生存環境，實應將第103條之救助標的擴大為船舶、貨載、船舶上之財物、貨物與旅客之運費及其他海上財物。因此，對於上述標的施以救助而有效果者，得按其效果請求相當之報酬（§103 I）。

由於人命至為尊貴，無法以價衡量，故無報酬請求權，但於實行施救中救人者，對於船舶及財物之救助報酬金，有參加分配之權（§107）。救人無

---

[10] Newman v. Walters (1804) 3 Bos & P 612.
[11] The Aeolus (1873) LR 4A & E 29.

須有效果，縱撈救屍體亦可參與船舶及財物報酬之分配。英國1894年商船法第544及545條規定，對人救助者，亦享有報酬請求權[12]，其立法意旨為救助人命雖為道德上應盡之義務，但恐見利忘義，寧捨人命於不顧，而僅願救助對之有報酬請求權之財物，為保護海上人命安全，乃有救助人命亦有報酬請求權之規定。此項立法例雖極為特殊，但海難救助報酬既係為鼓勵救助、加強航海安全而設，則由增強救助人命之誘因而論，救助人命亦應有報酬請求權，方不失為符合人情事理之規定。

3.有海難待救助之情形

海難發生，如能自行脫困，自無須他人施救，故第108條規定，經以正當理由拒絕施救，而仍強為施救者，不得請求報酬。拒絕施救之表示方法，不以「信號聯絡」為限，其他任何方法足以表示拒絕施救者，譬如電報及電話等，均屬之。

4.救助有效果

救助報酬之基本原則是無效果無報酬（no cure, no pay），因此對於船舶或船舶上財物等施以救助而有效果者，得按其效果請求相當之報酬。惟上述原則之例外為施救人所施救之船舶或船舶上貨物，有損害環境之虞者，施救人得向船舶所有人請求與實際支出費用同額之報酬；其救助行為對於船舶或船舶上貨物所造成環境之損害已有效防止或減輕者，得向船舶所有人請求與實際支出費用同額或不超過其費用一倍之報酬（§103 II）。關於環境保護之規定，討論於後。

救助效果不以船舶或船舶上財物全部獲救為必要，僅對部分施救而有效果者，亦屬之。施救人將被救船舶或船舶上財物置於相對安全位置時，即可謂之救助有效果[13]。

---

[12] Kennedy, paras. 223-260.
[13] Chorley and Gile, pp. 440-441.

（二）海難救助報酬酌定標準

關於海難救助報酬之酌定，本法僅於第105條規定：「救助報酬由當事人協議定之，協議不成時，得提付仲裁或請求法院裁判之。」至於酌定之標準則付之闕如。1989年救助公約第13條第1項有關酌定標準之規定極為務實且周延，可供本法之參考：

「報酬應以鼓勵救助作業著眼，並斟酌下列各項情況定之，但無關其先後順序：

1.獲救船舶及其他財物之價值；

2.施救人對防止或減輕環境損害之技術及努力；

3.施救人所獲成果之程度；

4.危險之性質及程度；

5.施救人救助船舶、其他財物及人命之技術及努力；

6.施救人所使用之時間、支出之費用及其所受之損失；

7.施救人或其設備所冒之責任風險及其他風險；

8.提供服務之迅捷性；

9.供海難救助作業之船舶或其他設備之獲得及使用情況；

10.施救人所提供設備之備妥程度、效率及其價值。」

因此，救助報酬之酌定首應由鼓勵救助作業著眼，其次應斟酌下列數點，但無優先順序之考慮：

1.施救所冒之風險及危險。

2.施救的成本及服務之品質。

3.施救所產生之效果。

4.施救行為對環境之保護。

（三）海難救助報酬金額之限制

施救人之報酬金額如無限制，恐將造成獲救人過重負擔，不但失去救助之實益，施救人見義勇為之美意亦遭抹煞，是以為求衡平，應對施救報酬設定限制，因此救助報酬不得超過被施救船舶及其他財產之獲救價值。但如另

有利息及法律費用之支付者，不加計入上列救助報酬，得另行給付之[14]。

　　至於對有益環境保護之救助行為，其報酬之酌定，討論於下。

（四）海難救助報酬之酌減或喪失

　　因施救人之故意過失或詐欺不實之行為，造成海難者或加重救助之困難者，得剝奪或酌減救助之報酬[15]。

（五）海難救助報酬之分配

　　第106條規定：「前條規定，於施救人與船舶間，及施救人間之分配報酬之比例，準用之。」亦即施救人（譬如船長、海員）與船舶所有人間分配報酬之比例，以及施救人（譬如甲、乙二船）彼此間分配報酬之比例，應由當事人協議定之，協議不成時，得提付仲裁或請求法院裁判之。惟分配比例決定過程中，仍宜參考前述海難救助報酬酌定之標準，始稱周延與公允[16]。

（六）海難救助報酬之分擔

　　本法僅對救助報酬之分配比例規定於第106條。至於救助報酬之分擔規定，則付之闕如，宜由被救助之標的所有人，依其被救助價值占全部被救助價值之比例分擔之，俾求其平。

（七）海難救助報酬之優先受償

　　海難救助之報酬，為海事優先權擔保之債權，有優先受償之權（§24 I③），俾鼓勵海難救助。

---

[14] 參考1989年救助公約第13條第3項之規定：「救助報酬，除另有應付之利息及可追償之法律費用外，不得超過獲救船舶及其他財產之獲救價值。」

[15] 參考1989年救助公約第18條之規定：「如因救助人的過失或疏忽，或因救助人有欺詐或其他不誠實行為而使救助作業成為必需或更加困難者，得剝奪救助人按本公約規定所得的全部或部分支付款項。」

[16] 參考1989年救助公約第15條第1項之規定：「救助人之間的報酬分配，應以第13條規定之標準為基礎。」

七、海難救助與環境保護

　　傳統之海難救助，以無效果無報酬為請求救助報酬之基本原則（§103 I），業如前述。然而此種規範無法鼓勵「有助環境保護，但無實際效果」之救助，為激勵救助人積極投入與環境保護有關之救助，本法第103條第2項規定：「施救人所施救之船舶或船舶上貨物，有損害環境之虞者，施救人得向船舶所有人請求與實際支出費用同額之報酬；其救助行為對於船舶或船舶上貨物所造成環境之損害已有效防止或減輕者，得向船舶所有人請求與實際支出費用同額或不超過其費用一倍之報酬。」施救人同時有前二項報酬請求權者，前項報酬應自第1項可得請求之報酬中扣除之（§103 III）。

　　值得討論者，有下列數點：

（一）「環境損害」之意義

　　本法對環境損害一詞未予定義，因此，對內陸水域或對與海鄰近地區之損害，是否亦構成環境損害？損害是否指油類污染造成之損害？非財產上之損害是否亦在保護之列？受保護之客體是否僅限於海洋生物、資源？頓成爭議。宜參考1989年救助公約第1條第4款之規定：「對環境造成損害，指因污染、污損、火災、爆炸或因類似重大事故，致使沿海或內陸水域或其鄰近地區人體健康、海洋生物或資源遭受重大有形之損害。」因此，1.損害不限於油污染所造成，化學物品污染等凡足以造成人體健康、海洋內生物或資源重大有形損害者均屬之。2.保護之區域，不僅包括沿海、內陸水域，亦應包括鄰近地區，不以水域為限。3.保護之客體，包括人體健康、海洋生物或資源。惟既言有形損害，則非財產上之損害並不與焉，以避免舉證困難。

（二）第 103 條第 1 項及第 2 項所規定報酬之區別

　　第103條第1項及第2項均有報酬之規定，惟二者並不相同。首先，第1項之報酬，與1989年救助公約第12條規定相同，係指對物救助有效果者所得請求之報酬（salvage reward），屬於救助有效果時之支出，應由船舶及財物所有人依個別獲救之價值比例分擔之。第2項之報酬，參考1989年救助公約第14條特別補償之規定，係對與環境保護有關之救助的特別補償（special compensation），屬於保護環境之獎勵費用，由於對環境之保護係船舶之義務，因此特別補償應由船舶所有人單獨負責，再轉嫁由船舶所有人保護與補償協會（P.&I. Club）負擔。

其次，第1項之報酬為共同海損之費用，第2項之報酬（特別補償）則非共同海損之費用，因此1989年救助公約之「請求修正1974年約克安特衛普規則之決議案」附件二即明示：「1989年海難救助國際公約，鑑於第14條之給付規定，預期並不適用於共同海損，爰請求國際海事組織秘書長採取適當措施，儘速修正1974年約克安特衛普規則，確使本公約第14條特別補償金給付之規定，不適用於共同海損。」鑑於上述之決議案，1990年6月國際海事委員會於巴黎召開大會，將1974年約克特衛普規則第6條[17]增列第1項後段及第2項之規定，此即通稱之「1974年約克安特衛普規則第6條之1990年修正案」，其內容如下：「1.共同海損之費用包括1989年國際海難救助公約第13條第1項第2款所規定之報酬，依該款之規定，施救人對避免或減輕環境損害之技術及努力，得為海難報酬酌定之標準。2.依前述公約第14條之規定，船舶所有人應給付施救人之特別補償金，以同條第4項或其他實質類似規定總額為限，不得認為共同海損。」1994年約克安特衛普公約亦沿襲上述增列規定。

綜上所述，可知本法第103條第1項及第2項均採用「報酬」乙詞之規定，係將報酬概念加以擴張，此與國際公約區分為報酬與特別補償之規定截然不同，除混淆觀念造成適用上不便外，復因兩者均須由船舶及財物所有人依個別獲救之價值比例分擔，致徒增財物所有人之負擔，並且不當地減輕船舶所有人之責任，有悖於1989年救助公約對報酬與特別補償區別之意旨，並致生兩者報酬均有共同海損適用之結果，亦與1990年及1994年約克安特衛普規則之規定產生齟齬，實為有失周延之規定。

---

[17] 1974年約克安特衛普規則第6條規定：「航海當事人因施救所生之費用，無論係基於契約、或其他方式，均可認為共同海損；但以該施救行為之目的係自危險中保全共同海事冒險中財物之範圍為限。」

（三）施救人報酬之扣除

第103條第3項規定：「施救人同時有前二項報酬請求權者，前項報酬應自第1項可得請求之報酬中扣除之。」本項規定，有待斟酌之處如下：

1. 本項規定之大前提為第2項之報酬低於第1項之報酬，惟第2項之報酬高於第1項之報酬者，並非絕無僅有，尤其第2項後段之報酬高於第1項之報酬者，更應屬常見，故本項之規定有失妥適。

2. 依本項規定，施救人僅能取得兩項報酬之差額。惟本項規定係參考1989年救助公約第14條第4項之規定：「在任何情況下，本條規定的全部特別補償，只有在其高於救助人根據第13條獲得的報酬時，才能在所高出的範圍內支付。」依是項規定，施救人除可取得第13條之報酬外，尚有取得特別補償與救助報酬差額。本法與公約規定比較之下，可知本法第103條第3項之規定與1989年救助公約第14條第4項之規定大相逕庭，致產生不同之效果，對施救人殊為不利，不但不足以鼓勵環境保護，且有悖國際公約之規定，實有修正之必要。

由於本法第103條第3項規定，極易產生上述疑義，且鑑於本法係參酌1989年救助公約規定修正，因此關於施救人最終所得，宜參考1989年救助公約之規定，分下列情形論之：

1.第103條第3項前段

第103條第2項前段係規定施救人得以請求之下限，施救人最終所得，仍須視不同情形而定，詳言之，設若(1)施救人第1項之報酬高於第2項前段之報酬者，依其較高之報酬；(2)施救人第1項之報酬低於第2項前段之報酬者，施救助人除第1項之報酬外，尚得請求「第2項前段報酬與第1項報酬之差額」；(3)施救人無法取得第1項報酬者，仍得依第2項前段請求與實際支出費用同額之報酬，此為本條對保護環境之施救者的最低保障。

2.第103條第2項後段

第103條第2項後段施救人之所得，可分下列情形論之：(1)施救人依第1項規定取得之報酬高於第2項後段之報酬者，得向船舶所有人請求第1項較高之報酬；(2)施救人第1項之報酬低於第2項後段之報酬者，施救人除第1項之

報酬外，尚得請求「第2項後段報酬與第1項報酬之差額」；(3)施救人無法取得第1項報酬者，仍得依第2項後段請求與實際支出費用同額或不超過其費用一倍之報酬，此為本條對「有效」保護環境之施救人之獎勵措施，並兼顧船舶所有人之負擔。

（四）鼓勵有益環保之救助

第103條第2項規定：「施救人所施救之船舶或船舶上貨物，有損害環境之虞者，施救人得向船舶所有人請求與實際支出費用同額之報酬；其救助行為對於船舶或船舶上貨物所造成環境之損害已有效防止或減輕者，得向船舶所有人請求與實際支出費用同額或不超過其費用一倍之報酬。」因此為鼓勵保護環境，施救人應得到一定報酬，至於救助是否有效果，則非所問。析言之：

1.施救人對有損害環境之虞之船舶或船舶上貨物施予救助者

施救人對有損害環境之虞之船舶或船舶上貨物施予救助者，不論救助是否有效果，施救人得向船舶所有人請求與實際支出費用同額之報酬（§103II前）。此為第103條第1項有效果始有報酬規定之例外。

2.施救人對船舶或船舶上貨物所造成環境損害已有效防止或減輕者

施救人對船舶或船舶上貨物所造成環境損害已有效防止或減輕者，不論「救助」是否有效果，由於對「環境損害」已有效防止或減輕，施救人得向船舶所有人請求與實際支出費用同額或不超過其費用一倍之報酬（§103II後），以茲獎勵。第103條第2項前、後段規定之區別在於前段係對環境保護無效果之規定，後段係對環境保護有效果之規定，但二者均不問「救助是否有效果」。

（五）救助支出費用之範圍

本法第103條第2項之修正說明謂：「支出費用指實際、合理支出之費用」。至於如何決定該費用是否合理，則付之闕如，宜參考1989年救助公約第14條第3項之規定：「救助支出費用，……係指施救人於執行海難救助作業時所合理支出之費用，並參酌第13條第1項第8款（提供服務之迅捷性）、第

9款（供救助作業之船舶或其他設備之獲得及運用情形）及第10款（施救人所提供設備之備妥程度、效率及其價值）所述標準用於救助作業之設備及人事合理而實際之費用。」因此，費用雖指實際費用，但須斟酌有關情形，於合理範疇內酌定之。

（六）施救人之注意義務

施救人從事海難救助作業時，應注意防止或減輕對環境之損害[18]。施救人原可獲得特別補償者，得因其本身疏忽致未能防止或減輕環境之損害，而遭致剝奪[19]。

（七）人命救助之報酬

第107條規定：「於實行施救中救人者，對於船舶及財物之救助報酬金，有參加分配之權。」救助人命之施救人對於防止或減輕環境損害所得之報酬，亦應有參加分配之權[20]。

---

[18] 參考1989年救助公約第8條第1項第1、2款之規定：「施救人對處於危險中之船舶或其他財產之所有人應負下列義務：(1)以應有之謹慎進行救助作業；(2)於履行(1)項所規定的義務時，以應有之謹慎防止或減輕環境損害。」

[19] 參考1989年救助公約第14條第5項之規定：「因救助人疏忽而未能防止或減輕環境損害者，得剝奪其依本條規定應得之全部或一部特別補償。」

[20] 參看1989年救助公約第16條第2項之規定：「發生需要救助的事故中，參與救助作業的人命救助人有權從支付給救助船舶、其他財產或減輕環境損害的救助人的報酬中獲得合理分配。」

第四十二章　共同海損

✏️ 重點解說

一、概說

　　共同海損係國際海商法中最古老制度之一，源自羅地海法之規範：「投棄貨物以保存船舶及其他貨物者，船主及貨主均應共同分擔是項損失。」是為今日共同海損之基本精神。

　　海損（average）一詞係指損失（loss），可分為單獨海損（particular average）及共同海損（general average）。單獨海損係指船舶於航行中，因天災不可抗力或侵權行為所造成船舶、貨載或運費之損害。本法僅就其中之船舶碰撞規定於第四章，其餘則依民法之相關規定。單獨海損所致之損害，因天災造成者，由物權所有人自行負擔；因侵權行為所生者，由加害人依侵權行為負損害賠償責任。共同海損係指在船舶航程期間，為求共同危險中全體

財產之安全所爲故意及合理處分，而直接造成之犧牲及發生之費用。因共同海損直接造成之犧牲及發生之費用，基於衡平法理，原則上由各利害關係人分擔之。共同海損有關之法律規定，規定於本法第六章「共同海損」。

國際間爲統一共同海損之犧牲、費用及分擔等規定，遂有約克安特衛普規則（York-Antwerp Rules, Y.A.R.，以下簡稱約安規則）之訂定。約安規則是法典化的習慣法，僅係國際慣例，並非國際公約，故無強制性。約安規則自1890年制定後歷經修正，目前通用者爲1974、1990及1994年約安規則。本法88年修正時，共同海損部分係參照1974年約安規則之相關規定。

國際海運嘗有廢止共同海損之主張[1]，認爲：1.共同海損理算既費時又昂貴；2.縱使理算順利完成，對存在外匯管制國家的貨方而言，仍有難以提出分擔額之困擾；3.被保存之貨方對共同海損之分擔，欠缺「天下沒有白吃的午餐」之概念，降低了船方採用共同海損解決之意願；4.海上保險亦可建立一種簡單便利制度取代共同海損，使損失得到塡補；5.漢堡規則中運送人不能免責之情形增加，因此僅少數不涉及船方責任之海損，始有共同海損之適用，共同海損適用之機會益形減少。

1991年11月聯合國貿易暨發展會議（UNCTAD）中，多數國家再度提出廢止主張並建議對現行共同海損制度進行改革。雖然如此，共同海損目前仍廣爲海運實務適用，譬如海牙規則及海牙威斯比規則第五條末段均規定：「本公約之規定，不得妨礙於載貨證券中列入有關共同海損之合法條款。」漢堡規則第24條規定：「1.本公約不影響運送契約或國內法有關共同海損理算規定之適用。2.除第20條之規定外，本公約有關運送人對貨物滅失、毀損之責任規定，均可用以決定受貨人是否得拒絕共同海損之分擔，以及運送人就有關受貨人已付之分擔額或已付之撈救費用應否負補償責任。」

實務上載貨證券均有共同海損條款之訂定，以陽明海運公司載貨證券第20條爲例：「(1)General average shall be adjusted, stated and settled at any port or place at the Carrier's option according to the York-Antwerp Rules 1994, and as to matters not provided for in these rules according to the laws and usages of the

---

[1]　Lowndes and Rudolf, para.00.11 et seq. Chorley and Gile, p.303.

port or place of adjustment, and in the currency selected by the Carrier. Average agreement and bond, together with such additional security as may be required by the Carrier, shall be furnished before delivery of the Goods.

(2)In the event of accident, danger, damage or disaster before or after commencement of the voyage resulting from any cause whatsoever, whether due to negligence or not, for which, or for the consequences of which, the Carrier is not responsible by statute, contract or otherwise, the Goods and the Merchant jointly and severally shall contribute with the Carrier in general average to the payment of any sacrifices, losses or expenses of a general average nature that may be made or incurred and shall pay salvage and special charges incurred in respect to the goods. If a salving Vessel is owned or operated by the Carrier, salvage shall be paid for as fully and in the same manner as if such salving Vessel or Vessels belonged to strangers.

In the event the Master considers that salvage services are needed, the Merchant agrees that the Master may act as his agent to procure such services to the Goods and that the Carrier may act as his agent to settle salvage remuneration.」

（(1)共同海損應於運送人選擇之港口或地點，依據1994年約克安特衛普規則予以理算、列表及結算，規則中未規定的事項，依據理算港口地點之法律及慣例處理，並依運送人選擇之貨幣單位結算。海損協議書、海損保證書及運送人額外要求的保證，應於交貨前送交運送人。(2)發航前或發航後發生意外、危險、損害或事故者，無論原因為何，亦不問是否因疏忽所致，若運送人對其結果不負法律、契約或其他之責任者，貨物、貨主對共同海損的犧牲、損失及費用負共同連帶責任，並負擔貨物之救助費用及特別費用。施救船為本船船舶所有人擁有或操作者，應視為非同一船舶所有人之船舶，並給付全額之救助費用。

船長認為有救助之需要者，貨方同意以船長為其代理人，代為召請救助，並由運送人以代理人身分代理貨方結算救助費用。）

二、共同海損之要件

本法第110條之規定，稱共同海損者，謂在船舶航程期間，為求共同危險

中全體財產之安全所為故意及合理處分,而直接造成之犧牲及發生之費用。依此項規定,可知共同海損之成立,須具備如下之要件:

(一)船舶於共同航程中之財產遭遇共同危險

所稱「財產」,係指船舶、貨物及其他財產。「危險」係指客觀上確實存在或不可避免必然會發生之危險,譬如碰撞、觸礁、機器停擺、船員流行病致船舶欠缺堪航能力。若船長誤判有火災之發生,其灌救所致生貨物之毀損者,不認為共同海損。此外,危險對船舶、貨物及其他財產須造成共同危險,如僅使某貨物毀損或僅使船舶受損,均非共同海損。共同海損不一定必然發生於海難中,但須發生於共同航程中。

(二)為共同安全之目的

即為求船舶、貨物及其他財產全體之安全及利益,如僅為保全船舶而犧牲貨載者,不得認其為共同海損。

(三)須有故意且合理之處分

「故意」係指明知該處分有損財產,惟為共同安全仍有意使其發生,因此並非意外之犧牲。「合理」係指依客觀事實所作謹慎之處分,但是否有效果,並非所問。

為鼓勵當機立斷勇於採取處分維護共同安全,共同海損之行為不限於船長之行為,亦不限於經船長授權者,任何人「為共同安全目的」所為之處分均屬之,惟如船長海員已完全棄船者,船舶以外之他人為謀船舶、貨物安全所為之處分行為,不認為共同海損[2]。

(四)直接造成之特別犧牲及發生之特別費用

共同海損造成之犧牲及發生之費用僅限於共同海損行為直接所致,有別於一般之財產損害,故因巨風折斷桅杆並非共同海損之犧牲,但為使船舶及

---

[2] Donaldson, Staughton & Wilson, para.66

人貨脫困而折斷桅杆者，則屬共同海損之犧牲。航程期間或航程結束後，因延誤致生船舶或貨物之損失，譬如船舶滯期損失、貨物市價之跌落等間接損失，均非共同海損之犧牲[3]。

　　共同海損之犧牲包括貨物、船舶及運費之犧牲。貨物之犧牲，譬如部分貨物投棄海中、貨物被灌救之水毀損、燃燒貨物俾使引擎持續運作、在避難港售貨求現期能繼續航程。船舶之犧牲，譬如船舶主動觸礁以避開暴風雨所致之危險、拆毀船舶以滅火、為使觸礁船舶脫困致使船舶受損。運費之犧牲，譬如為避免共同危險，船舶所有人毀壞部分貨載致使其無法被載運至目的港，船舶所有人因而失去對該部分貨載之運費請求權者。

　　共同海損之費用，譬如卸貨至岸邊的費用、卸貨轉裝駁船之費用、以及於避難港之開支。為共同安全所為處分致生特別之費用，始為特別費用，因此運送中一般例常性之開支，非基於共同安全所採之故意處分的費用，均非特別費用[4]。

（五）處分行為必須有效果

　　共同海損行為後，財產須得以保存，否則共同海損之分擔即失去基礎。保存是否須與處分行為有因果關係，則有因果主義與殘存主義二說[5]：

　　1.因果主義：處分行為與財產保存之間，須有因果關係。

　　2.殘存主義：處分行為後財產得到保存者，即可成立共同海損，不問是否具有因果關係。

　　以投棄貨物為例，投棄貨物後，船舶仍未能脫險，嗣賴他船拖救始告脫險者，投棄貨物所生之損害，依因果主義不認為共同海損，依殘存主義則認為共同海損。因果主義之舉證較為困難，且易使共同海損行為人猶疑不決錯失時機，故本法採殘存主義，只要財產被保存，共同海損即以各被保存財產

---

[3]　參考1974約安規則Rule C第2項規定：「船舶或貨物因航程或其後之耽延，所遭受之減失或毀損，例如船期延滯、及任何間接損失，例如市場損失，均不得認為共同海損。」

[4]　Arnould, p.827.

[5]　前引註1，paras.343 et seq.

價值與共同海損總額之比例，由各利害關係人分擔之。（§111前段）。

依共同海損保存財產之種類，又可分為[6]：

1.併存主義：船舶與貨物均須被保存。

2.船舶單存主義：船舶必須被保存，至於貨物是否保存，並非所問。

3.種類不問主義：船舶或貨載其中之一被保存者，其所直接發生之損害及費用，即可認為共同海損。

以拖船施救為例，貨物得到保存但船舶仍撞毀，則拖船施救所生之費用依併存主義及船舶單純主義均不認為共同海損，僅依種類不問主義始為共同海損。併存主義與船舶單純主義均易造成共同海損行為人瞻前顧後坐失良機，故本法採種類不問主義，只須有被保存財產，不問其為船舶或貨物，即可認為共同海損。

三、共同海損之分擔

（一）共同海損之分擔原則

共同海損以各被保存財產價值與共同海損總額之比例，由各利害關係人分擔之。因共同海損行為所犧牲而獲共同海損補償之財產，亦應參與分擔（§111）。

因此應分擔者包括：

1.因共同海損所存留之船舶、貨物、運費及其他財產。

2.因共同海損行為所犧牲而獲共同海損補償之財產。

分擔之原則為以各被保存財產價值與共同海損總額之比例，由各利害關係人分擔之。「海損之分擔」與「過失之索賠」應分別而論，因此共同海損因利害關係人之過失所致者，各關係人仍應分擔之。但不影響其他關係人對過失之負責人之賠償請求權（§115）。

---

[6] 同上，paras.89 et seq.

（二）共同海損分擔價值之計算

被保存財產之分擔價值，應以航程終止地或放棄共同航程時地財產之實際淨值為準，依下列規定計算之：

1.船舶部分

船舶以到達時地之價格為準。如船舶於航程中已修復者，應扣除在該航程中共同海損之犧牲額及其他非共同海損之損害額。但不得低於其實際所餘殘值（§112 I ①）。

上述所扣除部分，係因共同海損之犧牲額於本條第2項已明訂加計共同海損之補償額，故不能再計犧牲額致成重覆。關於其他非共同海損之損害，因既與共同海損無關，自不應計入。船舶價值必須為到達時地客觀價格始能為其他共同海損利益人所承認，至個別契約下之價值，如抵押貸款或租船租金所可估計之船舶價值等，均不得視為本條船舶分擔價值[7]。

2.貨物部分

貨物以送交最後受貨人之商業發票所載價格為準，如無商業發票者，以裝船時地之價值為準，並均包括應支付之運費及保險費在內（§112 I ②）。

上述所採商業發票價格之標準，無須估價，故較簡易可行。但貨物在海運途中，常因買賣行為而使所有權人幾度易主，如此必有前後多種價值不同之商業發票出現，故應依交付與最後受貨人之商業發票所載之價格為準。

貨物之價值，於託運時為不實之聲明，使聲明價值與實在價值不同者，其共同海損分擔價值以金額高者為準（§119 II）。

3.運費部分

運費以到付運費之應收額，扣除非共同海損費用為準（§112 I ③）。

4.補償額之加計

前項各類之實際淨值均應另加計共同海損之補償額（§112 II）。

---

[7] 民國88年海商法第112條條文修正說明。

（三）應分擔但不受補償之貨物

貨物有下列各項情形之一者，不受共同海損之補償，但應分擔共同海損：

1.未依航運習慣裝載之貨物經投棄者

未依航運習慣裝載之貨物經投棄者，不認為共同海損犧牲。但經撈救者，仍應分擔共同海損（§116）。

不認為共同海損犧牲者，並不限於裝載於甲板上之貨物，凡未依航運習慣裝載之貨物，經投棄者皆屬之。宜注意者，貨櫃置於貨櫃船之甲板上，應認為係航運習慣所許。於共同海損投棄時，仍應認為共同海損犧牲。

2.未經申報之貨物

無載貨證券亦無船長收據之貨物，或未記載於目錄之設備屬具，經犧牲者，不認為共同海損。但經撈救者，仍應分擔共同海損（§117）。

3.貨幣、有價證券或其他貴重物品

貨幣、有價證券或其他貴重物品，經犧牲者，除已報明船長者外，不認為共同海損犧牲。但經撈救者，仍應分擔共同海損（§118）。依目前客運實務，貨幣、有價證券或其他貴重物品，均可不報明船長，為避免認定之因難，故必須其已報明船長且經犧牲者，方得認為共同海損犧牲。

4.不實聲明之貨物

貨物之性質，於託運時故意為不實之聲明，經犧牲者，不認為共同海損。但經保存者，應按其實在價值分擔之（§119Ⅰ）。

按危險品、違禁物或腐蝕性等貨物，託運人於託運時，對貨物之性質為不實之聲明，致使運送人對於該等貨物未予適當處置，影響船貨共同安全甚鉅，應採較嚴格之規定，該等貨物經犧牲者，不認為共同海損，但經保存者，應按其實在價值分擔共同海損。

（四）不分擔但可受補償之貨物

船上所備糧食、武器、船員之衣物、薪津、郵件及無載貨證券之旅客行

李、私人物品皆不分擔共同海損（§120 I）。

　　船上所備糧食、武器係為公益之目的，不宜分擔海損。船員之衣物、旅客行李價值菲薄亦無分擔之必要，為保障船員生活安定，亦不宜由船員薪津分擔海損。但糧食及船員之薪津，依第114條第1項第1款之規定為共同海損之費用可受補償，故不宜列於第120條之規定中。對於郵件，因不能行使留置權且負有保密之義務，自難估計其價值，故不分擔共同海損。

　　上述物品如被犧牲，其損失應由各關係人分擔之（§120 II），以填補其損害。

（五）共同海損分擔之舉證

　　提出共同海損分擔請求者，應就其損失或費用為共同海損[8]乙點，負舉證責任。

（六）共同海損分擔額之返還

　　利害關係人於受分擔額後，復得其船舶或貨物之全部或一部者，應將其所受之分擔額返還於關係人。但得將其所受損害及復得之費用扣除之（§123）。

（七）共同海損分擔義務人之委棄權

　　應負分擔義務之人，得委棄其存留物而免分擔海損之責（§124）。

四、共同海損犧牲補償額之計算

　　共同海損犧牲之補償額，應以各財產於航程終止時地或放棄共同航程時地之實際淨值為準，依下列規定計算之：

---

[8]　1974年約安規則Rule E規定：「共同海損請求人應負舉證之責，以顯示其所索償之損失或費用，確可認為共同海損。」

（一）船舶部分

船舶以實際必要之合理修繕或設備材料之更換費用爲準。未經修繕或更換者，以該損失所造成之合理貶値。但不能超過估計之修繕或更換費用（§113①）。

上述規定係參照1974年約安規則Rule XVIII之規定。關於船舶犧牲之補償額，分爲已修繕及未經修繕者，如係實際全損或修繕費將超過修繕後之價値者，則爲完好價値減出售淨益之差額。

（二）貨物部分

貨物以送交最後受貨人商業發票價格計算所受之損害爲準，如無商業發票者，以裝船時地之價値爲準，並均包括應支付之運費及保險費在內。受損貨物如被出售者，以出售淨値與前述所訂商業發票或裝船時地貨物淨値之差額爲準（§113②）。

貨物犧牲之補償額標準計分：1.最後之商業發票價格，2.無商業發票者，以裝船時地之價値爲準，3.貨物如被出售，則以出售淨値與商業發票或裝船時地淨値之差額爲準。1974年約安規則Rule XVI對於貨物犧牲之補償額，已由過去偏重法理而逐漸趨於理算上之便利，本法從之[9]。

貨物之價値，於託運時爲不實之聲明，使聲明價値與實在價値不同者，其共同海損犧牲之補償額以金額低者爲準（§119II）。

（三）運費部分

運費以貨載之毀損或滅失致減少或全無者爲準。但運送人因此減省之費用，應扣除之（§113③）。

運費因貨物投棄後即無著落，爲求對運送人公允，應列入共同海損，但運送人因此所節省取得運費之費用，應自總運費中扣除之，以求公允。

---

[9]　民國88年海商法第113條條文修正說明。

五、共同海損費用

共同海損費用包括下列之費用：

（一）為保存共同危險中全體財產所生之港埠、貨物處理、船員工資及船舶維護所必需之燃、物料費用（§114 I ①）

依1974年約安規則Rule XI規定：「為保存共同危險中全體財產之共同安全而進入避難港，其所生之費用得列為共同海損費用。」故本項係概括在港埠所生之費用，應包括港口費、船員工資、給養、船舶所消耗之燃料、物料、為修理而卸載、堆存、重裝或搬移船上貨物、燃料、物料及其他財產所造之損失及所生之費用。

（二）船舶發生共同海損後，為繼續共同航程所需之額外費用（§114 I ②）

依「共同安全說」，船、貨於獲救安全後之繼續航行費用，即非共同海損範圍；但依「冒險完成說」，自共同海損一經發生，直至航程未最後完成前，均屬共同海損範圍。現行約安規則費用部分採後之學說，但有限制，即如共同海損未發生，亦應由船主負責之費用不得列入，故規則係用「額外費用」（extraordinary expenses）一詞。本款參照1974年約安規則Rule X訂定，亦限於額外費用。

（三）為共同海損所墊付現金百分之二之報酬（§114 I ③）

1974年約安規則Rule XX規定，對實際籌措現金之人可給付其報酬（即共同海損墊款額2%）以鼓舞緊急支應，此報酬得列為共同海損費用列入分擔金額。但船員工資、給養及船舶消耗之燃料、物料，不計算報酬。

（四）自共同海損發生之日起至共同海損實際收付日止，應行收付金額所生之利息（§114 I ④）

1974年約安規則Rule XXI規定當事人應收應付之金額與其實際現金收付額之有時間差距者，可計算其利息，並作為共同海損費用列入分擔金額，本款從之。

（五）為替代前項第 1 款、第 2 款共同海損費用所生之其他費用，
　　　視爲共同海損之費用。但替代費用不得超過原共同海損費用
　　　（§114 Ⅱ）

　　1974年約安規則Rule F所訂之「替代費用」（substitute expenses），乃係指在共同海損中爲代替原共同海損費用所生之其他費用，其金額須不超過原共同海損費用。本項係參酌上列規定而訂定。例如船舶發生共同海損後在避難港A須購置燃、物料費用，由於A港本項費用較爲昂費，故自較廉價的B港購入，惟B港的購置費用加交通費之總和須低於A港的支出，則B港的燃、物料費用及交通費均爲本項之替代費用。

六、共同海損之計算方法

　　共同海損之計算，由全體關係人協議定之。協議不成時，得提付仲裁或請求法院裁判之（§121）。

　　共同海損鑑於其技術性與專業性，一般均由共同海損理算協會（Association of Average Adjusters）之共同海損理算人（adjuster）辦理審核及計算等相關事宜，並作成共同海損理算報告（average statement）分送船、貨方及保險人進行結算。

七、共同海損之留置權與擔保

　　運送人或船長對於未清償分擔額之貨物所有人，得留置其貨物。但提供擔保者，不在此限（§122）。

八、共同海損債權之消滅

　　因共同海損所生之債權，自計算確定之日起，經過一年不行使而消滅（§125）。

附錄

附錄一

空白載貨證券（正面）

＊感謝陽明海運股份有限公司慨予提供。

空白載貨證券（背面）

附錄二

空白載貨證券

*感謝長榮海運股份有限公司慨予提供。

附錄三

空白小提單

EVERGREEN
EVERGREEN MARINE CORPORATION

DELIVERY ORDER

(2) Shipper/Exporter	(5) 艙號 (M/F No.)
	ORIGINAL
	(6) 進口貨卸存集散場
Shipper code	長榮貨櫃 沙止櫃場　長榮貨櫃 台中櫃場　116 碼頭
(3) Consignee (complete name and address)	長榮貨櫃 桃園櫃場　立榮貨櫃 台中櫃場　友聯貨櫃
	(7) 指定貨櫃場
(4) Notify Party (complete name and address)	(8) Point and Country of Origin (for the Merchant's reference only)
	(9) Also Notify Party (complete name and address)
Notify code	
(12) Pre-carriage by　(13) Place of Receipt/Date	Upon endorsement and payment of all charges please deliver the abovementioned Goods. Consignees are requested to note particularly the terms and conditions printed on the reverse side.
(14) Ocean Vessel/Voy No　(15) Port of Loading	(10) 服務專線：　進口日期：
(16) Port of Discharge　(17) Place of Delivery	
	船舶呼號：　海關掛號：

Particulars furnished by the Merchant

(18) Container No. And Service Type Marks & Nos	(19) Quantity And kind of packages	(20) Description of Goods	(21) Measurement (M³) Gross Weight (KGS)
		SAMPLE	

注意事項：
一、甲類海運費應包括 O.F., BAF 及 CAF
二、本公司糖客戶方便准許空櫃交還長榮台中貨櫃場，其規定如下，請配合進行
　1、普通乾櫃：含自動卸 8 时，可運至台中櫃場
　2、特殊貨櫃：如開頂櫃、平板櫃、冷凍櫃，均由承運部經由作樣地點

(24) FREIGHT & CHARGES	Revenue Tons		Rate	Per	Prepaid	Collect

(25) B/L No.	(27) Number of Original D/O ONE (1)		(29) Prepaid at	(30) Collect at
	(28) Place of D/O Issue/Date		(31) Exchange Rate	(32) Exchange Rate
(26) Container Yard	(33) Laden on Board the Vessel		**EVERGREEN MARINE CORPORATION**	
FORM NO. DOC-051-02			By _____ AS CARRIER	

* 感謝長榮海運股份有限公司慨予提供。

附錄四

載貨證券背面條款

＊以陽明海運股份有限公司載貨證券條款為例。

RECEIVED by the Carrier from the Merchant in apparent external good order and condition (unless otherwise noted herein) the total number of Containers, or if the Goods are not shipped in Containers, the total number of packages or other shipping units specified in the box marked "No. of Pkgs. or Containers" for Carriage subject to all the terms and conditions hereof (including the terms and conditions hereof and the terms and conditions of Carrier's applicable Tariff) from the place of receipt or the port of loading, whichever is applicable, to the port of discharge or place of delivery, whichever is applicable.

In accepting this Bill of Lading, the Merchant agrees to be bound by all the stipulations, exceptions, terms, and conditions on the face and back hereof, whether written, typed, stamped or printed, as if signed by the Merchant any local custom or privilege to the contrary notwithstanding, and agrees that all agreements or freight engagements for the shipment of the Goods are superseded by this Bill of Lading.

1.DEFINITIONS.

The following words whether contained on the front or back hereof have the meanings hereby assigned:

(a)"Carriage" means the whole or any part of the operations and services undertaken by the Carrier in respect of Goods covered by this Bill of Lading.

(b)"Carrier" means Yangming Marine Transport Corporation ("Yangming").

(c)"Container" includes any ISO standard container, trailer, transportable tank, flat rack and/or other item of transportation equipment in conformance with ISO standards.

(d)"Freight" includes all charges payable to the Carrier in accordance with the applicable Tariff and this Bill of Lading.

(e)"Goods" means the whole or any part of the cargo received from the Merchant and includes any equipment or Container(s) not supplied by or on behalf of the Carrier.

(f)"Holder" means any person for the time being in possession of this Bill of Lading to whom the property in the Goods has passed on, or by reason of, the consignment of the Goods or the endorsement of this Bill of Lading or otherwise.

(g)"Merchant" includes the shipper, Holder, consignee or receiver of the Goods or any Person owning or entitled to the possession of the Goods or this Bill of Lading and anyone acting on behalf of any such Person.

(h)"Multimodal Transport" arises if the Place of Receipt and/or the Place of Delivery are indicated on the face hereof in the relevant spaces.

(i)"Person" includes an individual, group, company or other entity.

(j)"Port-to-Port" arises if the Carriage is not Multimodal Transport.

(k)"Sub-Contractor" includes owners and operators of Vessels (other than the Carrier), slot chartered owners, stevedores, terminal and groupage operators, Underlying Carriers and any independent contractor employed by the Carrier in performance of the Carriage.

(l)"Underlying Carrier" includes any water, rail, air or other carrier utilized by the Carrier for any part of the transportation of the shipment covered by this Bill of Lading.

(m)"Vessel" includes the Vessel named on the face hereof together with any ship, craft, lighter, barge, feedership, ferry or other means of transportation substitute in whole or in part, for the Vessel named on the face hereof.

2.CARRIER'S TARIFF.

The terms and conditions of Carrier's applicable Tariff are incorporated herein, including those provisions relating to Container and vehicle demurrage. Copies of the relevant provisions of the applicable Tariff are obtainable from the Carrier upon request. In the event of any inconsistency between this Bill of Lading and the applicable Tariff, this Bill of Lading shall prevail.

3.MERCHANT'S WARRANTY.

The Merchant warrants that in agreeing to the terms hereof he is, or has the authority of, the Person owning, or entitled to possession of the Goods and this Bill of Lading.

4.EXEMPTIONS AND IMMUNITIES OF SERVANTS, AGENTS, STEVEDORES, AND OTHER SUB-CONTRACTORS.

In contracting for the following exemptions and limitation of, and exoneration from, liability, the Carrier is acting as agent and trustee for all other Persons named in this clause. It is understood and agreed that, other than the Carrier, no Person, firm or corporation or other legal entity whatsoever (including the Master, Officers and crew of the vessel, agents, Underlying Carriers, Sub-Contractors and/or any other independent contractors whatsoever utilized in the Carriage) is, or shall be deemed to be, liable with respect to the Goods as carrier, bailee or otherwise. If, however, it shall be adjudged that any Person other than the Carrier is carrier or bailee of the Goods, or under responsibility with respect thereto, then all exemptions and limitations of, and exonerations from, liability provided by law or by the terms in this Bill of Lading Shall be available to such Person.

It is also agreed that the Vessel and each of the aforementioned Persons referred to in the preceding clause are intended beneficiaries, but nothing herein contained shall be construed to limit or relieve them form any liability whatsoever to the Carrier.

5.SCOPE OF THE VOYAGE.

The intended Carriage may include the use of Underlying Carriers and it is expressly agreed that the use of such Underlying Carriers shall not constitute a deviation. In this regard, the Carrier may at any time, and without notice to the Merchant, use any means of Carriage or storage whatsoever, transfer the Goods from one conveyance to another, including transshipping or carrying the Goods on a Vessel other than that specified on the face hereof, proceed by any route in the Carrier's discretion (whether or not the nearest or most direct, customary or advertised route) and proceed to, or stay at, any place or port whatsoever, load and unload the Goods at any place or port (whether or not such port is named on the face of this Bill of Lading as the port of loading or the port of discharge) and store the Goods at any such place or port, and/or comply with any orders or recommendations given by any government or local authority or any Person or body acting or purporting to act on behalf of such government or local authority.

The liberties set out in this clause may be invoked by the Carrier for any purpose whatsoever, whether or not connected with the Carriage of the Goods, including loading or unloading other goods, bunkering, undergoing repairs, adjusting instruments, picking up or landing any Persons, (including but not limited to Persons involved with the operation or maintenance of the Vessel) and assisting Vessel(s) in all situations. Anything done in accordance with this clause or any delay arising therefrom shall be deemed to be within the contractual Carriage and shall not be a deviation.

6.LIBERTIES CLAUSE.

If at anytime the Carriage is, or is likely to be affected by any situation which has given or is likely to give rise to danger, injury, loss, delay, risk of capture, seizure or detention, or disadvantage of whatsoever nature to the Vessel, the Carrier, any Underlying Carrier or Sub-Contractor utilized in the Carriage of the Goods, or if such situation makes it in any way unsafe, impracticable or unlawful or against the interest of the Carrier or the Merchant to commence or continue the Carriage of the Goods, the Carrier may, at any time, in its sole discretion:

(1)Unpack the Container(s) or otherwise dispose of the Goods in such way as the Carrier may deem advisable at the risk and expense of the Merchant;

(2)Carry the Goods to the contracted port of discharge or place of delivery, whichever is applicable, by any alternative route or means of transportation to that indicated in this Bill of Lading, or that which is usual for Goods consigned to that port of discharge or place of delivery. Any such additional

Freights and charges shall be for the Merchant' account;

(3)Suspend the Carriage of the Goods and store them ashore or afloat upon the terms of this Bill of Lading and endeavor to forward them as soon as possible, but the Carrier makes no representations as to the maximum period of suspension of the Carriage. Any additional Freight or charges shall be for the account of the Merchant; or

(4)Abandon the Carriage of the Goods and place them at the Merchant's disposal at any place or port which the Carrier may deem safe and convenient, whereupon the Carrier's responsibility in regard to the Goods shall cease. Notwithstanding the abandonment, the Carrier shall nevertheless be entitled to full Freight on the Goods and the Merchant shall pay any additional costs of the Carriage to, and delivery and storage at such place or port.

The situations referred to in this Clause 6 shall include, but shall not be limited to, those caused by the existence or apprehension of war whether declared or undeclared, hostilities, warlike or belligerent acts or operations, riots, civil commotions or other disturbances; storm, flood, earthquake, or any other act of God; closure of, obstacle in, or danger to any canal; blockade of port, or placing of interdiction or prohibition of or restriction on commerce or trading; quarantine, sanitary or other similar regulations or restrictions; strikes, lock outs or other labor troubles whether partial or general; congestion of port, wharf, sea terminal, or the facilities of any Sub-Contractor or Underlying Carriers used in the Carriage covered by this Bill of Lading.

7.CARRIER'S RESPONSIBILITGY AND CLAUSE PARAMOUNT.

(A)Port-to-Port Shipments

(1)When loss or damage has occurred between the time of loading of the Goods by the Carrier, or any Underlying Carrier, at the port of loading and the time of discharge by the Carrier, or any Underlying Carrier, at the port of discharge, the responsibility of the Carrier shall be determined in accordance with any National law making the Hague Rules, or any amendments thereto including the Hague-Visby amendments, compulsorily applicable to this Bill of Lading. The Carrier shall be under no liability whatsoever for loss of, or damage to, the Goods, howsoever occurring, if such loss or damage arises prior to loading onto, or subsequent to the discharge from, the Vessel. Notwithstanding the foregoing, in the event that any applicable compulsory law provides to the contrary, the Carrier shall have the benefit of every right, defense, limitation and liberty set forth in the Hague-Rules, or, if applicable, the Hague-Visby amendments as applied by this Clause during such additional compulsory period of responsibility.

(2)Notwithstanding anything contained in the preceding provision, in the event that this Bill of Lading covers shipments to or from the United States, then the Carriage of Goods by Sea Act of the United States ("COGSA") shall be compulsorily applicable and shall (except as may be otherwise specifically provided elsewhere herein)also govern before the Goods are loaded on and after they are discharged from the Vessel provided, however, that the Goods at said times are actual custody of the Carrier or any Underlying Carrier or Sub-Contractor.

(B)(1)Multimodal Transport - With respect to Multimodal Transportation from, to, or within the United States, when the Goods are in the custody of the Carrier, or any Underlying Carrier, such Multimodal Transport will be governed by the provisions of Clause 7.

(2)In the event Clause 7 is held inapplicable to such Multimodal Transportation from, to, or within the United States, then the Carrier's liability will be governed by and be subject to the terms and conditions of the Underlying Carrier's Bill of Lading together with the Underlying Carrier's Tariff which shall be incorporated herein as if set forth at length. Notwithstanding the foregoing, in the event there is a private contract of Carriage between the Carrier and any Underlying Carrier, such Multimodal Transportation will be governed by the terms and conditions of said contract which shall be incorporated herein as if set forth at length and copies of such contract(s) shall be available to the Merchant at any office of the Carrier upon request.

(3)With respect to all water Multimodal Transport outside the United States where COGSA is not compulsorily applicable, then subject to Cl. 7(E), below, the Hague Rules, and any amendments thereto which are compulsorily applicable including the Hague Visby Amendments, shall apply as per Clause 7.

(4)With respect to road Carriage between countries in Europe, liability shall be determined in accordance with the Convention on the Contract for the International Carriage of Goods by Road ("CMR"), dated May 19, 1956; and during rail Carriage between countries in Europe according to the International Agreement on Railway Transports ("CIM"), dated February 25, 1961, With respect to rail or road transportation within a State other than the United States, then liability shall be determined in accordance with the internal law of such State and/or any International Convention which is compulsorily applicable by the laws of such State. In the absence of such laws or conventions then the provisions of Clause 7(B)(5) will apply.

(5)In the event the provisions of this sub-section 7(1-4)are held inapplicable to any aspect of the Carriage covered by this Bill of Lading whether by local law or international Convention or otherwise, the Carrier shall nevertheless be relieved of liability for loss or damage occurring during the Carriage if such loss or damage was caused by any cause or event which Carrier could not avoid and the consequences whereof he could not prevent by the exercise of reasonable diligence.

(C)Unknown Liability-When it cannot be established in whose custody the Goods were when the loss or damage occurred, it shall be conclusively presumed to have occurred during sea Carriage and any liability thereof shall be governed as provided in Clause 7 hereof.

(D)Subrogation - When any claims are paid by the Carrier to the Merchant, the Carrier shall be automatically subrogated to all rights of the Merchant against all others, including Underlying Carriers, on account of such loss or damage.

(E)Conflict of Law - in the event the Carriage covered by this Bill of Lading is subject to two or more compulsory national laws, then the national law of the jurisdiction in which any action is brought shall be applicable.

8.CONTAINER PACKED BY CARRIER.

Where the Goods, receipt of which is acknowledged on the face of this Bill of Lading, are not already contained in Container(s) at the time of such receipt, the Carrier shall be at liberty to pack and carry such Goods in Containers.

9.CONTAINER PACKED BY MERCHANT-MERCHANT'S RESPONSIBILITY.

Where the Goods have been packed into Container(s) by or on behalf of the Merchant, it is mutually agreed that,

(1)Any statement on this Bill of Lading relating to marks and numbers, number and kind of packages, description, quantity, quality, weight, measure, nature, kind, value, or other particulars of the contents of such Container(s) are as furnished by the Merchant and are unknown to the Carrier and the Carrier accepts no liability in respect thereof. The acknowledgment of the Carrier is confined to the number and apparent order and condition of Container(s).

(2)The Merchant accepts complete responsibility for the packaging, securing, and stuffing of the contents of the Container(s), the closing and sealing of the Container(s) and the fitness of the Container(s) and the contents thereof for Carriage in accordance with the terms of this Bill of Lading. The Merchant hereby undertakes to indemnify the Carrier against any loss, damage, expense, liability, penalty and fine directly or indirectly suffered by the Carrier arising from any improper or inadequate packing, stuffing, securing, closing or sealing, or in fitness of the Container(s) or the contents thereof.

(3)The Carrier shall be at liberty to inspect the Goods without notice at any time or place.

(4)Container(s) shall be properly sealed and the seal identification reference as well as the Container(s) reference shall be shown herein. If the Container(s) are delivered from the Carrier with seals intact, the Carrier shall not be liable for any loss or damage to the Goods unless it is proven that such loss or damage was caused by Carrier's negligence. In case the seal of the Container(s) is broken by Customs or other governmental authorities for inspection of the Goods, the Carrier shall not be liable for any loss or damage or any other consequences arising or resulting therefrom.

(5)The Merchant is obliged to clean the Container(s) at his expense before redelivery to the Carrier so that they are suitable for further service. If the Merchant fails to redeliver the Container(s) as aforesaid, all charges in connection herewith shall be born by the Merchant.

10.CARRIER'S CONTAINER - MERCHANT'S RESPONSIBILITY.

(1)The Merchant shall inspect the Container(s) which are lent, leased, or in any way furnished by the Carrier before the Goods are packed into such Container(s), and the Container(s) so packed by the Merchant shall be deemed to have been accepted by him in good order and suitable condition for the purposes of Carriage contracted herein unless the Merchant provides written notice or remarks in writing concerning the condition of the Container(s). Unless such written notification is given, the Merchant is precluded from filing a claim against the Carrier for any loss or damage to the Goods by reason of insufficient or unsound condition of the Container(s).

(2)The Merchant shall assume full responsibility and indemnify the Carrier for any loss or damage to the Carrier's Container(s) and/or other equipment which occurred while in his possession or in possession of this agents or inland carriers engaged by or on behalf of the Merchant.

(3)The Carrier shall not, in any event, be liable for, and the Merchant shall indemnify and hold the Carrier harmless from and against, any loss or damage to property of other Persons or injuries to other Persons occurring while the Carrier's Container(s) is (are) in the possession of, or being used by the

Merchant or Merchant's agents or inland carriers engaged by or on behalf of the Merchant.

11.SPECIAL CONTAINERS AND PERISHABLE GOODS.

Unless specifically requested by the Merchant in writing, the Carrier is not required to provide anything other than a 20 or 40 foot standard dry Container(s). In the event the Carrier agrees to carry the Goods in a special Container(s) such as a refrigerated, heated or insulated Container(s), Goods of a perishable nature shall be carried in such dry Container(s) without special protection, services or other measures unless it is noted on the reverse side of this Bill of Lading that the Goods will be carried in a refrigerated, heated, electrically ventilated or otherwise specially equipped Container(s). The Merchant is required to give written notice of requested temperature settings of the thermostatic controls before receipt of the Goods by the Carrier. When a loaded Container(s) is received, the Carrier will verify that the thermostatic controls are set to maintain Container(s) temperature as requested. The Merchant is responsible for bringing the Goods to the proper temperature before loading the Goods into the Container(s), for the proper stowage of the Goods within the Container(s), for setting the temperature (including maintenance and repair) during all times before the Container(s) is (are) delivered to the Carrier and after it is (they are) delivered by the Carrier. The Carrier is not responsible for produce deterioration caused by inherent vice, defects in the merchandise or transit times in excess of the produce shelf life. The Merchant is specifically advised that refrigerated, heated, specially ventilated or otherwise specially equipped Container(s) are not equipped to change the temperature of Goods, but solely to maintain the temperature as received from the Merchant. The Carrier is unable to determine whether the Goods were at the proper temperature when they were loaded into the Container(s) or when the Container(s) was (were) delivered to the Carrier. Carrier shall be deemed to have fulfilled its obligations under this Bill of Lading, and shall have no liability whatsoever, if the Goods are carried in a range of plus or minus 2.5 degrees centigrade (4.5 degrees Fahrenheit) in regard to any carrying temperature designated in writing by the Merchant in this Bill of Lading.

Goods subject to deterioration or damage by extremes of heat and/or cold which are shipped by Merchant in standard dry Container(s) rather than in refrigerated or temperature controlled Container(s) which can be supplied by the Carrier, are carried at Merchant risk and Carrier assumes no liability whatsoever resulting from Merchant's acts or omissions in failing to request the proper Container(s).

12.STOWAGE ON DECK.

(1)The Carrier has the right to carry Goods in Container(s) on deck, whether the Container(s) are owned or leased or have been packed or stuffed by or on behalf of the Merchant or the Carrier. When Goods in Container(s) are carried on deck, the Carrier is not required to specially note, mark or stamp any statement of on deck Carriage on the face hereof, any custom to the contrary notwithstanding. The Goods so carried shall be subject to the applicable Hague Rules as provided for in the Clause Paramount hereof.

(2)Notwithstanding Clause 12(1) above in the case of Goods which are stated on the face hereof as being carried on deck and which are so carried, the Hague Rules shall not apply and the Carrier shall be under no liability whatsoever for loss, damage or delay, howsoever arising.

13.LIVE ANIMALS, PLANTS, PERISHABLE GOODS.

The Carrier shall not be responsible for any accident ,disease, mortality, loss of or damage to live animals, birds, reptiles, fish, plants and perishable Goods arising or resulting from any cause whatsoever including the Carrier's negligence or the Vessel's unseaworthiness and shall have the benefit of all the provisions of this Bill of Lading.

14.DANGEROUS GOODS AND CONTRABAND.

(1)The Carrier undertakes to carry Goods of an explosive, inflammable, radioactive, corrosive, damaging, noxious, hazardous, poisonous, injurious or dangerous only upon the Carrier's acceptance of a prior written application by the Merchant for the Carriage of such Goods. Such applications must accurately state the nature, name label and classification of the Goods as well as the method of rendering them innocuous, with the full names and addresses of the Merchant.

(2)The Merchant shall undertake to ensure that the nature of the Goods referred to in the preceding paragraph is distinctly and permanently marked and manifested on the outside of the Goods, Container(s) and shall also undertake to submit the documents or certificates required by any applicable statutes or regulations or by the Carrier.

(3)Whenever the Goods are discovered to have been received by the Carrier without complying with the foregoing, or the Goods are found to be contraband or prohibited by any law or regulation of the port of loading, discharge or call or any place or waters during the transport, the Carrier shall be entitled to have such Goods rendered innocuous, thrown overboard or discharged or otherwise disposed of at the Carrier's discretion without compensation to the Merchant and the Merchant shall be liable to indemnify the Carrier against any kind of loss, damage or liability including loss of Freight, and any expenses directly or indirectly arising out of or resulting from such Goods.

(4)The Carrier may exercise or enjoy the right or benefit conferred upon the Carrier under the foregoing whenever it is apprehended that the Goods received in compliance with the terms of this clause may seem likely to become dangerous to the Carrier, Vessel, Goods, Underlying Carriers, Sub-Contractors, Persons and/or other property. The Carrier has the right to inspect the Container(s) and the Goods carried therein at any time and anywhere without the Merchant's agreement and at the risk and expense of the Goods.

15.VALUABLE GOODS.
The Carrier shall not be liable to any extent for any loss of or damage to or in

connection with platinum, gold, silver, jewelry, radioisotopes, precious metals, precious stones, precious chemicals, bullion, specie, currencies, securities, negotiable instruments, writings, documents, pictures, embroideries, works of art, curios, heirlooms, collections of every nature or any other valuable Goods, whatsoever including Goods having particular value only for the Merchant, unless the true nature and value thereof have been declared in writing by the Merchant before receipt by the Carrier of the Goods and inserted on this Bill of Lading and unless ad valorem Freight shall have been fully prepaid thereon.

16.LOSS, CONDENSATION, ETC.

It is agreed that superficial rust, oxidation or condensation inside the Container or any like condition due to moisture is not the responsibility of the Carrier, unless said condition arises out of Carrier's failure to provide a seaworthy Container to the Merchant prior to loading. If the Merchant requires special arrangements or care for the Carriage of such Goods, he must request same in writing to the Carrier and said arrangements must be noted on the face of this Bill of Lading and all special Freight, as required, must be paid by the Merchant.

17.GOVERNMENT REGULATION AND PENALTY.

The Merchant shall comply with all regulations or requirements of Customs, Government authorities, port and other authorities, and shall bear and pay all duties, taxes, fines, impose, expenses or losses incurred or suffered by reason of any failure to comply with such regulations, or by reason of any illegal, incorrect, or insufficient marking, number or addressing of the Goods, or the discovery of any drugs, narcotics, stowaways or other illegal substances within Containers packed by the Merchant or inside Goods supplied by the Merchant, and shall indemnify the Carrier in respect thereof.

18.NOTIFICATION AND DELIVERY.

(1)Any mention in this Bill of Lading of parties to be notified of the arrival of the Goods is solely for information of the Carrier, and failure to give such notification shall not involve the Carrier in any liability nor relieve the Merchant of any obligations hereunder.

(2)The Merchant shall take delivery of the Goods within the time provided for in the Carrier's applicable Tariff.

(3)If the Merchant fails to take delivery of the Goods, or any part thereof, in accordance with this Bill of Lading, the Carrier may without notice remove the Goods, or that part thereof, and/or store the Goods, or that part thereof, ashore, afloat, in the open or undercover. Such storage shall constitute due delivery hereunder, and thereupon all liability whatsoever of the Carrier in respect of the Goods, or that part thereof, shall cease.

(4)The Merchant's attention is drawn to the stipulations concerning free storage time and demurrage contained in the Carrier's applicable Tariff, which is incorporated in this Bill of Lading.

19.FREIGHT AND CHARGES.

(1)Freight shall be payable at Carrier's option. on gross intake weight or measurement, or gross discharge weight or measurement, or an ad valorem basis, or per Container or package or customary freight unit basis or any other applicable rate as set forth in Carrier's Tariff. Freight may be calculated on the basis of the description of the Goods furnished by the Merchant, but Carrier may at any time, weigh, measure and value the Goods and open packages or customary freight units to examine contents. In case the Merchant's description is found to be erroneous and additional Freight is payable, the Merchant and the Goods shall be liable for any additional Freight and expense incurred in examining, weighing,measuring, fumigating and valuing the Goods.

(2)Full Freight to the port of discharge or, in case of through transportation to place of delivery named herein and all other charges against the Goods shall be considered completely earned on receipt of the Goods by the Carrier or

Underlying Carrier as the case may be, whether the Freight or charges be prepaid or be stated or intended to be prepaid or to be collected at port of discharge or destination or subsequently, and the Carrier shall be entitled absolutely, to all Freight and charges, and to receive and retain them under all circumstances whatever, whether the Vessel and/or the Goods are lost or not lost, or when her the voyage changed, broken up, frustrated or abandoned.

(3)All Freight and charges shall be paid in full and without any offset, counterclaim or deduction, in the currency named in this Bill of Lading or, at the Carrier's option, in its equivalent in local currency at bank demand rates of exchange in New York as of the date payment of Freight shall be due hereunder. Any error in Freight or in charges or in the classification herein of the Goods is subject to correction, and if on correction, the Freight or charges are higher, Carrier may collect the additional amount.

(4)The Merchant and Goods shall be jointly and severally liable to Carrier for the payment of all Freight, demurrage, General Average, Salvage and other charges, including but not limited to court costs, expenses and reasonable attorney's fees incurred in collecting sums due Carrier. Payment of ocean Freight and charges to a freight forwarder, broker or anyone other than the Carrier, or its authorized agent, shall not be deemed payment to the Carrier and shall be made at payer's sole risk.

20.GENERAL AVERAGE AND SALVAGE.

General average shall be adjusted, stated and settled at New York or at the last port of discharge or any other port or place at the Carrier's option according to the York Antwerp Rules, 1994, and as to matters not provided for in these rules according to the laws and usages of the port or place of adjustment, and in the currency selected by the Carrier. Average agreement and bond, together with such additional security as may be required by the Carrier, shall be furnished before delivery of the Goods. In the event of accident, danger, damage or disaster before or after commencement of the voyage resulting from any cause whatsoever, whether due to aggregate or not, for which or for the consequences of which the Carrier is not responsible by statute, contract or otherwise, the Goods, and the Merchant jointly and severally shall contribute with the Carrier in general average to the payment of any sacrifices, losses or expenses of a general average nature that must be made or measured and shall pay salvage and special charges incurred in respect to the Goods. If a salving Vessel is owned or operated by the Carrier, salvage shall be paid for as fully and in the same manner as if such salving Vessel or Vessels belong to strangers.

In the event the Master considers that salvage services are needed, the Merchant agrees that the Master may act as his agent to procure such services to the Goods and that the Carrier may act as his agent to settle salvage remuneration.

21.BOTH TO BLAME COLLISION.

If the Vessel comes into collision with another Vessel as a result of the negligence of the other Vessel and any act, neglect or default of the master, mariner, pilot or the servants of the owner of the Vessel and in the navigation in the management of the Vessel, the Merchant shall indemnify the Carrier against all loss or liability which might incur directly or indirectly to the other or non-carrying Vessel or owners insofar as such liability represents loss of or damage to his Goods or any claim whatsoever of the Merchant paid or payable by the other or non-carrying Vessel or her owners to the Merchant and set-off recouped or recovered by the other or non-carrying Vessel or her owners as part of their claim against the carrying Vessel or the owner thereof. The foregoing provisions shall also apply where the owners, operators or those in charge of any Vessel or Vessels or objects other than, or in addition to, the colliding Vessels or objects are at fault in respect of a collision or contact.

22.NOTICE OF CLAIM AND TIME FOR SUIT.

Unless notice of loss of damage and a general nature of such loss or damage be given in writhing to the Cattier at the port of discharge or place of delivery before or at the time of delivery of the Goods, or, if the loss of damage be not apparent, within three days after delivery, the Goods shall be deemed to have been delivered as described in this Bill of Lading. In any event, the Carrier shall be discharged from all liability in respect of non-delivery, mis-delivery, delay, loss or damage unless suit is brought within one year after delivery of the Goods or the date when the Goods should have been delivered.

23.LIMITATION OF LIABILITY.

(1)All claims which the Carrier may be liable for shall be adjusted and settled on the basis of the net invoice value of the Goods. In no event shall the Carrier be liable for any loss of profit or any consequential loss.

(2)Subject to the Hague Rules contained in the international Convention for the Unification of Certain Rules Relating to Bill of Lading dated 25 August 1924, and any legislation making those rules compulsorily applicable to this Bill of Lading, including the Carriage of Goods by Sea Act of the United States of America, approved 16 April, 1936, the Carrier shall in no event be liable for any loss or damage to or in connection with the Goods in an amount exceeding the limit of U.S. Dollars $500 per package, or where the Goods are not shipped in packages per customary freight unit. If such limitation is inapplicable under local law, the applicable Hague Rules limitation amount in the country in which the action is brought shall be applied. If the shipment covered by this Bill of Lading originates in a country where the Hague Visby Amendments to the Hague Rules are mandatorily applicable, and if suit is brought in such jurisdiction, Carrier's liability shall not exceed 2 SDRs per kilo. If an action is brought in the Republic of China (Taiwan) for Goods originationg or consigned to the Republic of China then Carrier's maximum liability shall be 9,000 NT Dollars per package.

(3)The aforementioned limitations of liability set forth in this provision shall be applicalbe unless the nature and value of the Goods have been declared by the Merchant before shipment and agreed to by the Carrier, and are inserted in this Bill of Lading and the applicable "ad valorem"freight rate, as set out in

Carrier's Tariff, is paid. Any partial loss or damage shall be adjusted pro rata on the basis of such declared value and if the declared value is higher than the actual value, the Carrier shall in no event ve liable to pay compensation higher than the net invoiced value of the Goods plus freight and insurance .

24.FIRE.

Neither the Carrier nor any Underlying Carrier or Sub-Contractor utilized by the Carrier in the performance of this Bill of Lading Contract shall be liable to answer for or make good any loss or damage to the Goods occurring at any time the Goods are considered to be in Carrier's custody including the period before loading or after discharge from the Vessel, by reason or by means of any fire unless such fire shall be caused by the actual fault or privity of the Carrier.

25.LIEN.

The Carrier shall have a lien on the Goods, and any documents relating thereto, for all sums payable to the Carrier under this contract and for general average and salvage contributions to whomsoever owed for the costs of recovering same, and for any penalties and assessments charges to the Carrier as a result of its Carriage of the Goods. In order to recover for such charges the Carrier shall have the right to sell the Goods by public auction or private treaty without notice to the Merchant.

26.LAW AND JURISDICTION

Except as otherwise provided specifically herein any claim or dispute arising under this Bill of Lading shall be governed by the laws of England and determined in English courts sitting in the city of London to the exclusion of the jurisdiction of the courts of any other place. In the event this clause is inapplicable under local law then jurisdiction and choice of law shall lie in either the port of loading or port of discharge at Carrier's option.

參考書目

一、中文部分

1.2000年版國貿條規，國際商會中華民國總會印行，民國89年。
2.尹章華、徐國勇，海商法，民國91年。
3.王肖卿，載貨證券，民國88年11月三版。
4.甘其綬，海商法，民國52年。
5.何佐治，最新海商法釋義，民國51年。
6.吳　智，海商法，民國57年修訂版。
7.李復甸，貨櫃運送之法律問題，民國70年。
8.林群弼，海商法論，民國92年。
9.邱展發，海運提單實務，民國86年。
10.信用狀統一慣例（UCP 600），國際商會中華民國總會印行，民國95年。
11.施智謀，海商法，民國88年。
12.柯澤東，最新海商法貨物運送責任篇，民國90年。
13.柯澤東，海商法—新世幾何觀海商法，民國95年。
14.張東亮，海商法新論，民國72年。
15.張特生，海商法實務問題專論，民國87年。
16.張新平，海商法專題研究，民國84年。
17.張新平，最高法院海商裁判彙編（上、下冊），民國84年。
18.張錦源，國際貿易法，民國95年。
19.梁宇賢，海商法精義，民國90年。
20.曾國雄、張志清，海商法，民國89年。
21.程學文，英國1992年海上貨物運送法，民國83年。
22.黃裕凱，我國新海商法有關船舶所有人責任限制法制之批評及再修訂建議，萬國法律，108期，民國88年，64-68頁。
23.楊仁壽，最新海商法論，民國88年。
24.楊與齡，強制執行法論，民國94年。

25.劉宗榮，海商法，民國96年。

26.賴來焜，新海商法論，民國91年。

二、外文部分

1.Arnould, Law of Marine Insurance and Average, 2008.

2.Carver on Bills of Lading, 2005.

3.Chorley and Giles' Shipping Law, 1987.

4.Donaldson, Staughton & Wilson, The Law of General Average & the York-Antwerp Rules, 1975.

5.Griggs, P. and Williams, R., Limitation of Liability for Maritime Claims, 1991.

6.Grime, Robert, Shipping Law, 1991.

7.Kennedy's Law of Salvage, 1985.

8.Lowndes and Rudolf, Law of General Average and the York-Antwerp Rules, 1997.

9.Payne and Ivamy's Carriage of Goods by Sea, 1988.

10.Scrutton on Charterparties and Bills of Lading, 1996.

11.Summerskill, M., Laytime, 1989.

12.Tiberg, Law of Demurrage, 1995.

13.Trietel, G.H., Law of Contract, 2007.

14.Wilson, J., Carriage of Goods by Sea, 2008.

國家圖書館出版品預行編目資料

海商法/張新平著. -- 五版. -- 臺北市：五
南圖書版股份有限公司，2016.08
　　面；　公分
　　ISBN 978-957-11-8663-4（平裝）

1.海商法

587.6　　　　　　　　105010717

1S81

海商法

作　　者 ─ 張新平（217.2）

編輯主編 ─ 劉靜芬

責任編輯 ─ 林佳瑩　楊芳綾

封面設計 ─ P.Design視覺企劃

出 版 者 ─ 五南圖書出版股份有限公司

發 行 人 ─ 楊榮川

總 經 理 ─ 楊士清

總 編 輯 ─ 楊秀麗

地　　址：106台北市大安區和平東路二段339號4樓

電　　話：(02)2705-5066　　傳　　真：(02)2706-6100

網　　址：https://www.wunan.com.tw

電子郵件：wunan@wunan.com.tw

劃撥帳號：01068953

戶　　名：五南圖書出版股份有限公司

法律顧問　林勝安律師

出版日期　2002年 3 月初版一刷
　　　　　2004年10月二版一刷（共五刷）
　　　　　2008年 9 月三版一刷（共三刷）
　　　　　2010年 3 月四版一刷（共十刷）
　　　　　2016年 8 月五版一刷
　　　　　2025年 3 月五版十刷

定　　價　新臺幣500元

經典永恆·名著常在

五十週年的獻禮——經典名著文庫

五南，五十年了，半個世紀，人生旅程的一大半，走過來了。
思索著，邁向百年的未來歷程，能為知識界、文化學術界作些什麼？
在速食文化的生態下，有什麼值得讓人雋永品味的？

歷代經典·當今名著，經過時間的洗禮，千錘百鍊，流傳至今，光芒耀人；
不僅使我們能領悟前人的智慧，同時也增深加廣我們思考的深度與視野。
我們決心投入巨資，有計畫的系統梳選，成立「經典名著文庫」，
希望收入古今中外思想性的、充滿睿智與獨見的經典、名著。
這是一項理想性的、永續性的巨大出版工程。
不在意讀者的眾寡，只考慮它的學術價值，力求完整展現先哲思想的軌跡；
為知識界開啟一片智慧之窗，營造一座百花綻放的世界文明公園，
任君遨遊、取菁吸蜜、嘉惠學子！